INTELLIGENT TRANSFORMATION OF MANAGEMENT ACCOUNTING:
UNLOCKING THE CODE TO NEW BUSINESS GROWTH

管理会计数智化转型

开启企业新增长密码

李灵璐 李文智 邢周凌 ◎ 著

北京大学出版社
PEKING UNIVERSITY PRESS

图书在版编目(CIP)数据

管理会计数智化转型：开启企业新增长密码 / 李灵璐，李文智，邢周凌著. -- 北京：北京大学出版社，2025.10. -- ISBN 978-7-301-36716-2

I. F275.2

中国国家版本馆 CIP 数据核字第 2025KB9625 号

书　　　名	管理会计数智化转型：开启企业新增长密码 GUANLI KUAIJI SHUZHIHUA ZHUANXING: KAIQI QIYE XINZENGZHANG MIMA
著作责任者	李灵璐　李文智　邢周凌　著
责任编辑	任京雪
标准书号	ISBN 978-7-301-36716-2
出版发行	北京大学出版社
地　　　址	北京市海淀区成府路 205 号　100871
网　　　址	http://www.pup.cn
微信公众号	北京大学经管书苑（pupembook）
电子邮箱	编辑部 em@pup.cn　　总编室 zpup@pup.cn
电　　　话	邮购部 010-62752015　　发行部 010-62750672 编辑部 010-62752926
印　刷　者	北京九天鸿程印刷有限责任公司
经　销　者	新华书店
	787 毫米 × 1092 毫米　16 开本　16.25 印张　237 千字 2025 年 10 月第 1 版　2025 年 10 月第 1 次印刷
定　　　价	68.00 元

未经许可，不得以任何方式复制或抄袭本书之部分或全部内容。

版权所有，侵权必究

举报电话：010-62752024　电子邮箱：fd@pup.cn

图书如有印装质量问题，请与出版部联系，电话：010-62756370

内容简介

数字浪潮席卷全球，企业生存法则正被彻底改写。

这是一本为管理者、财务从业者及数智化转型实践者量身定制的实战指南，也是一场关于企业如何借力数据中台与管理会计融合实现"智慧重生"的思想盛宴。

本书开篇便以生动的案例带读者领略商业生态的剧变：顾客需求从"千人一面"转向"一人千面"，企业竞争演变为数据的"军备竞赛"，监管环境也愈发透明严苛。面对这些挑战，企业该如何转型？本书以"数据中台"为战略枢纽，首次系统性构建"技术+管理会计+行业实践"三位一体的数智化转型框架。通过制造业涅槃重生、零售业精准突围、金融业风险破局、酒店业智慧蝶变等四大行业的经典案例，深入剖析各个领域的痛点，提出以数据中台为核心的数智化解决方案。

书中详细拆解了数据中台这一"魔法宝盒"的运作机制。从数据汇聚整合、治理开发，到数据服务与安全管理，每个环节都以通俗易懂的语言和丰富的案例展开，帮助读者理解如何将海量数据转化为驱动业务发展的"黄金资源"。在管理会计的具体应用场景中，数据中台更是化身为"智慧罗盘"，助力企业实现智能成本管理、滚动预算与预测、绩效管理智能化和风险管理实时化。

为了让理论落地，本书选取了制造业、零售业、金融业、酒店业等多个行业的实战案例。在制造业，数据中台帮助企业穿透成本迷雾，从"成本中心"转型为"利润引擎"；在零售业，智能预测算法让库存管理告别混沌，促销ROI（投资回报率）显著提升；在金融业，风险成本看板成为精准防控的"北斗星图"；在酒店业，动态定价与资源协同让企业在激烈的竞争中脱颖而出。这些实战案例不仅展现了数智化转型的成效，更为不同行业的读者提供了可资借鉴的宝贵经验。

本书为企业提供了一套完整的数智化转型指南，从蓝图规划、方案实施到持续优化，每个步骤都有详细的策略和建议。独创"黄金三角"人才矩阵——数据工程师搭天梯、分析师化数为策、科学家预言未来，配套从SQL（结构化查询语言）筑基到战略悟道的"能力跃迁"培养体系。

此外，本书前瞻性地探讨了管理会计在未来的角色进化——从"账房先生"转变为"数据军师"，并分析了AI（人工智能）、边缘计算、区块链存证三大技术如何重塑管理会计，预言"实时响应力""生态影响力""预测精准度"将成为企业的新护城河。

在数字洪流奔涌的时代，每个角色都在寻找破局的密钥。本书将为不同领域的探索者打开机遇之门：

企业家与企业高管可探知数智化转型的方法论，驾驭时代浪潮，带领企业在变革中稳健前行；财务与管理人员能在这里遇见业财融合的智能"伙伴"，让烦琐的财务工作变得高效且能够提供洞见，成为企业战略决策的核心助力；数据团队将收获业务场景与技术落地融合的指南，打破技术与业务之间的壁垒，让代码与算法在真实的商业世界中绽放光彩；创业者则可透过文字，精准洞察数字经济时代的底层逻辑，抢占先机，在创业的赛道上跑出加速度；即便是普通消费者，也能从中洞悉企业数据策略的本质，在消费浪潮中不再迷茫，以更理智的姿态掌握主动权。

无论您处于哪个行业或职位，本书都能启发新思路，提供应对数字化挑战的策略，帮助您在变革中找到方向与动力。

序一

PREFACE ONE

在当今数字化浪潮汹涌澎湃的时代，企业如同置身于一片浩瀚无垠的海洋，既面临前所未有的机遇，也承受着巨大的挑战。数据作为新时代的核心生产要素，宛如海洋深处潜藏的宝藏，蕴含巨大的能量，等待勇敢的探索者去挖掘。当清晨的第一缕阳光洒向城市，一家超市的智慧货架已悄然苏醒。它们如同敏锐的猎手，捕捉顾客指尖的每一次停留，记录商品的每一次流转。与此同时，千里之外的工厂车间里，上千个传感器正在实时监测生产线的脉搏，从原材料损耗到设备磨损，每一个细节都被转化为成本优化的信号。这些场景并非科幻电影的桥段，而是正在发生的商业现实——数据正以雷霆之势重塑企业的生存法则。管理会计作为企业运营的核心枢纽，正站在数智化转型的浪潮之巅，引领企业驶向新增长的彼岸。

一、浪潮之巅：一场不可逆的商业重构

我们正站在一个时代的转折点上。顾客需求从"千人一面"裂变为"一人千面"，企业竞争从产品较量升维为数据的"军备竞赛"，监管环境从模糊地带走向透明化的"玻璃房生存"。传统管理会计的月报、年报，在秒级变化的市场节奏中显得笨拙而滞后；模糊的成本核算、经验驱动的决策，在算法的精准预言面前逐渐失灵。

这是一场没有退路的转型。那些曾依赖"人工经验+Excel

表格"的企业，正在被数据驱动型对手甩开代际差距：当传统零售商还在为库存积压焦头烂额时，亚马逊的推荐引擎已通过海量数据分析，将35%的销售额交给算法决策；当制造企业仍在月末核算成本时，海尔集团的数据中台已实现全流程成本的秒级监控，从"成本中心"蜕变为"利润引擎"。麦肯锡的一项研究揭示了一个残酷的事实：数据驱动型企业的利润率平均高出同行5%—6%。这不是差距，而是生死线。在这样的背景下，传统管理会计的决策模式、成本分析方法与风险防控体系逐渐失灵。

本书的三位作者皆是各自领域的杰出代表。他们凭借深厚的学术背景、丰富的实践经验以及敏锐的行业洞察力，将管理会计与数据中台的深度融合进行了系统性阐述。从理论到实践，从战略到执行，本书为读者呈现了一幅全面而生动的数智化转型画卷。在这幅画卷中，三位作者着重提醒企业亟须一场深刻的变革，而数据中台正是这场变革的核心驱动力。

二、破局之钥：数据中台的"魔法时刻"

在2024年天猫"双十一"期间，在58.3万笔/秒（天猫平台11月11日00：00：00记录）的订单洪流中，阿里云的弹性计算资源如潮水般涨落，确保每个包裹的物流路径都被实时优化；在北京的某律师事务所，287页的并购协议被AI"合同猎手"瞬间解析，13处法律漏洞与2 000万元潜在损失无所遁形；甚至在成都的某火锅店里，老板娘用无代码平台搭建的"暴雨预警模型"正根据天气数据动态调整食材采购与定价策略。这些看似魔法的场景，背后都有一个共同的心脏——数据中台。数据中台如同企业的数据中枢，将散落各处的数据碎片汇聚整合，通过精细的数据治理、深度的开发处理与高效的数据服务，把海量数据转化为驱动业务发展的"黄金资源"。它不仅提升了数据的质量与可用性、促进了业务的协同创新，还支持了决策的科学化、降低了数据使用成本，成为企业数智化转型的关键拼图。

数据中台如同企业的"数字炼金炉",将散落在财务系统、生产系统、供应链网络中的数据碎片转化为驱动业务发展的"黄金资源":长安汽车运用"成本基因测序仪",将成本拆解到前所未有的最小单元(原子)并动态分析这些单元之间的相互影响,精准锁定高毛利车型,单车利润率逆势提升8%;香港某投行的"财务体检仪"基于抹茶粉采购异常,结合社交媒体情绪分析,提前87天预警奶茶连锁店现金流断裂,规避了5 000万元的坏账风险;零售巨头的ARIMA(自回归积分滑动平均模型)+AI预测模型将销售预算误差从20%压缩至8%—12%,动态定价算法让促销ROI提升约250%。

这不是技术的炫技,而是一场管理范式的革命。数据中台赋予管理会计"显微镜+望远镜"的双重视野:既能穿透成本DNA,解剖每个作业环节的利润贡献;又能预见市场风云,在波动中捕捉增长先机。当平衡计分卡插上数字化的翅膀,当滚动预算与风险预警实现"呼吸式"调控,传统"账房先生"正在进化为指挥数据交响乐的"战略军师"。本书深入探讨了管理会计与数据中台的深度融合,构建了"技术+管理会计+行业实践"三位一体的数智化转型框架。通过制造业涅槃重生、零售业精准突围、金融业风险破局、酒店业智慧蝶变等四大行业的经典案例,深入剖析了各个领域的痛点,并提出了以数据中台为核心的数智化解决方案。

三、 实战指南:穿越转型的"叹息之墙"

然而,通往数智化的道路绝非坦途。某制造集团曾耗资千万元搭建系统,却因17家子公司对"生产成本"的17种定义让合并报表沦为精致的谬误;某零售企业斥巨资收集数据,却因部门间的"数据巴别塔"让库存预测模型在混乱中崩塌。这些案例揭示了一个真相:比技术更难的,是组织基因的重构。本书正是为穿越这片"无人区"而生。

为了让理论加快落地,本书选取了制造业、零售业、金融业、酒店业等多个行业的实战案例。这些实战案例不仅展现了数智化转型的成效，更为不同行业的读者提供了可资借鉴的宝贵经验。同时，本书还为企业提供了一套完整的数智化转型指南，从蓝图规划、方案实施到持续优化，每个步骤都有详细的策略和建议。它不提供包治百病的"万能药方"，而是呈现一套经过实战检验的转型战略：规划阶段的"黄金三角"人才矩阵，实施阶段的"数据治理三步法"，优化阶段的"敏捷迭代模型"，复盘阶段的"价值飞轮体系"，让转型告别"烂尾楼"陷阱。制造业如何利用数据中台涅槃重生？零售业如何依靠智能预测算法精准把握库存与促销？金融业怎样构建风险防控的"北斗星图"？酒店业又怎样通过动态定价实现"房态魔法"？书中的四大行业实战案例既是转型的启示录，更是可复用的工具库。从"实时响应力"到"生态影响力"，从"预测精准度"到"决策自适应性"，本书为企业在AI、边缘计算、区块链浪潮中锚定航向。

四、数字世界：做破晓的追光者、探索者

此刻，当人们谈论数智化转型，谈论的不仅是技术的升级，更是企业生命的进化。它要求财务人员走出舒适区，从"凭证堆"跃入"数据湖"；要求管理者以"数字罗盘"替代经验直觉，在不确定性中寻找确定性；甚至要求每个普通员工用无代码工具将业务洞察转化为数据模型。

在数字洪流奔涌的时代，每个角色都在寻找破局的密钥。本书将为不同领域的探索者打开机遇之门。无论您是为转型困境焦虑的企业家，还是渴望突破职业天花板的财务人，抑或是探寻技术落地的数据工程师，都能在这里找到"破局密钥"。对于企业家与企业高管，本书是指引数字化转型的璀璨灯塔；对于财务与管理人员，本书是遇见业财融合智能"伙伴"的桥梁；对于数据团队，本书是业务场景与技术落地融合的指南；对于创业者，本书是洞察数字经济时代底层逻辑的望远镜；对于普通消费者，本书能帮助他们洞悉企业数据策略的本质。

无论您从事何种工作,本书都将为您提供理解当下数字化世界的实用视角。让我们一起踏上这场激动人心的数智化转型之旅,共同见证管理会计在新时代的华丽蜕变,为企业的发展、为行业的进步、为社会的繁荣,贡献我们的智慧与力量。

此刻,未来已来。

秦荣生

北京国家会计学院教授、博士生导师、原院长

序二

在数据与算法重塑世界的今天,我们常常陷入一种认知悖论:一方面惊叹于数字技术的颠覆性力量,另一方面却困于如何将抽象的技术概念转化为企业的真实生产力。这一矛盾在管理会计领域尤为凸显——当"数据中台""智能分析""业财融合"成为高频术语时,许多企业管理者仍对如何起步、如何落地感到迷茫。本书的出版,恰似一场"及时雨",以深入浅出的笔触与鲜活的本土案例,为认知与实践的鸿沟架起了一座桥梁。

数据价值释放的底层逻辑是它不仅需要严谨的技术架构支撑,更依赖对业务场景的深刻理解。本书以"数据中台"为锚点,巧妙地避开了技术概念的"堆砌陷阱",转而用通俗的语言揭示其本质——数据中台不是冰冷的代码集合,而是企业将"数据原油"炼化为"决策燃料"的精炼厂。书中通过订单流与设备传感器流的实时映射、成本动因的可视化追踪等场景化解读,将复杂的数智化原理转化为可感知、可操作的方法论。这种化繁为简的能力,正是本书区别于同类著作的独特价值。

尤为值得称道的是,作者在案例选取上展现出了"下沉视角"。书中没有追逐行业巨头的光环,而是将镜头对准了中小制造业企业、零售业企业、服务业企业等"沉默的大多数"。例如,一家中型汽车零部件制造企业通过搭建轻量化数据中台,实现了排程优化,OEE(设备综合效率)从70%提高到82%;一家零售企业通过利用智能预算工具,使企业缺货率从原本的18%大幅压至6%,有效保障了商品供应,降低了库存成本,提升了运营效率与经济效益……这些案例或许缺乏戏剧性的技术突破,却真实地反映了中国经济毛细血管级企业的生存现状。它们证明:数智化转型并非"高举高打"的军备竞赛,而是"小切口、深耕作"的持续改良——这与金融工程中"通过边际优化实现系统风险收敛"的理念不谋而合。

在北京大学金融工程实验室的日常研究中,我们始终强调一个原则:最优雅的模型往往诞生于对现实约束的深刻洞察。本书恰恰践行了这一理念。面对中小企业普遍存在的数据基础薄弱、技术人才匮乏等痛点,作者没有空谈"理想化"的转型蓝图,而是提出了四步具体实战指南。这种从规划设计、方案实施到持续优化、案例复盘的具体操作的指导,既降低了人们的认知门槛,又保留了技术内核的严谨性。这种平衡学术性与普适性的功力,彰显了作者深厚的跨学科素养。

数智化转型本质上是一场"认知革命"。它要求企业管理者既有仰望星空的战略视野,又有脚踏实地的工具箱思维。本书的难能可贵之处在于,它不仅是一本理论指南,更是一本实践手册:读者即使不精通 Python 或 SQL,也可以通过书中清晰的逻辑框架,理解如何用数据重构成本控制、如何用算法优化资源配置、如何用可视化工具凝聚组织共识。这种"去技术神秘化"的写作取向,恰恰与北京大学经济学院"经世致用"的治学传统高度契合。

期待本书能走进更多管理者的案头,成为他们跨越数字化鸿沟的"摆渡之舟"。当管理会计从"财务部门的专属语言"进化为"企业全员的数据素养",当数据中台从"技术热词"落地为"增长引擎",中国经济的微观细胞必将焕发新的生机。

王一鸣

北京大学经济学院金融系主任、教授、博士生导师

北京大学金融工程实验室主任

前言

当超市货架上的商品陈列开始被算法精准规划,当制造业车间的设备运转数据被化作利润密码,我们已然踏入一个数据驱动商业变革的全新时代。数字技术正以雷霆万钧之势,叩响企业管理的革新之门,管理会计作为企业运营的核心枢纽,也迎来了前所未有的数智化转型浪潮。

在这场商业生态的重构风暴中,顾客主权觉醒,需求变得千人千面;企业竞争升维,演变成数据的军备竞赛;监管环境日益严苛,要求企业在透明化中生存。传统管理会计的决策模式、成本分析方法与风险防控体系,在秒级变化的市场节奏中逐渐失灵。从组织决策的"月相潮汐"式缓慢响应,到追求"秒级脉搏"的实时洞察;从模糊的成本核算,到借助"成本显微术"解剖利润DNA,企业亟须一场深刻的变革,以突破困局,寻找新的增长路径。

数据中台堪称企业数智化转型的"核心引擎"。它如同一个强大的数据枢纽,将分散在企业各处、碎片般的数据汇聚起来,进行系统化的整理、加工和开发。通过这套机制,海量的原始数据被有效转化为驱动业务发展的宝贵资产。无论是提升数据的质量与可用性、促进跨部门业务的协同与创新,还是支撑更精准的决策分析、降低数据应用的成本,数据中台都发挥着不可或缺的赋能作用,成为企业迈向智能化未来的关键基石。

本书深入探讨管理会计与数据中台的深度融合,以"智慧罗盘""数智剧场"等生动视角，展现智能成本管理、滚动预算与预测、绩效管理智能化、风险管理实时化等应用场景。在这里，作业成本法实现自动化，动态预算编制结合 ARIMA 与 AI 预见未来，平衡计分卡完成数字化转型，信用风险预警与合规监控在 AI 的助力下无往不利。同时，从数据治理、技术选型到组织人才培养，本书为企业提供了一套完整的数智化转型方法论，助力企业跨越转型暗礁，驶向成功彼岸。

本书还精选制造业、零售业、金融业、酒店业等多行业实战案例：制造业借助数据中台，将成本中心打造成利润引擎，实现从生产排程到质量管控的全面优化；零售业依靠智能预测算法，精准把握库存与促销策略；金融业以数据中台为盾，构建起坚不可摧的风险防控体系；酒店业通过数据洞察顾客需求，实现动态定价与资源协同。这些实战案例既是企业数智化转型的经验总结，也为不同行业的读者提供了极具价值的借鉴。

面向未来，AI 增强分析、边缘计算、区块链等前沿技术将持续重塑管理会计的边界。管理会计从业者的角色也将从传统的"账房先生"进化为企业战略决策的"数据军师"。在数智化转型浪潮中，企业唯有拥抱变革，掌握数据驱动的思维与方法，才能在激烈的市场竞争中立于不败之地，书写增长新篇章。

李灵璐　李文智　邢周凌
2025 年春于北京

目 录

00	引言　我们为什么需要这本书？	001
01	**第一章　浪潮之巅：数字心跳敲响时代之门**	**017**

序幕　超市货架上的未来密码　　　　　　　　　　017
第一幕　巨轮转向——商业生态的重构风暴　　　　018
第二幕　破茧之痛——组织基因的重组　　　　　　022
第三幕　盗火者联盟——技术重构商业法则　　　　025
第四幕　暗礁密布——转型者的叹息之墙　　　　　028
第五幕　希望灯塔——破局者的启示录　　　　　　030

02	**第二章　探秘数据中台：企业数字化转型的"魔法宝盒"**	**036**

序幕　CEO的午夜沉思　　　　　　　　　　　　　036
第一幕　揭开数据中台的神秘面纱　　　　　　　　037
第二幕　数据中台的神奇本领　　　　　　　　　　038
第三幕　数据中台为企业带来的变革　　　　　　　039
第四幕　数据中台：数智化转型的神秘"黑匣子"如何开启？　041

03	**第三章　数据中台：管理会计的"智慧罗盘"——以数智化之力，拨开迷雾见乾坤**	**076**

序幕　数智时代的"庖丁解牛"　　　　　　　　　076
第一幕　智能成本管理——让"成本迷雾"烟消云散　076

第二幕	滚动预算与预测——以"未来之眼"谋定而动	081
第三幕	绩效管理智能化——激活组织的"春江水暖"	085
第四幕	风险管理实时化——筑起"数字长城"	088

04 第四章　数据中台：管理会计的"数智剧场"——三幕大戏，演绎数智化转型　093

序幕	数治之道，以简驭繁	093
第一幕	铸器篇——数据治理的"黄金罗盘"	093
第二幕	择器篇——技术选型的"刀光剑影"	098
第三幕	育人篇——组织转型的"破茧成蝶"	106

05 第五章　数智化转型实战指南：从蓝图到闭环的四大幕章　113

序幕	踏上数智化转型的征程	113
第一幕	蓝图初绘——规划设计	114
第二幕	落地生根——方案实施	122
第三幕	精益求精——持续优化	129
第四幕	他山之石——案例复盘	133

06 第六章　数据交响曲：制造业的涅槃重生　138

序幕	车间里的数字觉醒	138
第一幕	暗流汹涌——传统制造业的困局	139
第二幕	数字炼金——数据中台的魔法时刻	142
第三幕	破茧成蝶——转型的凤凰涅槃	156
第四幕	星火燎原——制造业的启示录	161

07 第七章　破局四幕：零售业的精准突围　169

| 序幕 | 航行在冰火之间——寻找零售业的破局罗盘 | 169 |

第一幕	时代浪潮——零售业的冰与火之歌	170
第二幕	困局突围——数据中台的破冰之旅	172
第三幕	重剑无锋——管理会计的实战利器	179
第四幕	涅槃重生——转型成果与未来之光	183

08 第八章 数智革新：金融业的风险破局   188

序幕	当银行遇上"数字风暴"	188
第一幕	风起云涌——金融业的危机与挑战	189
第二幕	破局之钥——数据中台的智慧之光	193
第三幕	决胜千里——管理会计的智谋	199
第四幕	涅槃重生——转型成果与未来蓝图	204

09 第九章 数智突围：酒店业的智慧蝶变   210

序幕	数字浪潮下的酒店业变局	210
第一幕	风暴前的宁静——酒店业的黄金时代与暗流涌动	210
第二幕	破局之钥——数据中台：酒店业的智慧大脑	215
第三幕	涅槃重生——转型成果的经济账与人文账	225
第四幕	他山之石——跨行业数智化转型启示录	229

10 第十章 数字化时代的管理会计：未来已来——从数据到智慧的跃迁   233

序幕	账本的"数智惊蛰"	233
第一幕	技术浪潮——重塑管理会计的三大引擎	234
第二幕	角色进化——从"账房先生"到"数据军师"	236
第三幕	未来之战——核心竞争力的三重境界	240

11 后　记   243

引 言

我们为什么需要这本书？

在全球数字化浪潮的迅猛冲击下，各行各业的运营模式与竞争格局正经历着翻天覆地的变革。企业正矗立于时代的交汇点，每个抉择皆攸关未来走向，机遇与挑战并肩而至。在这场波澜壮阔的变革中，数据作为新时代的核心生产要素，其价值愈发凸显，就像深埋地下的石油，蕴含着巨大的能量，已然成为企业在激烈的市场竞争中突出重围、赢得优势的关键资源。

回顾过去十年，我国的管理会计领域实现了跨越式发展。2014年，财政部根据《会计改革与发展"十二五"规划纲要》，发布了《关于全面推进管理会计体系建设的指导意见》，旨在通过构建"4+1"管理会计体系，加强会计人才队伍建设，以适应单位内部的管理需求，促进财务与业务活动的有机融合，从而在单位规划、决策、控制和评价等方面发挥重要作用。2024年，财政部出台《关于全面深化管理会计应用的指导意见》，推动管理会计从体系搭建迈向深化应用的全新阶段，明确了财务数智化转型在财务管理工作中的核心地位。数据作为这一转型进程中的核心线索，其关键作用不言而喻。然而，在企业日常运营中，海量数据往往以杂乱无章、标准不一的形式隐匿于企业内外部的各个信息系统之中，数据质量参差不齐，难以充分挖掘与释放其价值，这在很大程度上限制了管理会计效能的发挥。

在企业的管理体系中，管理会计是连接财务与业务的关键桥梁，在企业的运营管理中发挥着举足轻重的作用。它不仅担负记录、核算和报告企业财务数据的基础职责,还致力于深入挖掘这些数据所蕴含的信息,从而为企业的战略规划、决策优化、成本控制以及绩效评估等多方面提供坚实有力的数据支撑。然而,在传统模式下,管理会计面临诸多困境:数据收集严重依赖人工操作,效率低下且容易出错;数据分析过于偏重财务数据,而对客户满意度、员工绩效、市场份额等非财务数据的关注度不够,直接导致了决策欠缺全面性和前瞻性。在制定决策时,由于数据滞后和分析片面,管理层常常只能凭借经验和直觉判断,决策风险高且效率低下。此外,在成本控制方面,由于缺乏实时、准确的数据支撑,企业难以对成本进行有效监控与分析,成本失控问题时有发生。

"沉舟侧畔千帆过,病树前头万木春。"在如今数字技术迅猛发展的时代,大型企业宛如千帆竞渡,纷纷踏上数智化转型的征程,奋勇争先。管理会计的数智化转型已然成为企业实现可持续发展的必由之路,恰似在"欲渡黄河冰塞川,将登太行雪满山"的窘境中开辟的通途,是企业突破困境、迈向新高度的关键。

在这场转型浪潮中,数据中台堪称企业管理会计数智化转型的关键驱动力,它就像企业的"超级数据管家"。企业内各个业务系统、不同渠道产生的数据宛如散落的珍珠,无序且混杂,而数据中台就像一位尽职尽责的管家,将这些原始数据统一汇聚起来。接着,它运用专业的数据处理流程,对这些数据进行清洗、整理,按照不同的需求进行分类和加工,最终转化为各部门能够直接使用的高质量数据产品。这些数据产品能够依据各部门的需求,以多样化的形式精确供给,无论是运营管理还是决策制定,都能获得量身定制的数据支持,实现了真正的按需特制。

从数据处理的角度来看,数据中台又像一位严谨的"数据质检员"。它精心梳理数据并提升财务数据质量,确立统一的数据基准,构建了"数据标准统一平台",既满足法定报表的严格规范,又贴合管理报表的多样需求,为管理会计的深度应用打下坚实基础。正所谓"基础不牢,地动山摇",稳固的基石乃发展之先决条件。此外,它致力于优化财务共享中心,促进业务与财务的紧密协作和深度融合,打造财务数据中台,使之成为一个数据自由流通、高效整合的"数据宝库",为企业构建坚实的数据支撑平台,助力企业在数智化转型的征途中乘风破浪,扬帆远航。

这正是本书诞生的背景与我们写作的初衷。在数智化转型的浪潮中,企业面临前所未有的挑战与机遇,管理会计的数智化转型无疑是这场变革的关键环节。我们精心筹备,希望本书为读者提供从理论到实战的一站式指南,助力企业借助数据中台的强大力量,成功实现管理会计的数智化转型。

书中不仅深入剖析传统管理会计的痛点,还将数据中台的架构、功能与实施路径逐一拆解,让读者轻松掌握核心要点,哪怕是零基础也能"一学就会";同时,结合大量典型案例与实用工具,手把手指导读者攻克数智化转型中的各类难题,实现从传统管理模式到数智化管理模式的华丽转身。

无论您是企业主、管理人员、财务人员、采购人员、营销人员、研发人员、生产人员,还是渴望在数字化时代崭露头角的创业者,本书都将成为您不可或缺的转型指南,助您在激烈的市场竞争中夺得先机,实现可持续发展,开启管理会计数智化转型的新篇章。正所谓"工欲善其事,必先利其器",本书就是您手中的"利器"。

如果您是一位管理会计理论研究者,那么本书将为您丰富和拓展管理会计数智化转型的理论框架;深入剖析数据中台在驱动管理会计数智化转型中的关键作用和内在机制,为相关领域的学术研究提供实证案例和理论依据,进一步完善管理会计理论体系在数字化时代的发展,让您的研究"更上一层楼"。

如果您是一位普通的消费者,那么您通过阅读本书,将能够知道自己是如何被商家精准定位营销的,了解如何在商家的精准定位营销下提升个人消费预期,从而实现消费价值的最大化,以后购物再也不怕掉进"消费陷阱"，让每一分钱都花得明明白白。

总之，希望有缘看到本书的有识之士，在数智化转型的当下，能够从书中获得启发。这是我们努力撰写本书最大的心愿。

故事开篇：企业困境引发的思考

在制造业数智化转型的汹涌浪潮中，A厂是一家在行业内深耕多年的制造企业，凭借深厚的技术积淀和庞大的客户资源，一度成为行业的佼佼者。敏锐地洞察到数智化转型的时代趋势后，A厂迅速行动，率先引入先进的财务管理软件，各部门也紧跟步伐，相继搭建起涵盖生产管理、供应链管理、销售管理等关键环节的业务信息系统。表面上看，A厂在数智化转型浪潮中勇立潮头，成为行业先锋，似乎为未来发展铺就了坚实的基础。

然而，随着市场环境的日益复杂和竞争的不断加剧，一系列潜藏的问题逐渐浮出水面。在系统搭建初期，由于缺乏统一的数据规划和标准，各部门各自为政，导致数据的格式、定义和编码规则千差万别。比如，销售部门在记录客户信息时，客户名称的书写规范毫无统一标准，时而使用全称，时而使用简称，甚至同一客户在不同业务场景下的记录信息都不一致；生产部门在记录产品型号时，编码规则也是五花八门，不同生产线、不同生产批次的产品编码缺乏连贯性和一致性。这种混乱的局面使得不同部门之间的数据犹如一座座孤立的岛屿，难以实现有效地融合与共享。

管理会计部门在进行成本分析时，深受数据孤岛之苦。为了全面收集数据，它们不得不倾尽心力，奔波于各业务系统间，亲手整合来自生产、采购、销售等多部门的繁杂数据。收集完成后，它们还需对这些格式各异、标准不一的数据进行烦琐的格式转换和细致的数据清洗工作。待这一系列冗长复杂的流程尘埃落定，所得的成本分析结果早已与当前市场脱节，远远跟不上市场的瞬息万变，难以为企业提供及时而有效的决策依据。

有一段时间，市场突然间对A厂的一款新产品产生了巨大的需求，销售团队凭借其对市场的敏锐洞察，迅速抓住了这个难得的机会，并与客户签订了大额订单。但是，由于缺乏数据共享，生产团队对销售订单的详细情况并不了解，仍旧依照既定的生产计划稳步推进。直到生产过程推进到某个阶段，他们才意识到订单数量远远超出预期，但那时已经错过调整生产计划的最佳时机，结果导致了交货的延误，客户满意度因此而大幅下降。

与此同时，财务部门在核算成本时，由于数据的不准确和不及时，无法准确预估成本。在生产过程中，A厂发现实际成本大幅超出预算。为了按时完成订单交付，企业不得不紧急采购原材料，支付高额的加急费用和采购成本，利润空间被严重压缩，企业的盈利能力受到重创。

当管理层意识到问题的严重性，试图根据现有的数据做出决策，调整生产和销售策略时，却发现各部门的数据犹如一盘散沙，无法进行有效的整合分析，难以形成全面而准确的判断。最终，A厂不仅错失此次难得的市场良机，未能如愿以偿地获取收益，更因交货延误与成本失控，导致客户的强烈不满，企业声誉一落千丈，市场份额也被竞争对手窥见破绽而逐渐侵占。

这个真实而惨痛的案例深刻地表明，即使企业已经步入管理会计数字化阶段，但如果缺乏统一的数据标准，无法打破数据壁垒，未能实现数智化转型的全面升级，那么在激烈的市场竞争中，依然会陷入重重困境，面临巨大的风险。无法有效融合与共享数据，不仅严重阻碍了管理会计发挥其应有的职能，更使得企业在面对市场变化时反应迟缓，决策频频失误，最终付出惨痛的代价。这也从侧面凸显了实现数据中台驱动的管理会计数智化转型对于企业的紧迫性和重要性，它不仅是企业适应市场变化的关键举措，更是企业实现可持续发展的必由之路。

痛点直击：传统管理会计的枷锁

数据孤岛造成信息严重脱节

在企业数智化转型的关键时期，各部门往往基于自身业务的短期需求，独立开展系统建设。由于缺少全局性的数据战略规划，数据生态陷入混乱。从数据格式来看，销售部门为迎合线上电商平台的数据对接而采用行业通用格式记录销售数据；生产部门则因历史遗留系统的限制而仍沿用传统的、仅适用于内部生产流程的数据格式。产品编码规则的混乱尤为突出，销售部门基于客户识别需求，依据产品外观和功能进行编码；生产部门则从生产流程角度考虑，依据原材料批次和加工工艺进行编码。如此一来，销售部门积累的客户偏好、地域分布等宝贵信息与生产部门的产品生产周期、原材料构成数据就像两条永不相交的平行线，无法建立起有效的关联。财务部门在进行成本核算和财务分析时，常常因为无法获取完整、准确的数据而在数据的泥沼中艰难摸索。这不仅极大地限制了管理会计整合各部门数据以进行深入分析的能力，还造成了企业内部信息流通的梗阻，加大了部门间协同合作的难度。以季度销售计划制订为例，销售部门无法得知生产部门的产能极限，生产部门对销售部门的市场预估也一无所知，最终导致计划与实际严重脱节，库存积压或缺货的情况频繁发生，企业运营成本大幅增加。

数据延迟致使决策严重滞后

在当下的企业运营中，数据收集、整理和转换工作仍过度依赖人工操作。管理会计部门在进行成本分析时，需要从生产部门获取原材料采购成本、设备折旧费用，从采购部门了解物料进价波动，从销售部门掌握不同区域的销售价格。这些数据分散在各个独立的系统中，财务人员需逐一登录不同的系统，手动复制、粘贴数据，再进行格式调整和汇总。整个过程烦琐冗长，从开始收集数据到最终形成分析报告，往往需要数周甚至数月的时间。然而，市场环境瞬息万变，当分析报告呈现在管理层面前时，市场需求、原材料价格、竞争对手策略等早已发生巨大的变化。在快速迭代的新兴电子产品市场，产品更新换代周期极短。企业若仅凭滞后数据来做出有关新产品的决策，则恐已落后于竞争对手，后者可能凭借实时数据抢占先机，推出更有竞争力的产品，从而使企业在竞争中渐失优势，市场份额亦被逐步吞噬。

决策效率低下且缺乏整体考量

数据滞后且残缺不全导致管理层在决策时如盲人摸象，仅凭过往经验和有限数据臆断。这无疑加剧了决策的风险。另外，由于各部门数据相互独立，难以从企业整体的角度进行综合分析。例如，在分析市场对新产品的需求时，管理层若不能整合销售、生产、财务等部门的数据，就无法准确评估企业的接单能力、成本控制能力及盈利空间。这就导致决策往往只关注局部利益，缺乏全面性和前瞻性。生产部门或盲目追求规模生产，忽视市场需求和销售能力，导致产品积压、资金周转困难，陷入市场竞争的被动局面。

成本失控导致利润空间急剧缩小

在缺少数据中台的情况下，企业对成本的监控和分析如同雾里看花，难以精准把握。部门间数据不共享，导致成本核算延迟、误差大。财务部门在核算成本时，由于无法及时获取生产部门原材料的实际损耗数据、采购部门临时的价格变动数据以及销售部门的促销费用明细，因此无法准确预估成本，也难以及时发现成本异常的环节。当面临紧急订单需求时，企业为了按时交付，不得不临时调整生产计划，高价采购原材料、安排工人加班，从而导致企业不得不支付高额的加急费用和采购成本，利润空间被严重压缩。长此以往，企业的盈利能力和市场竞争力将遭受重创，逐渐在激烈的市场竞争中失去立足之地，面临严峻的生存挑战。

自我评估：您的企业处于数智化转型的哪一步？

在企业数智化转型的进程中，清晰地认知自身所处的阶段是迈向成功的关键一步。请您根据企业的真实运营状况，认真思考并如实回答表 1 中的每一个问题，这将为您深入了解企业现状提供有力的依据。

表 1　数智化转型阶段自测表

序号	问题	选项（是/否）
1	在企业日常运营中，各部门所产生的数据是否存在格式五花八门、定义各不相同、编码规则毫无统一标准的现象，进而导致数据在融合与共享时困难重重，部门间信息流通严重受阻？	
2	当管理会计部门开展成本分析、预算编制等核心工作时，是否需要投入大量的时间与精力，手动"穿梭"于各个部门的系统之间，逐个收集、整理数据，工作效率极为低下？	
3	企业所生成的分析报告是否常常因数据更新不及时而无法紧密贴合瞬息万变的市场动态，使得管理层在决策时难以从这些报告中获取及时、有效的支持，决策质量大打折扣？	
4	管理层在面对战略规划、投资决策等重大事项时，是否常常因数据不完整、不及时而不得不依赖过往经验和主观直觉来做出判断，从而增加了决策风险？	
5	基于现有的数据基础，企业是否难以对成本进行实时、精准的监控，无法及时发现成本异常波动，难以采取有效的管控措施，导致成本控制效果不佳？	
6	在企业的数字化建设过程中，是否缺乏统一的数据标准和前瞻性的数据规划，使得各部门各自为政搭建系统，最终形成了一个个相互孤立的数据孤岛，严重制约了企业的数据协同能力？	
7	当市场出现新的机遇或面临紧急突发情况时，企业的决策流程是否烦琐冗长，从信息收集到最终决策下达耗费大量时间，致使企业难以迅速抓住时机，在竞争中落于下风？	
8	企业目前是否尚未构建起一套高效的数智化管理会计体系，无法实现多部门数据的深度整合与综合分析，难以充分发挥数据在企业管理决策中的核心价值？	

如果您对上述问题的回答中"是"的数量较多，则表明您的企业很可能仍处于数智化转型的初步探索阶段，迫切需要进行全面的变革与升级。通过这份自测表，企业能够清晰地洞察自身在数智化转型进程中的优势与不足，进而有的放矢地制定转型策略，精准发力，全面加速管理会计的数智化转型，在数字化时代抢占先机，实现可持续发展。

价值预览：阅读本书的收获

数据中台：企业数据的"中央厨房"

在数智化转型的时代浪潮中，数据中台已然成为企业迈向高效运营与创新发展的核心驱动力。形象地说，它就如同企业数据的"中央厨房"。在这个至关重要的"中央厨房"里，来自企业各个业务系统及多元渠道的原始数据恰似各类丰富多样的食材，被有条不紊地统一收集起来。

生产系统记录的产品生产进度、设备实时运行状况等数据宛如新鲜采摘的基础食材，为后续的数据加工筑牢根基；销售系统保存的客户订单详情、销售业绩统计等数据则如同富含独特风味的特色食材，蕴藏着大量宝贵的商业洞见；而供应链系统中的库存信息、物流流转信息等数据就像不可或缺的辅助食材，在整个数据生态体系中发挥着关键作用。除此之外，企业的财务系统提供的财务收支明细、成本核算数据，以及客户关系管理系统记录的客户基本信息、沟通互动记录等数据，都在持续不断地为数据中台输送各自独特的数据资源，共同汇聚到数据中台这个"中央厨房"里。

随后，借助数据中台一整套严谨且科学的加工处理流程，这些"食材"历经清洗、切配、烹饪等环节，被精心转化为一道道美味可口的"菜肴"，也就是可供企业各部门直接运用的高质量数据产品。

在数据清洗环节，数据中台如同一位严苛的厨师，对数据进行细致入微的筛选与清洗，全力去除其中的杂质和错误数据，从而确保数据的准确性与完整性。例如，销售数据中可能存在重复录入的订单记录、错误的客户联系方式等问题，数据中台会对这些数据进行深度清洗，使数据变得更加纯净、可靠，为后续的分析与应用提供坚实的基础。

在紧接着的数据"切配"环节，数据中台会依据不同的业务需求，对数据展开分类、整理与关联操作。这就如同厨师依据不同菜品的具体要求，将食材切成合适的形状和大小。举例来说，通过深度整合客户的基本信息、长期购买记录以及个性化偏好等数据，数据中台为精准营销提供了全面而详尽的数据支撑，使销售团队能够精确锁定目标客户群体，制定出高度个性化的销售策略，从而大幅提升销售转化率。

在最后的数据"烹饪"环节，数据中台会运用先进的数据分析算法、强大的建模等技术手段，对数据进行深度挖掘与加工，充分释放数据背后潜藏的巨大价值，将其成功转化为具有实际应用价值的数据产品。这就如同厨师凭借精湛的厨艺将食材烹饪成令人垂涎的美味佳肴。数据中台通过综合分析市场、销售、客户等多源数据，能够精确把握市场趋势的微妙变动和客户需求的潜在演变，为企业的战略决策提供权威且有力的数据支持。

这些精心打造的数据产品会依据不同部门的个性化需求，以多样化的形式进行精准配送，为企业的运营管理、决策制定等核心业务提供极为精准的数据支持。销售部门凭借数据中台的客户画像报告，能够深度挖掘客户行为，精准捕捉购买偏好，实现目标客户精准定位，销售转化率显著提升。生产部门借助数据中台生成的生产效率分析报表，能够清晰地了解设备的实时运行效率，精准定位生产流程中的瓶颈环节，进而有针对性地优化生产工艺，生产效率大幅提高。管理层在制定战略时，依赖数据中台提供的综合报告，覆盖市场、财务、绩效等多维度，决策依据全面精准，过程更加科学合理。此外，研发部门依据数据中台提供的市场需求数据、竞品分析数据，能够及时优化产品研发方向，推出更加贴合市场需求的创新产品。客服部门利用数据中台提供的客户反馈数据，能够持续改进服务流程，显著提升客户满意度。

价值对比图：效率提升的有力见证

在企业数智化转型的宏大征程中，数据中台模式宛如一颗璀璨的新星，与传统模式相比，其优势尽显，这些优势通过一系列关键指标得以直观展现，成为推动企业前行的强大引擎。表 2 借助详细的效率对比展开深入剖析。

表 2　不同模式的效率对比

对比项目	传统模式	数据中台模式	效率提升倍数
数据收集时间	数天甚至数周	实时或准实时	数倍甚至数十倍
报表生成时间	数小时甚至数天	数分钟至数小时	数倍甚至数十倍
数据分析深度	仅能进行简单的财务分析	可实现多维度、深度分析	数倍以上
决策响应速度	缓慢，往往滞后于市场变化	快速，能及时应对市场变化	数倍以上
成本控制效果	难以有效控制成本	能够实时监控成本，精准控制	3 倍以上（根据实际案例统计）

数据收集时间：从漫长等待到即时获取

在传统模式下，数据犹如散落在各处的珍珠，分散在企业各个相互独立的业务系统中，并且缺乏统一高效的数据采集机制。以一家大型制造企业为例，销售部门需逐一从多个销售渠道系统中手动导出销售数据，而采购部门亦需费力地从不同的供应商管理系统中收集采购信息，再历经烦琐的层级上报与汇总。这一流程烦琐且复杂，伴随着大量人工操作的介入，数据从生成到最终汇总常需耗时数天甚至数周之久。在此期间，企业仿佛置身于迷雾之中，难以捕捉实时动态。

在数据中台模式下，通过构建高效的数据采集系统，利用各种数据接口、传感器和网络协议实时收集数据，确保数据的及时性和完整性。这如同搭建了一条数据高速公路，能够自动、实时地从各个业务系统、物联网设备、社交媒体等多源渠道获取数据。以电商企业为例，其数据中台可实时采集线上店铺的订单数据、用户浏览数据、支付数据等，数据收集几乎在转瞬之间完成，效率提升数倍甚至数十倍，让企业能够第一时间精准掌握最新的业务动态并迅速做出反应。

报表生成时间：从耗时费力到高效快捷

在传统模式下，财务人员在编制报表时可谓困难重重。首先需要耗费大量的时间收集数据,接着需要进行烦琐的格式调整、细致的数据核对等工作,最后还得使用专业软件进行报表制作。以月度财务报表为例,从数据收集到最终完成报表,可能需要数小时甚至数天。一家中型企业的财务团队每月在编制财务报表时,通常需要耗费2—3天时间,而且期间可能因数据错误而反复修改,效率极为低下。

在数据中台模式下,借助自动化的数据处理流程和智能报表工具,企业仿佛为报表编制装上了加速器。系统可以依据预设的报表模板和数据规则实时从数据池中提取数据并快速生成报表。同样是上述中型企业,引入数据中台后,月度财务报表在数分钟内即可生成初稿,经过简单的审核后,数小时内就能完成最终报表,报表生成效率大幅提升,能够及时为企业决策提供精准的数据支持,助力企业把握每一个发展机遇。

数据分析深度:从浅尝辄止到深度洞察

在传统模式下,由于数据的不完整性和分析工具的局限性,企业的数据分析往往浮于表面,仅能进行简单的财务数据分析,比如计算收入、成本、利润等基本财务指标,难以深入挖掘数据背后千丝万缕的关联和潜在的价值。以一家零售企业为例,传统数据分析仅能看到各门店的销售额和利润情况,对于不同区域、不同时间段、不同客户群体的消费行为差异却无从得知,犹如盲人摸象无法把握全貌。

在数据中台模式下,借助强大的大数据分析技术和丰富多样的分析工具,企业拥有了一双洞察一切的慧眼,能够对海量数据进行全面而深入的多维度分析。以一家零售企业为例,通过数据中台,企业不仅能分析各门店的销售数据,还能结合客户画像、市场趋势、竞争对手数据等,深入剖析各区域消费者的偏好差异,探究销售数据在不同时间段波动的原因,并分析竞争对手营销策略对自身业务的具体影响。数据中台能为企业营销策略的制定提供精准且坚实有力的支持,数据分析深度实现数倍以上的提升,让企业在市场竞争中知己知彼,百战不殆。

决策响应速度：从反应迟缓到迅速出击

在传统模式下，由于数据滞后和分析片面，企业管理层在做出决策时仿佛陷入了泥沼。这一过程包括漫长的数据收集、深入分析以及讨论。例如，当市场出现新的竞争产品时，企业可能需要数周时间来收集足够的数据进行分析，再经过数周的讨论后，才能决定如何调整产品策略。然而，在此期间，市场形势瞬息万变，企业往往错失最佳应对时机，在竞争中逐渐处于下风。

在数据中台模式下，企业宛如拥有了一个实时的市场监测雷达，能够实时获取市场动态数据、竞争对手数据以及自身业务数据，并通过智能分析模型快速生成决策建议。同样是面对新竞争产品的情况，数据中台能够在短时间内高效完成数据分析，并提出多元化的应对策略和建议。管理层据此能够快速做出决策并执行，使得决策响应速度显著提升，助力企业在激烈的市场竞争中敏捷应对，抢得市场先机，稳固领先地位。

成本控制效果：从难以掌控到精准把控

在传统模式下，企业对成本的监控犹如雾里看花，难以实时监控成本，也缺乏对成本构成的深入分析。以一家制造企业为例，企业对原材料采购成本、生产损耗成本、物流成本等缺乏实时跟踪，往往在月末或季度末进行成本核算时才惊觉成本超支，但此时已错失及时采取有效应对措施的最佳时机。

在数据中台模式下，通过实时采集成本相关数据，企业利用成本分析模型对成本进行实时监控和预测，如同为成本控制装上了精准的导航系统，能够精准定位成本异常环节。比如，当原材料采购价格出现波动时，数据中台能够及时发出预警，并分析不同供应商的价格趋势和供应稳定性，帮助企业及时调整采购策略，实现成本精准控制。根据实际案例统计，采用数据中台模式的企业，其成本控制效果相比传统模式提高 3 倍以上，有效提升了企业的盈利能力和竞争力，让企业在市场竞争中更具优势。

从上述对比中可以清晰地看出，数据中台模式在数据处理效率（数据收集时间、报表生成时间）、数据分析深度、决策响应速度以及成本控制效果等方面都实现了质的飞跃，为企业的高效运营和持续发展奠定了坚实的基础，成为企业在数字化时代制胜的关键法宝。

行动号召：把握机遇，立即行动

在当前竞争激烈的市场环境中，数据中台驱动的管理会计数智化转型已经成为企业生存和发展的核心命题，而非可选择性的尝试方向。当今时代，科技发展日新月异，新技术、新商业模式如汹涌浪潮，一波接着一波不断涌现。与此同时，企业的竞争对手们也都在以破竹之势加快数智化转型的步伐。在这样的大环境下，企业如果还在对数据中台驱动的管理会计数智化转型持观望态度，无疑就像是在逆水行舟，不仅难以跟上时代的发展节奏，还极有可能在市场竞争的洪流中被无情淘汰。

作为数字化时代最为关键的生产要素，数据正以令人惊叹的速度和规模在企业的内外部持续产生并不断积累。然而，这些海量的数据如果没有数据中台进行高效处理和深度挖掘，就如同散落在各处的珍珠无法被串联起来形成项链，难以充分发挥出它们应有的巨大价值。回顾传统管理会计模式，其中存在的诸多痛点（如数据获取滞后、分析维度狭隘片面、决策效率低下及成本控制难以精确实施等）宛如沉重的枷锁严重阻碍了企业成长的步伐，使得企业在激烈的市场竞争中逐渐失去优势地位，陷入发展困境。

我们不妨将目光聚焦于那些率先开启管理会计数智化转型的企业，它们已在这场意义深远的数智化变革中收获显著成效。以全球知名的家电巨头海尔集团为例，面对日益激烈的全球市场竞争和汹涌的数智化转型浪潮，海尔集团积极探索管理会计的数智化变革路径。海尔集团将数据中台建设视为战略核心，通过全面整合研发、生产、销售、售后等环节的庞大数据资源，彻底拆除了部门间的数据隔阂，实现了数据的无缝对接与共享。

在数据中台的强大支撑下，海尔集团构建了以"人单合一"模式为核心的创新管理会计体系。借助大数据分析、人工智能等前沿技术，海尔集团能够实时追踪产品从设计研发到用户使用的全生命周期数据，精准洞察用户需求的细微变化。在项目投资决策过程中，海尔集团深度挖掘与分析海量市场数据、行业发展趋势以及自身产品竞争力数据，使得做出的决策更为科学合理，有效避免了盲目投资带来的风险。在成本控制方面，数据中台助力海尔集团实现了全流程的成本监控，从原材料采购、生产制造到产品销售的每一个环节，成本数据都能实时反馈，为成本优化提供了有力的数据支持。

通过这一系列基于数据中台的管理会计数智化转型举措，海尔集团的管理效率得到了大幅提升。产品研发周期显著缩短，新产品能够更快地推向市场，满足了用户日益多样化的个性化需求；成本得到有效控制，利润空间进一步拓展；市场响应速度大幅加快，在全球家电市场的竞争力持续增强。海尔集团的成功转型有力地证明了数据中台驱动的管理会计数智化转型的巨大价值与可行性。

对于广大企业而言，当前的关键问题已不再是是否进行数智化转型，而是如何科学、高效、有序地推进这一转型进程。这需要企业站在战略高度，以全局性的视野来制定既清晰明确又切实可行的转型规划，同时加大在技术、人才、资金等关键领域的投入力度。在技术层面，积极引入先进的数据中台技术，构建稳固且高效的数据处理平台，为数据的深度挖掘与价值应用打下坚实的基础；在人才层面，高度重视人才队伍建设，借助内部培育与外部引进的双重途径，锻造一支既掌握财务专业精髓又精通数据分析与数字化运营管理的复合型人才梯队，为企业的转型发展提供强大的智力支持；在资金层面，合理规划、科学安排预算，确保转型项目在实施过程中有充足的资金保障，推动项目顺利推进。

本书正是为处于这一关键转型时期的企业精心打造的"导航图"与

"工具书"。书中不仅深入阐述了前沿的理论知识,详细剖析了数据中台的架构体系、运行原理以及管理会计数智化转型的理论基础,帮助企业从本质上深刻理解这一转型的丰富内涵与重大价值,更遴选了众多源自各行各业、不同规模企业在转型征途中的典型案例,全面深入地剖析了其中的成功经验与失败教训,为企业提供了极具实操性的行动指南,助力企业在转型之路上少走弯路,巧妙地避开可能遇到的各种陷阱与误区。

时间紧迫,机遇稍纵即逝。让我们携手共进,以本书为行动指南,充分挖掘数据的潜在价值,让数据成为驱动企业持续增长的强劲动力。借助数据中台的强大赋能,我们正实现从传统管理会计模式到数智化管理会计模式的优雅蜕变,在激烈的市场竞争中抢占先机,携手共创企业发展的新纪元,坚定地迈向数字化时代下的卓越企业目标。

第一章

浪潮之巅：
数字心跳敲响时代之门

序幕　超市货架上的未来密码

　　晨曦初露，柔和的微光缓缓洒落在这座逐渐苏醒的城市，街道上的车辆与行人还寥寥无几。李店长如同往常，怀揣着对新一天工作的期待，脚步匆匆地踏入他所负责的超市。此刻，整个超市尚笼罩在一片静谧之中，唯有他手中平板电脑的屏幕散发着幽蓝的光，映照着他专注而急切的面庞。他的手指在屏幕上如灵动的舞者般急速滑动，双眼紧紧锁定着屏幕上不断跳动、变化的数据，仿佛那是指引他前行的神秘密码。

　　智慧货架系统宛如一位忠诚且警觉的卫士，时刻坚守在岗位上，敏锐地捕捉着超市内每一处细微的动态变化。此刻，它精准地察觉到了异常，迅速发出预警：超市东北角那片陈列着进口红酒的区域，顾客驻足率较上周竟下降了32%。这一数据的波动就如同平静的湖面投入的一颗石子，在李店长心中激起层层涟漪。与此同时，生鲜区的智能摄像头也不甘示弱，传来了令人关注的新发现：年轻顾客群体对即食沙拉展现出超乎寻常的强烈偏好，他们在货架前停留、挑选的时间明显增长，购买频率也大幅提高。

　　这些实时数据仿若汹涌奔腾的潮水，毫无阻挡地涌入超市的数据中台。

数据中台内部，AI模型如同一位经验丰富、技艺精湛的工匠，开始对这些数据进行层层精密的分析与筛选。它从不同维度、不同角度深入挖掘数据背后隐藏的信息，综合考量过往销售数据、顾客群体特征、市场流行趋势等诸多因素。经过一番复杂而高效的运算与研判，最终凝练出一条极具价值与前瞻性的建议："将红酒与奶酪组合陈列，客单价有望提升19%。"这条建议恰似黑暗中的一道曙光，为李店长优化商品陈列策略提供了关键思路。

正当李店长沉浸在对商品陈列布局的思考之中，谋划着如何更好地实施这一建议时，超市墙上悬挂的数据瀑布屏毫无征兆地突然闪烁起来。紧接着，一行极为醒目的刺眼红字跃入他的眼帘："华东仓芒果库存仅剩12小时！"这一紧急信息犹如一记沉重的警钟，瞬间打破了超市清晨的宁静，让李店长意识到情况的紧迫性。他毫不犹豫，迅速启动智能补货系统。

刹那间，智能补货系统内的算法宛如一台精密到极致的超级计算机马力全开，高速运转。它飞速地计算着周边5个仓库的实时库存情况，细致地对比各个仓库的物流成本，精准地评估不同仓库发货到达超市所需的时间，同时结合过往消费者购买芒果的概率数据进行全面而深入的综合分析。在极短的时间内，智能补货系统眨眼间便自动生成了最优调货方案。这一系列操作从数据获取、分析到方案生成一气呵成，在收银台扫码枪那清脆悦耳的"滴"声之间便已高效、完美地完成，整个过程犹如一场精彩绝伦、令人惊叹的数字魔法秀，充分地展现了数字化技术在现代商业运营中的强大力量与高效性。

第一幕　巨轮转向——商业生态的重构风暴

1.1　顾客主权觉醒：从千人一面到一人千面

清晨的阳光轻柔地透过窗户，洒在张教授的书房里。此时，张教授正坐在书桌前，专注地翻阅着最新的医学研究资料。突然，他的手机铃声响起，打破了房间的宁静。"您常买的降压药正在促销，需要预留吗？"电话那头，药店 AI 客服礼貌而亲切的声音传来。听到这句话，张教授微微一愣，脸上露出些许惊讶的神情。他心中暗自惊叹，就连自己每月为社区老人代购药品这一极为细微的习惯都被精准的数据系统记录和分析，仿佛自己的一举一动都在被一双无形却又异常敏锐的眼睛密切地注视着。

在杭州一个充满活力与激情的直播基地，热闹非凡的直播间内灯光璀璨、音乐激昂。主播小雪正全情投入地展示着一国产品牌的各类美妆产品，她的脸上洋溢着热情的笑容，眼神中透露出自信与专注。此时，她面前的智能提词器犹如被赋予了生命与智慧一般，实时发生着奇妙而精准的变化。当镜头缓缓扫过第 7 支口红时，系统仿佛接收到了来自神秘世界的指令，瞬间将口红原本的"显白"改为"滋润"。原来，在直播间的后台，一套先进而智能的监测系统正在 24 小时不间断地运行着。它通过对直播间观众数据的实时分析，精准地捕捉到了观众画像的动态变化：此刻，直播间里 22—29 岁年轻女性观众的占比已突破 66%，成为主流观众群体。同时，系统还敏锐地监测到弹幕中"干燥"这一关键词的出现频率暴增 300%。基于这些精准的数据洞察，系统迅速做出反应，及时调整了提词内容。这种能够即时应变的神奇能力无疑成为这家国产美妆品牌迅速崛起的强大助力。在短短三个月的时间里，该品牌凭借对消费者需求的精准把握与营销策略的巧妙调整，成功赶超众多国际大牌，荣登细分品类榜首，书写了一段令人瞩目的商业传奇。

85% 的消费者渴望定制化服务就像指纹识别般精准。在如今数字化高度发达的时代，消费者的需求日益呈现多样化、个性化的特点。这一数据深刻地揭示了市场的新趋势，企业若想在激烈的市场竞争中脱颖而出，就必须高度重视消费者的个性化需求，如同重视指纹识别的唯一性，精准定位，提供定制化服务，只有这样才能赢得消费者的青睐与市场份额。

1.2 竞争升维：数据军备竞赛

夜深了，城市褪去白日的喧嚣与繁华，陷入一片沉睡之中。然而，亚马逊的推荐引擎却宛如一位不知疲倦的守护者，依旧活力满满，亢奋地运转着。在城市的某个角落，程序员 Tom 结束了一天忙碌的工作回到家中。此刻，他正坐在电脑前，悠闲地浏览着户外装备相关网页，为即将到来的登山计划做准备。他或许并不知道，在互联网的另一端，亚马逊的算法如同看穿他心思的魔法师，通过对他过往浏览记录、购买行为、搜索偏好等海量数据的深度分析，精准地预判到他即将开启登山之旅。

于是，神奇的事情发生了。当 Tom 浏览网页时，系统不仅贴心地推送了防滑登山杖这一必备的登山装备，还巧妙地搭配了高原反应药品。这一推荐组合看似简单，实则蕴含着亚马逊强大的数据处理与分析能力。这套神奇的推荐系统犹如点石成金的魔杖，在悄无声息之间缔造了亚马逊 35% 的销售额，成为其在电商领域持续领先的核心竞争力之一。

面对如此强大的竞争对手，传统零售商感受到了前所未有的压力与挑战。但它们并未选择坐以待毙，而是纷纷鼓起勇气，开启数智化转型之路。某家电卖场的智能地砖宛如一个个分布在卖场各个角落的灵敏探测器，通过先进的压力传感技术，能够精准识别顾客在不同区域的停留模式。顾客停留的时间长短、行走的路线轨迹等信息，都被智能地砖一一记录并上传至后台。酒类专柜的物联网酒瓶恰似忠实的记录者，每一瓶威士忌被顾客拿起的角度、时长以及放回货架的位置等细节，都被其认真记录下来。

在这个数据驱动的时代，企业间的竞争已然发生质的变化，演变成一场激烈无比的数据军备竞赛。谁能更有效地收集、更深入地分析和更巧妙地运用数据，谁就可能在这场没有硝烟的商战中抢占先机并赢得胜利。数据已然成为企业在新时代竞争中的核心战略资源，如同古代战争中的粮草与兵器，决定着企业的生死存亡与兴衰成败。

战场法则：数据驱动型企业的利润率高出行业均值5%—6%，这不是简单的差距，而是代际鸿沟。麦肯锡的这一研究数据清晰地揭示了数据驱动型企业在市场竞争中的显著优势。这一差距不仅仅是简单的数字差异，更反映了传统企业与数据驱动型企业在商业模式、运营效率、市场洞察力等多方面的代际鸿沟。传统企业若想缩小这一差距实现转型升级，必须深刻地认识到数据的重要性，积极投身于数智化转型的浪潮之中。

1.3 监管利剑：透明化生存

在布鲁塞尔那庄严肃穆的数字法庭上，气氛紧张而压抑，仿佛空气都凝固了一般。区块链审计系统宛如一位公正无私、严谨细致的审判者，正有条不紊地对某快时尚巨头的供应链展开全面而深入的解剖。随着审计工作的逐步推进，56层复杂交织的关联交易如同层层剥开的洋葱，企业隐藏在深处的环保违规行为被毫无保留地彻底暴露在公众视野之中。

原来，该快时尚巨头在生产过程中为了追求低成本与高利润，忽视了环保法规，采用了大量对环境有害的生产工艺与原材料。在供应链的各个环节，从原材料采购、产品生产到运输销售，都存在不同程度的环保违规问题。当2.1亿欧元罚单最终落下的那一刻，该企业的ESG（环境、社会和公司治理）评分如自由落体般急剧暴跌至行业末位，其在市场中的声誉与形象也遭受了毁灭性的打击。这一事件无疑为全球企业敲响了警钟，在群众环保意识日益增强、监管力度不断加大的今天，企业必须高度重视可持续发展问题，遵守环保法规，否则必将为其不当行为付出惨痛的代价。

与此同时，在深圳这座充满创新活力的城市，某新能源汽车的电池护照系统正悄然改变着投资人和消费者对新能源汽车的认知与评价体系。通过这个先进的系统，投资人仿佛拥有了一双透视眼，能够清晰地追溯每块电池从生产到使用的全过程"人生轨迹"：从刚果钴矿的开采日期，到宁德时代工厂的质检员工号，再到运输途中经历的每一次温度波动、湿度变化，甚至是电池在车辆使用过程中的充放电次数、剩余电量等详细信息，一切都详尽可查，透明公开。

这种前所未有的透明化正逐渐成为比财务报表更重要的信用货币，深刻影响着企业在市场中的声誉和地位。消费者在购买新能源汽车时，不再仅仅关注车辆的性能、价格等传统因素，电池的环保性、安全性以及生产过程的透明度等因素也成为他们决策的重要考量。企业只有积极拥抱这种透明化趋势，加强自身的可持续发展管理，才能赢得消费者的信任与市场的认可。

第二幕　破茧之痛——组织基因的重组

2.1　决策革命：从月相潮汐到秒级脉搏

在青岛这座海滨城市，凌晨三点，整个城市仿佛被一层静谧的薄纱笼罩，万籁俱寂，唯有海风轻轻拂过，发出微弱的沙沙声。然而，在青岛某轮胎厂内，尖锐刺耳的警报声宛如平地惊雷在厂区内骤然响起，瞬间将寂静撕得粉碎。

管理会计的实时损益仪表盘犹如一个精密的作战指挥中心，在警报响起的瞬间迅速而精准地刷新着各项数据。原来是物联网传感器，这些分布在生产线上的"敏锐触角"，第一时间捕捉到原材料含水率超标的异常情况。这一细微的变化如同蝴蝶轻轻扇动翅膀，却可能在生产领域引发一场巨大的风暴。

系统宛如训练有素、反应敏捷的特种部队，不仅迅速发出设备风险预警，提醒相关人员潜在的生产危机，更在后台紧锣密鼓地同步展开复杂的运算。它凭借先进的算法和强大的数据处理能力，精准计算出停工损失与工艺调整成本。在这争分夺秒的时刻，每一秒都至关重要。仅仅过了短短三分钟，系统便成功给出了"损失最小化"方案。这一方案综合考虑了原材料调配、设备运行、人员安排以及订单交付时间等多方面因素，旨在最大程度减少因原材料问题而对生产造成的负面影响，确保企业在危机中依然保持高效运转。

回顾往昔，在传统的成本监控模式下，企业往往只能以月度甚至年度为周期，对成本进行滞后性的统计与分析。这种模式如同根据月相潮汐来规划航海路线，无法及时应对海上瞬息万变的风浪。而如今，随着数字化技术的飞速发展，管理会计借助物联网、大数据等先进的技术手段，实现了成本监控精度从"月度万吨"到"秒级克数"的巨大飞跃。这种秒级实时监测能力让企业能够像经验丰富的船长在狂风巨浪中精准掌舵一样，在瞬息万变的市场环境里迅速洞察成本的细微变化，及时调整生产策略，从而重新定义利润空间，在激烈的市场竞争中抢占先机，赢得主动。

2.2 成本显微术：解剖利润 DNA

在长安汽车充满科技感与未来感的虚拟实验室中，一场看不见硝烟却至关重要的成本攻坚战正如火如荼地进行着。实验室里，灯光柔和而明亮，营造出一种专注而严谨的氛围。工程师们头戴先进的 VR（虚拟现实）眼镜，犹如穿越到了微观世界的探险家，正全神贯注地探索着成本的奥秘。

此时，管理会计的"成本基因测序仪"如同一个强大的智能助手正在高效运行。当 VR 眼镜聚焦到某个螺丝时，AI 迅速启动，瞬间如同开启了上帝视角，以惊人的速度与精准度呈现 20 种替代方案。这并非简单的方案罗列，每一种方案背后都蕴含着 AI 对复杂成本因素的深度分析。

AI 不仅详细展示了每种替代方案对现金流的即时影响，精确预测资金的流入与流出变化，还深入考量了税务筹划方面的因素，分析不同选择可能带来的税务负担差异。同时，它还细致入微地计算了每种替代方案对库存周转的影响，包括原材料库存的占用时间、成品库存的积压风险等。例如，选择某种新型螺丝材料可能使采购成本略有上升，但能显著缩短生产周期，加快库存周转，从而提高资金使用效率，间接降低生产成本。

正是凭借对成本的原子级洞察，长安汽车得以深入了解产品成本结构的每一个细节。通过精准分析与科学决策，企业成功精准锁定高毛利车型。在市场竞争日益激烈、众多车企陷入价格战的红海困境时，长安汽车凭借对成本的精细化管理，实现了单车利润率提升8%的优异成绩。这一成果充分彰显了现代管理会计的核心价值，它不再局限于传统的成本削减思路，而是借助数据中台的强大支撑，深入挖掘成本背后的关键因素，对企业的成本结构进行深度剖析与重组，从根本上提升企业的盈利能力，为企业的可持续发展注入了源源不断的动力。

2.3 风险预言者

在香港中环某银行信贷部那间高耸入云的办公室里，灯光柔和地洒在办公桌上，周围一片安静，只有电脑主机发出轻微的嗡嗡声，仿佛在为这场紧张的风险监测"伴奏"。信贷经理Anna正全神贯注地盯着电脑屏幕，眼神中透露出专注与警惕。

突然，电脑屏幕上毫无征兆地泛起一片醒目的红光，宛如危险降临的强烈警示信号，瞬间打破了办公室的宁静。原来是管理会计的"财务体检仪"发出了预警：某奶茶连锁店的抹茶粉采购出现异常情况，其采购量与过往数据相比呈现明显的偏离趋势。

为了进一步探究背后的原因，AI模型迅速启动，如同经验丰富的侦探，结合社交媒体情绪分析，开始全面收集和分析各类相关信息。在社交媒体上，消费者对该奶茶连锁店的评价褒贬不一，部分消费者反映近期该品牌奶茶口味发生变化，而这一变化很可能与抹茶粉的采购异常有关。AI模型综合这些信息，通过复杂的算法和大数据分析，精准预判该奶茶连锁店的现金流将在 87 天后断裂。

这套风险预警系统宛如企业的"安全卫士",时刻守护着企业的财务安全。银行基于这一精准的风险预警迅速做出决策,悄然收紧对该奶茶连锁店的授信额度。这一举措帮助银行成功规避了潜在的 5 000 万元的坏账风险,有效保障了银行的资产安全。该案例充分展示了管理会计在风险管理方面的卓越能力,通过对财务数据和市场信息的综合分析,能够提前洞察潜在风险,为企业的稳健运营提供有力保障,让企业在复杂多变的市场环境中未雨绸缪,从容应对各种风险和挑战。

第三幕　盗火者联盟——技术重构商业法则

3.1　合同扫描仪

在北京某律师事务所宽敞明亮的办公室里,一项高效而严谨的合同审查工作正在紧张而有序地进行着。"AI 猎手"宛如一位不知疲倦、知识渊博的知识吞噬者,迅速将一份长达 287 页的并购协议纳入分析范围。它以极快的速度扫描着合同的每一个条款、每一个字句,凭借先进的 AI 算法与强大的数据分析能力,不仅精准地标出 13 处法律漏洞,更犹如一位洞察力非凡、经验丰富的金融专家,敏锐地洞察到某个小数点位移可能引发的 2 000 万元损失。

这项曾经需要 3 天人工全神贯注、逐字逐句审查的繁重工作,如今在"AI 猎手"的助力下,轻松化作打印机吐出的 5 页风险清单。这份清单简洁明了地呈现了合同中存在的关键风险点与潜在问题,为律师团队与企业客户提供了清晰、准确的决策依据,大大提高了工作效率,降低了合同审查的成本与风险,为企业的法律风险防控提供了强有力的支持与保障。

3.2 云上闪电战

"3、2、1，上链接！"随着义乌主播那充满激情与活力的呐喊声响起，一场数据海啸瞬间在网络世界中被掀起。阿里云宛如一位强大无比、无所不能的超级英雄，在接到订单请求的瞬间，迅速调动三个可用区资源，以惊人的速度与强大的算力精准地分配着计算力，确保每一个订单都能得到及时、准确的处理。其过程仿佛交响乐团指挥家精准地掌控着每个乐符的震颤，让整个交易过程如行云流水般顺畅、高效，毫无卡顿与延迟。

而在某智能工厂里，边缘计算设备宛如一个个分布在生产一线的独立智慧大脑，正积极进行着本地化决策。当检测到刀具出现微米级磨损时，无须等待漫长的云端指令，它们便迅速直接触发更换程序。这一过程不仅极大地提高了生产效率，避免了因刀具磨损而导致的产品质量问题，还确保了生产的连续性和稳定性，为企业的高效生产提供了坚实的技术保障。云计算与边缘计算的完美结合犹如一对强大的翅膀，助力企业在数智化转型的道路上展翅高飞，实现高效运营与快速发展。

3.3 全民编程时代

在成都这座充满烟火气的城市，火锅店鳞次栉比，而张姐经营的火锅店凭借独特的风味和贴心的服务，在众多店铺中脱颖而出，每日食客络绎不绝。这日午后，店内客人渐少，张姐忙完手头事务便来到了她那被员工们戏称为"魔法书桌"的地方。桌上摆放着一台电脑，在张姐的眼中，这可是开启店铺运营新大门的"魔法道具"。此刻，她正坐在桌前，脸上洋溢着自信的笑容，眼神中透露出对即将进行的工作的期待。

张姐一直留意着店铺运营中的各种细节，她深知天气变化、外卖订单波动以及门店实时客流量之间存在某种微妙的联系。在一次偶然的机会中，她接触到了无代码平台，这一发现如同为她打开了一扇通往新世界的大门。

她跃跃欲试，决定运用这个神奇的工具将看似零散的信息整合起来，创造出一个能够助力店铺更好运营的模型。

通过无代码平台，张姐宛如一位神奇的魔法师开始了她的"魔法编织"。她先是接入天气API（应用程序编程接口），这个接口就像一个精准的气象小助手，能够实时为她提供天气变化信息。紧接着，她又将外卖平台数据导入系统，这些数据包含外卖订单数量、顾客偏好菜品、下单时间等丰富的信息。同时，门店监控视频的接入让她能够直观地看到店内的实时情况，比如顾客的流量变化、不同区域的座位使用率等。

虽然张姐不是专业的财务人员，但她凭借多年经营店铺的经验，深知成本控制与业务运营紧密相连。在她构建"暴雨预警模型"的过程中，管理会计的业财融合思维悄然渗透其中。她思考着，一旦天气API传来暴雨预警，店内的客流量势必受到影响，而外卖订单可能有所增加。基于这样的考虑，她精心设计了系统的逻辑。

当天气API触发备货调整时，神奇的事情发生了。系统仿佛被赋予了生命，自动关联损耗率预警。张姐明白，在暴雨天气下，食材的储存难度可能增大，损耗率也会相应提高。所以，她提前在系统中设置好规则，一旦触发暴雨预警，系统就会根据过往数据对各类食材的损耗率进行预测，并发出预警提醒，让员工们在食材处理上更加小心谨慎，以避免不必要的浪费。

同时，系统还自动启动动态定价机制。张姐知道，暴雨天气会影响顾客的出行意愿，为了吸引更多的顾客选择外卖，同时保证店铺的利润，动态定价至关重要。系统会根据外卖订单量的变化趋势、食材成本以及市场需求等多方面因素，智能调整菜品价格。比如，对于一些易于保存且受欢迎的菜品，适当提高价格；而对于一些可能出于天气原因导致销量下降的菜品，则进行适度降价促销。

在整个过程中，张姐不断地调试和优化模型。她仔细研究每一次数据的变化，与员工们交流讨论实际运营中的反馈。有一次，员工小李发现，在暴雨预警后，系统推荐的某种食材备货量过高，导致部分食材剩余。张姐得知后，立即查看模型数据，发现是对该食材在暴雨天气下的消耗速度预估出现偏差。对此她迅速在无代码平台上调整了相关参数，使得模型更加精准。

这场"技术平权运动"让张姐这样的非财务人员也能参与到成本控制中来。在以往，成本控制似乎是财务部门的专属工作，基层员工难以触及。而如今，通过无代码平台，管理会计的理念和方法得以在企业基层广泛传播。员工们看到张姐利用这个平台做出的成果，对成本控制有了新的认识。大家开始主动关注店铺运营中的各项数据，积极参与到成本控制的实践中。有的员工会根据当天的客流量合理调整店内的灯光和空调使用时间，以节约能源消耗成本；有的员工会在食材采购环节更加注重食材的品质和价格对比，为店铺降低采购成本。

这种全员参与成本控制的氛围为企业的创新发展注入了源源不断的活力。店铺的运营效率得到显著提升，成本得到有效控制，利润也随之增加。张姐的"魔法书桌"成为店铺发展的新动力源泉，而这场全民编程带来的变革也在持续影响着店铺的未来走向，让它在激烈的市场竞争中更具竞争力。

第四幕　暗礁密布——转型者的叹息之墙

在商业版图中，某集团曾是行业内颇具影响力的大型企业，旗下业务多元，子公司星罗棋布于全国各地。集团管理层一直致力于通过数智化转型提升企业的运营效率与决策精准度，以应对日益激烈的市场竞争。而合并报表作为综合反映集团整体财务状况与经营成果的关键环节，成为数智化转型进程中的重要攻坚点。

然而，现实却给了集团沉重一击。当财务团队满怀期待地着手合并报表工作时,却发现自己陷入了一个混乱无序的数据泥沼。其根本原因正是管理会计语言体系的全面失调。在集团旗下的17家子公司中,"生产成本"这一核心概念竟存在17种截然不同的定义标准。

以生产制造型子公司A为例,其将生产成本定义为原材料采购成本、直接人工成本以及生产设备的折旧费用之和,且在计算折旧费用时采用直线折旧法,依据设备的购置原值与预计使用年限进行计算。而在地理位置偏远、人力成本相对较低的子公司B,除了上述成本项目,公司还将因地理环境而导致的额外运输成本纳入生产成本范畴,并且在核算人工成本时采用计时工资与绩效奖金相结合的复杂模式,奖金的计算与员工的生产效率、产品质量等多个因素挂钩。

在这种情况下,集团耗费大量人力、物力精心构建的分析模型犹如在沙滩上搭建的城堡,看似精美却不堪一击,瞬间沦为精致的谬误。管理会计人员试图通过这些模型对集团的成本结构、盈利能力、资金流向等关键财务指标进行深入分析,从而为企业决策提供有力支持。但由于数据定义的混乱,不同子公司的数据无法在同一框架下进行有效整合与对比。例如,在分析集团整体的成本构成时,因各子公司对生产成本的定义存在差异,使得成本数据在汇总时出现严重偏差,无法准确反映集团真实的成本状况。

这一现象深刻地揭示了在企业数智化转型的过程中统一管理会计语言和标准的重要性。管理会计作为企业决策的重要支撑,其提供的信息必须具有准确性、一致性和可比性。如果缺乏统一的标准,数据就如同散落在各处的拼图碎片,无法拼凑完整,也就无法为企业决策提供可靠的依据。企业在制定战略规划、进行投资决策、评估业务绩效等关键环节中,将因缺乏准确的数据支持而陷入迷茫与困境。长此以往,不仅会导致企业内部资源配置的不合理,还将严重阻碍企业的发展,使其在激烈的市场竞争中逐渐失去优势,甚至面临被淘汰的风险。

第五幕 希望灯塔——破局者的启示录

5.1 汽车零件商的逆袭

在 C 集团规模宏大且井然有序的车间里，一场堪称震撼人心的数据革命正如火如荼地上演着。车间内，2 000 个传感器宛如密布在设备身躯上的神经末梢，它们彼此交织，构建起一个庞大而精密的神经网络。这些传感器时刻保持着高度的敏锐，实时精准地传导着设备运行的"心电图"，将设备的每一个细微状态、每一次参数变化都毫无遗漏地捕捉并传输至中央控制系统。

从本质上讲，这场数据革命是管理会计控制论的一次伟大胜利。在传统的生产模式中，标准成本法虽有其自身的价值，但在面对复杂多变的市场环境与日益精细化的生产需求时逐渐显露出局限性。而如今，C 集团借助这张由传感器构成的神经网络，成功推动标准成本法进化为"呼吸式成本管理"模式。这一创新模式似乎赋予了成本管理以生命，使其能够根据市场动态、生产实际以及设备状况等多方面因素，灵活地进行自我调整与优化，就像人类呼吸一样，自然而又精准地适应着环境的变化。

某一天，C 集团突然接到特斯拉的紧急订单。这一订单不仅交货时间紧迫，对产品质量与生产工艺的要求也极为严苛。在这一严峻挑战面前，C 集团的动态模型展现出了强大的实力。它宛如一位智慧超群的指挥官，能够精准地平衡加班成本与违约风险。通过对设备运行效率、员工工作负荷、原材料库存以及物流配送等诸多关键要素的综合分析与精密计算，动态模型制订出了一套最优的生产计划。一方面，合理安排员工加班，确保生产进度能够满足特斯拉的交货期限；另一方面，精准控制加班时长与强度，避免因过度加班而导致成本大幅上升以及产品质量下降。同时，动态模型还对可能出现的违约风险进行了全面评估与有效防范,通过与供应商紧密协作、优化物流配送方案等措施,最大程度降低了违约的可能性。

正是凭借这一创新的成本管理模式与强大的动态模型,C集团成功为企业创造了巨大的经济效益。在完成特斯拉紧急订单的过程中,企业不仅高效地满足了客户需求,赢得了客户的高度赞誉与信任,还通过精准的成本控制,实现了成本的显著降低与利润的大幅增长。据统计,这一订单为C集团带来了丰厚的收益,助力其一年节省近亿元成本。C集团也因此而成功实现逆袭,在竞争激烈的汽车零件制造业中脱颖而出,成为众多企业竞相学习的典范。这一案例充分展示了管理会计在企业运营管理中的核心作用,它就像企业的智慧大脑,通过创新的成本管理模式,帮助企业在复杂多变的市场环境中灵活应对各种挑战,实现华丽转身。

5.2 医院的生命算法

在 E 医院忙碌而又充满希望的影像科与药房,一场意义非凡、关乎生命与效益的深刻变革正悄无声息地发生着。在影像科,先进的 AI 系统宛如一位医术精湛、经验丰富的医学专家,正兢兢业业地守护着每一位患者的健康。当患者进行 CT(计算机断层扫描)检查时,AI 系统以其卓越的图像识别能力,不仅能够精准地标记出直径仅为 1.2 毫米的早期肺癌结节,将病魔的蛛丝马迹清晰地呈现在医生眼前,为早期诊断提供关键线索;更为神奇的是,还能自动调取患者过去三年的体检数据,运用先进而复杂的算法对这些海量数据进行深度分析与挖掘。通过综合考量患者的年龄、性别、家族病史、生活习惯以及过往疾病治疗情况等多方面因素,AI 系统推演出三种治疗方案的成功概率,为医生制订个性化的治疗方案提供了极具价值的参考依据,大大提高了治疗方案的科学性与有效性。

而在药房,物联网药柜宛如一个精心构建的智慧蜂巢,正有条不紊地运作着。每一个药柜都配备了先进的传感器与自动化控制系统,能够实时监测药品的库存数量、保质期以及位置信息。当医生开出药方后，物联网药柜迅速响应，通过自动化机械手臂，精准地从众多药品中抓取所需药品，并按照处方要求进行自动调剂。这一过程不仅极大地提高了药品调配的速度，更将取药误差率降至令人惊叹的 0.0003%，有效避免了因人为失误而导致的用药错误，为患者的用药安全提供了坚实保障。

更为重要的是，这场在药房掀起的药品管理革命实则是管理会计伦理的一次升华。在传统的医疗模式中，成本控制与医疗服务质量往往被视为一对难以调和的矛盾。然而，在 E 医院，借助先进的 AI 系统与物联网技术，这一矛盾得到了完美化解。当 AI 系统对药品采购、库存管理、药品调配等环节进行全面优化后，药品成本成功降低了 7%。与此同时，通过精准的药品调配与个性化的治疗方案推荐，患者的治疗效果得到了同步优化。患者能够更加及时、准确地获取所需药品，治疗过程更加顺畅，康复速度也明显加快。这充分证明了在医疗领域，效率与仁心并非相互对立，而是可以和谐共生、相辅相成的。

管理会计在这一过程中发挥了至关重要的作用。它就像医院运营的精细管家，通过对医疗资源的合理规划与优化配置，实现了医疗成本的有效控制与医疗服务质量的显著提升。从药品采购成本的精准核算，到库存管理策略的科学制定，再到医疗服务流程的优化设计，E 医院通过结合管理会计的专业知识与 AI 这一先进工具，深入挖掘每一个环节的潜在价值，为医院的可持续发展提供了宝贵的经验。E 医院的成功实践为整个医疗行业树立了榜样，激励着更多的医疗机构积极探索数智化转型之路，在提高医疗服务质量的同时，实现成本的有效控制与资源的高效利用，为患者带来更多的福祉，推动医疗行业朝着更加健康、可持续的方向发展。

5.3 管理会计的重生宣言——基于数据中台驱动的管理会计数智化转型

在当今数字化浪潮汹涌澎湃的时代，数据中台已然成为企业运营的核心枢纽，恰似一颗强劲有力的心脏，源源不断地为企业输送活力与养分，驱动企业的每一个业务环节高效运转。而管理会计在这一全新的数智化格局中，宛如调控血液流速的自主神经，发挥着至关重要且无可替代的作用。

管理会计让成本控制拥有了如同肌肉记忆般的本能反应。以一家大型制造企业为例，以往在成本控制方面，企业往往依赖传统的事后核算与分析模式。每月末，财务人员需要花费大量的时间收集、整理各类成本数据，经过烦琐的计算与分析后才得出成本报表。此时，即使发现成本超支，问题也早已发生，企业只能采取一些事后补救措施，效果往往不尽如人意。而如今，借助数据中台的强大支撑，管理会计构建起了实时成本监控体系。通过在生产线上部署的各类传感器，系统能够实时采集原材料消耗、设备运行时长、人工工时等关键成本数据，并将这些数据迅速传输至数据中台。管理会计运用先进的"成本基因测序"模型，对这些实时数据进行深度剖析。一旦发现某条生产线的原材料消耗超出预设标准，系统就会立即发出警报，同时自动追溯成本异常的源头，精准定位到具体的生产环节、设备或操作人员。对此企业能够迅速、精准地采取措施，如调整生产工艺、更换设备零部件或加强员工培训等，将成本及时控制在合理范围内。这种如同肌肉记忆般的成本控制能力让企业能够在成本变化的第一时间做出反应，有效避免了成本失控带来的损失。

在风险管理领域，管理会计使风险预警如同条件反射般自然而敏锐。某金融机构在传统管理会计模式下的风险评估主要依靠人工收集和分析客户的财务报表、信用记录等有限信息，且评估周期较长，往往以季度或年度为单位。这使得风险预警存在明显的滞后性，许多潜在风险在被发现时已经给企业造成难以挽回的损失。随着数智化转型的推进，该金融机构搭建了数据中台，并引入了先进的"财务体检仪"——风险管理模型。这一模型通过数据中台实时获取客户的交易信息、市场动态信息、行业趋势等海量数据，并运用大数据分析与AI算法，对这些数据进行全方位、多层次的挖掘与分析。当监测到某客户的交易行为出现异常波动，如短期内资金进出频繁且数额巨大，或者所在行业出现重大负面事件可能影响其还款能力时，"财务体检仪"会立即发出预警信号。银行能够在第一时间采取措施，如收紧信贷额度、要求客户提供额外担保或提前收回贷款等，有效规避了潜在的坏账风险。这种即时、敏锐的风险预警能力为企业筑起一道坚固的风险防护墙，确保企业在复杂多变的市场环境中稳健前行。

在战略决策层面，数智化管理会计赋予战略决策以生物节律般的科学性与适应性。一家跨国企业以往在制定年度战略规划时，主要依据高层管理者的经验和有限的市场调研数据。这种决策方式缺乏对市场动态和企业内部实际运营情况的精准把握，导致企业战略与市场需求脱节，在市场竞争中逐渐失去优势。在数智化转型的过程中，企业依托数据中台整合了企业内外部的各类数据，包括销售数据、客户反馈、供应链信息、宏观经济数据以及行业竞争态势等。管理会计运用先进的数据分析模型与预测算法，对这些数据进行深度解读与趋势预测。当市场出现新的机遇或挑战时，管理会计能够迅速为企业提供多维度的决策支持。例如，通过分析市场数据发现某新兴市场对企业产品的需求呈现快速增长趋势，管理会计结合企业自身的生产能力、成本结构以及供应链状况，为企业制定出一套详细的市场拓展战略，包括产品定位、定价策略、渠道选择以及营销方案等；同时，根据市场动态的变化，实时调整战略决策，确保企业战略始终与市场需求相契合，使企业在激烈的市场竞争中抢占先机。

这一系列变革绝非单纯技术进步带来的结果，而是管理会计价值在数字化时代的光辉回归。在传统模式下，管理会计往往局限于后台核算的角色，主要工作集中在财务数据记录与报表编制上，其对企业运营的影响力较为有限。然而，随着数字化技术的飞速发展，数据中台为管理会计提供了海量的数据资源和强大的技术支持，使其能够突破传统束缚，充分发挥其在核算、控制、决策和战略等方面的核心职能。管理会计从幕后走向台前，深度融入企业运营的每一个环节，成为企业战略决策的核心参与者与推动者。

在数字化时代的浪潮中,管理会计正以一种全新的姿态焕发出勃勃生机。它不再是传统意义上那个只与数字打交道的幕后角色,而是凭借其强大的数据分析能力、精准的成本控制手段、敏锐的风险预警机制以及科学的战略决策支持,引领企业突破重重困境。在市场竞争日益激烈、环境变化日益复杂的今天,管理会计助力企业在数智化转型的道路上稳步前行,驶向更加辉煌、充满无限可能的未来。它就像企业在黑暗中的灯塔,为企业照亮前行的方向,指引企业穿越数智化转型的重重迷雾,实现可持续发展的宏伟目标。

最后,让我们以诗人艾青的名句共勉:"为什么我的眼里常含泪水?因为我对这土地爱得深沉。"在数智化转型的征程中,让我们带着对企业的热爱和对未来的信心勇敢前行,驶向数智化的星辰大海,创造属于我们的辉煌未来!

第二章

CHAPTER 2

探秘数据中台：
企业数字化转型的"魔法宝盒"

序幕　CEO 的午夜沉思

深夜，在宽敞却略显冷清的 CEO 办公室里，星辰酒店的掌舵者林鹏看着桌上刚送来的季度报告，成本那一栏的赤字像针一样扎眼。市场部抱怨决策滞后，错失了良机；财务部为数据口径不一而吵得不可开交；采购部说看不清真实消耗……林鹏虽然坐在这间能俯瞰半个城市的办公室里，但感觉自己像个盲人。

我们酒店有数据吗？当然有！预订系统里流淌着客户的每一次选择，餐厅后台记录着每一份食材的旅程，能耗表跳动着每一千瓦时电能的消耗……它们无处不在，汹涌如潮。可它们更像是一幅被撕得粉碎的拼图碎片，散落在各个角落的抽屉里、服务器中。林鹏看得见每一个碎片，却怎么也拼不出企业运营的全貌。价值深埋其中，却难以触及。

"数智化转型"的口号喊了三年，投入巨大，为何收效甚微？我们酒店似乎只是把线下的混乱搬到了线上，制造了更多、更快的"数据孤岛"。决策依然靠经验和直觉在迷雾中穿行，成本像流沙一样难以掌控。这感觉糟糟透了。我们手握"石油",却点不亮一盏指引前路的明灯。

上午,邢瑞(新来的数据专家)来见林鹏。她没带冗长的PPT(演示文稿),只平静地说:"林总,或许我们缺的不是数据本身,而是一个能汇聚、提纯并精准释放数据能量的'核心枢纽',一个能把'碎片'拼成'蓝图'、把'石油'炼成'动力'的地方。"她提到了一个词——"数据中台"。邢瑞称之为企业数智化转型的"魔法宝盒"。

这个词在林鹏的脑海中盘旋了一整晚。魔法宝盒?听起来充满诱惑,又带着一丝神秘。它里面藏着什么?是能将百川归海的容器?是雕琢粗糙原石的工具?还是点亮决策迷雾的明灯?它真能成为那块缺失的关键拼图,把星辰酒店这艘大船从数据的泥沼中拖出来,驶向更清晰的未来吗?

邢瑞说,明天会带来一份详细的方案,带林鹏"探秘"这个宝盒。此刻,林鹏心中充满了疑虑,也涌动着一种久违的、近乎迫切的渴望。这"宝盒"里到底装着怎样的"魔法"?它又如何解开眼前这团乱麻?

答案或许就在明天的探秘之旅中。林鹏合上报告,第一次觉得那些冰冷的数据背后可能真的藏着一把改变一切的钥匙。

第一幕 揭开数据中台的神秘面纱

数据中台是一种新型的数据管理和应用架构,它处于企业数据架构的中间层,是连接企业底层数据资源与上层业务应用的关键枢纽。它将企业内分散、异构的数据进行汇聚、整合、治理和加工,形成统一的数据资产,并以标准化的服务接口形式提供给各个业务部门使用。形象地说,数据中台就像企业的数据"加工厂"和"配送中心",把来自不同源头的"原材料"(数据)进行清洗、加工和提炼,转化为有价值的"产品"(数据服务),再精准地分发给需要的"客户"(业务系统和人员)。简单地说,数据中台就是一个"超级数据管家",把企业内分散、异构的数据收集起来进行整理、加工，再提供给需要的部门使用。就像"大弦嘈嘈如急雨，小弦切切如私语，嘈嘈切切错杂弹，大珠小珠落玉盘"，数据中台将原本杂乱无章的数据梳理得井井有条，使其能够有序地发挥作用。

第二幕　数据中台的神奇本领

2.1　数据汇聚：百川归海

数据中台具备强大的数据采集能力，能够从企业内部的各个业务系统（如财务系统、销售系统、客户关系管理系统等）以及外部的数据源（如市场调研报告、行业报告等）收集海量数据。它支持多种数据类型，包括结构化数据（如数据库中的表格数据）、半结构化数据（如 XML、JSON 格式的数据）和非结构化数据（如文本、图片、视频等）。收集到的数据会被集中存储和管理，打破了数据孤岛，实现了数据的统一汇聚，真正做到了"海纳百川，有容乃大"。

2.2　数据治理：精雕细琢

收集来的数据并不都是完美无缺的，往往存在各种问题。数据治理便是数据中台的一项关键功能，它如同一位技艺精湛的工匠，去除重复数据，修正错误数据，统一数据格式，对汇聚的数据进行精心的清洗、转换和标准化处理，让数据变得准确、完整和一致。例如，原本不同部门记录客户地址的格式各不相同，在数据治理的作用下就可以被统一为标准格式。同时，数据治理还涵盖元数据管理、数据质量管理、数据安全管理等方面，为数据的有效使用和共享筑牢根基，正所谓"千淘万漉虽辛苦，吹尽狂沙始到金"，只有经过重重筛选和打磨，数据才能展现出其真正的价值。

2.3 数据开发：挖掘数据宝藏

数据中台提供了丰富的数据开发工具和平台，使企业如同拥有了一套先进的挖矿设备，能够对数据进行深度加工和分析。通过数据挖掘、机器学习、深度学习等技术，数据中台能够从海量数据中挖掘出隐藏的信息和知识。比如，通过分析客户的购买记录、浏览行为等数据，构建出精准的用户画像；通过分析历史销售数据，预测未来销售趋势，帮助企业提前做好营销准备；通过风险预警机制识别潜在的风险因素，为企业保驾护航。而且，数据中台既支持实时数据处理，能快速响应当下的业务需求，也支持离线数据处理，能满足复杂的深度分析要求，做到"左右逢源，游刃有余"。

2.4 数据服务：便捷的数据配送

处理好的数据如何高效地提供给各个业务部门使用呢？这就要靠数据中台的数据服务功能了。它将数据以服务的形式呈现，如 API 接口、报表、可视化工具等，业务人员可以轻松获取和使用数据。数据服务具有高可用性、高功能性和高安全性的特点，如同可靠的快递员能够准确、及时地将数据送达需求者手中，满足业务的实时性和准确性要求，让数据真正"活"起来，为企业创造价值。

第三幕　数据中台为企业带来的变革

3.1 提升数据质量和可用性

数据中台的数据治理功能有效解决了数据质量问题。以前那些不准确、不一致的数据在数据中台的打磨下变得可靠而规范，而高质量的数据能够清晰地反映企业的运营状况。同时，统一的数据格式和标准化的数据服务接口让业务人员获取数据变得轻而易举。以往业务人员需要花费大量时间和精力去寻找、整理数据，现在通过数据中台，只需简单操作就能得到所需数据，大大提高了数据的可用性，让数据的价值得以充分体现。

3.2 促进业务协同和创新

在数据中台出现之前，各个业务部门之间的数据壁垒森严，如同一个个孤立的城堡。数据中台打破了这些壁垒，实现了数据的共享和流通。各个业务部门基于统一的数据格式携手共进，开展协同工作。营销部门借助精准的用户画像，能够制定出更加贴合客户需求的营销策略，"知己知彼，百战不殆"；研发部门依据市场需求和用户反馈数据进行产品创新，能够推出更具竞争力的产品。数据中台就像一根无形的纽带将各个业务部门紧密相连，共同推动企业的创新发展。

3.3 支持决策科学化

企业管理层在做决策时，需要全面、准确、及时的数据作为支撑。数据中台就像一个强大的智囊团，为管理层提供丰富的数据资源。通过数据分析和挖掘，企业可以深入了解市场动态，知晓客户需求变化，清晰掌握业务运营情况，从而发现潜在的问题和机会，做出科学合理的决策。比如，根据销售数据分析决定是否拓展新的市场，依据客户反馈数据调整产品策略。数据中台让企业决策不再盲目，而是基于数据进行理性判断，正如"运筹帷幄之中，决胜千里之外"。

3.4 降低数据使用成本

数据中台对数据的采集、存储、处理和服务进行统一管理和优化，避免了各个业务部门各自为政重复建设数据系统和进行数据处理带来的高昂成本。同时，标准化的数据服务接口降低了业务人员使用数据的技术门槛，不需要专业的技术知识也能轻松获取和运用数据。这就好比原本每个业务部门都要自己修建一条通往数据宝藏的道路，现在数据中台修建了一条高速公路，大家都能便捷地通行，大大提高了数据使用效率，进一步降低了数据使用成本。

3.5 增强企业竞争力

在如今数字化竞争的时代，数据是企业的核心竞争力之一。拥有数据中台的企业能够更加高效地利用数据，提升业务运营效率，推动创新发展；面对市场的变化迅速做出反应，精准识别并满足客户的需求。企业就像一艘装备了先进导航系统的帆船，在波涛汹涌的市场海洋中乘风破浪，勇往直前。数据中台助力企业在竞争中脱颖而出，实现可持续发展，成为行业的领军者，正所谓"会当凌绝顶，一览众山小"。

第四幕　数据中台：数智化转型的神秘"黑匣子"如何开启？

想要构建强大的数据中台却不知从何下手？别担心！以下这份超实用指南将全面覆盖从数据接入到服务输出的完整流程，深入剖析数据体系的详细设计，全程支持关键环节，帮您少走弯路，让数据真正成为决策的引擎。

4.1 数据中台总体架构大揭秘：数智化转型的关键拼图

在当今数字化时代，数据已然成为企业的核心资产。数据中台作为企业级数据管理的核心枢纽，其重要性愈发凸显。它如同企业数据世界的"交通指挥中心"，通过整合多源数据、构建统一的数据格式以及提供标准化服务接口，为上层业务应用的蓬勃发展提供强劲动力。数据中台的目标是让数据持续用起来，通过数据中台提供的工具、方法和运行机制，把数据变为一种业务应用能力，让数据更方便地被业务使用。图4-1所示为数据中台的总体架构，它是位于数据源基础底座与上层业务应用之间的一套体系，包括数据汇聚、数据开发、数据体系（数据仓库）、数据资产管理、数据服务以及数据运营和数据安全管理。数据中台屏蔽了数据源基础底座存储计算平台的技术复杂性，降低了对技术人才的要求，让数据的使用门槛和成本更低。企业通过数据中台的数据汇聚、数据开发模块建立企业数据资产，通过数据资产管理让数据资产有序可用，利用数据服务把数据资产变为业务服务能力，服务于企业业务。数据安全管理和数据运营模块等可以保障数据中台长期健康、持续地运转。①

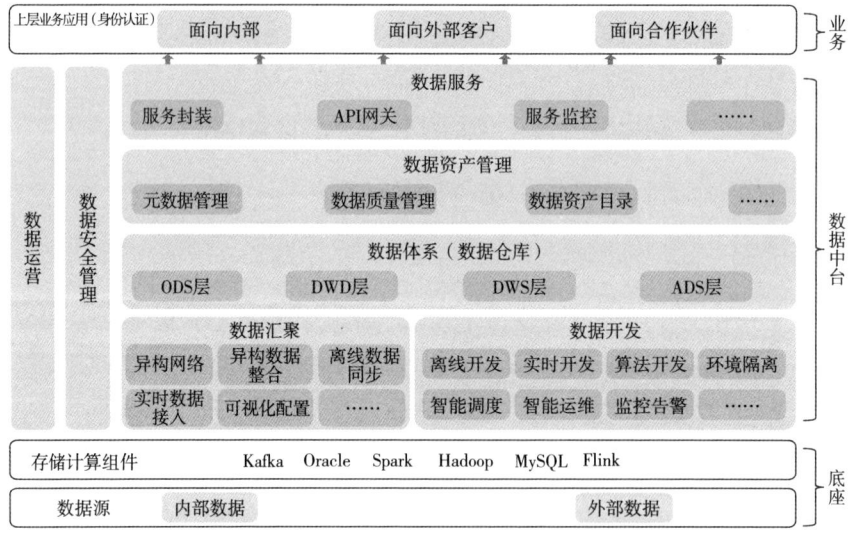

图4-1 数据中台架构

数据源层：该层是汇聚企业内外部各类数据的起始点。企业内部日常

---

① 付登坡、江敏、赵东辉等：《数据中台：让数据用起来》（第2版），北京：机械工业出版社，2024年。

运营所产生的海量数据以及从外部获取的有价值信息都在此处集合，为后续的数据处理与应用奠定基础。

数据汇聚层：该层承担着将分散在各处的数据源接入数据中台的重任。数据中台本身几乎不产生数据，所有数据都来自业务系统、日志系统、物联网设备、文件、互联网等。只有将这些零散的数据成功接入，才能让数据在中台这个"大舞台"上有序流动，并进行后续的加工与处理。这些数据分散在不同的网络环境和存储平台中，使用成本很高，很难产生业务价值。数据汇聚是数据中台必须提供的核心工具之一，旨在将各种异构网络、异构数据源的数据方便地采集到数据中台中进行集中存储，为后续的加工和建模做准备。数据汇聚一般有数据库同步、埋点、网络爬虫、消息队列等方式，从汇聚的时效性来看有离线批量汇聚和实时采集。

数据开发层：该层对汇聚而来的数据进行清洗、转换和加工，如同工匠精心雕琢原材料，将原始数据转变为符合企业业务需求的高质量数据，挖掘数据背后隐藏的价值。

数据体系（数据仓库）层：该层构建分层存储的数据体系，通过合理的架构设计，实现数据的高效管理与利用。不同层级各司其职，满足企业在不同场景下对数据的访问与分析需求。

数据资产管理层：该层对企业的数据资产进行全面梳理、精准定义和有效管理；明确企业拥有哪些数据资产，这些资产的价值所在，以及如何更好地维护和利用它们。

数据服务层：该层将经过管理与处理的数据资产封装成一个个可调用的服务，就像搭建了一座连接数据与业务的桥梁，为上层应用提供便捷、高效的数据支持。

数据安全管理层：该层贯穿数据中台的各个环节，从数据的采集、存储到使用，全方位保障数据的安全与合规，防止数据泄露与滥用，确保企业数据在安全的轨道上运行。

数据运营层：该层致力于确保数据中台的稳定运行与持续优化，不断提升数据服务价值；通过对数据中台各项指标的监控与分析，及时发现问题并改进，让数据中台始终保持高效运转。

4.2 数据中台详细构建步骤，解锁无限可能

4.2.1 数据源层

4.2.1.1 内部数据源

关系型数据库：如 MySQL、Oracle、PostgreSQL，这些数据库如同企业的"数据宝库"，以结构化的方式存储着企业日常运营中的各类业务数据，包括客户信息、订单详情、财务数据等，为企业的业务决策提供基础数据支撑。

大数据平台：Hadoop（HDFS）凭借其强大的分布式存储能力，能够轻松应对海量数据的存储需求；Spark 则专注于大规模数据处理，以高效的并行计算模式快速完成复杂的数据运算任务；HBase 基于列存储的特点，在高并发读写场景下表现卓越，例如在电商平台的实时库存查询等场景中发挥着重要作用，满足企业在不同业务场景下对数据存储与处理的多样化需求。

日志与文件系统：Nginx 日志详细记录了系统的访问信息，通过对这些日志的分析，企业可以了解用户的访问行为、系统的运行状况等；JSON/CSV 文件则可能包含各类业务相关数据文件，如市场调研数据、员工信息表格等，为企业的数据分析提供丰富的数据来源。

4.2.1.2 外部数据源

第三方 API：企业通过接入支付平台的 API，可以实时获取交易数据，准确掌握资金的流向与交易情况；利用社交媒体数据接口，能够洞察市场动态，了解消费者的喜好与需求，为企业的产品研发与营销策略制定提供有力依据。

流数据源：Kafka 和 MQTT 协议设备在实时数据获取方面发挥着关键作

用。例如，在工业物联网场景中，Kafka 可以高效地收集设备运行状态数据，及时发现设备故障隐患；在智能家居领域，MQTT 协议设备能够实时反馈用户的操作行为，实现家居设备的智能控制。

爬虫数据：从公开网页抓取结构化信息，如行业报告、市场情报等。企业可以通过分析这些数据了解行业发展趋势、竞争对手动态，为自身的战略规划提供参考。

4.2.2 数据汇聚层

4.2.2.1 离线数据同步

工具选型：

可选用 DataX、Sqoop、Airbyte 等工具，这些工具就像搬运数据的"超级卡车"，具备高效的数据传输能力。DataX 支持多种数据源与目标存储之间的数据同步，配置灵活；Sqoop 在 Hadoop 与关系型数据库之间的数据传输方面表现出色；Airbyte 则以其开源、可扩展的特性，受到众多企业的青睐。

实施步骤：

（1）精确配置数据源与目标存储（如 HDFS）的连接参数，这一步如同搭建桥梁的根基，只有确保数据传输通道的畅通，才能顺利进行数据同步。需要仔细填写数据源的地址、端口、用户名、密码等信息，以及目标存储的相关配置。

（2）运用 JSON 脚本准确映射字段，并依据时间戳等条件设置增量同步策略，减少数据传输量。例如，在同步用户订单数据时，通过时间戳判断哪些订单是新增或更新的，只同步这些变化的数据，从而大大提高同步效率。

（3）部署任务调度系统（如 Airflow），实时监控任务状态，一旦出现异常及时触发告警机制。Airflow 可以通过可视化界面方便地管理任务流程，设置任务的依赖关系、执行时间等，并且能够通过邮件、短信等方式及时通知运维人员任务出现的问题，确保数据同步任务的稳定运行。

4.2.2.2 实时数据接入

技术栈：

采用 Kafka 作为消息队列，通过 Debezium 捕获数据变量（CDC），并利用 Flink 进行实时流处理，共同构建一条高效的实时数据处理链路。Kafka 作为消息的"中转站"，能够高效地接收和分发实时数据；Flink 凭借其强大的流处理能力，对数据进行实时清洗、转换和分析；Debezium 则负责实时捕获数据源的变化数据，确保数据的及时性与完整性。

实施步骤：

（1）部署 Kafka 集群，并配置生产者（如使用 Logstash 采集日志数据），将实时数据发送至消息队列。Logstash 可以灵活地从各种数据源采集数据，并按照 Kafka 的格式要求进行封装，发送到指定的主题中。

（2）开发 Flink 作业，实现数据清洗、格式转换以及写入目标库等操作，保障实时数据的准确性与可用性。例如，在实时处理电商订单数据时，Flink 作业可以对订单数据进行实时去重、字段格式转换，并将处理后的数据写入 HBase，以便后续的实时查询与分析。

（3）通过 StreamSets 或 NiFi 以可视化方式配置实时任务，降低开发难度，提高开发效率。这两款工具提供了直观的拖拽式操作界面，开发人员无须编写大量代码就能快速搭建实时数据处理流程，大大缩短了开发周期。

4.2.2.3 异构数据整合

将非结构化数据（图片、视频）存储至 MinIO 或对象存储（如 Amazon S3），这类存储系统就像一个巨大的"多媒体仓库"，适合大规模非结构化数据存储。以电商平台为例，商品图片、宣传视频等非结构化数据量巨大，MinIO 或 Amazon S3 能够提供高可靠性、高扩展性的存储服务，确保数据的安全存储与快速访问。

对半结构化数据（JSON、XML）进行解析后存入 Elasticsearch，便于快速检索与分析。Elasticsearch 强大的全文检索功能能够对解析后的半结构化数据进行高效索引与查询。例如，在处理用户评论数据（通常以 JSON 格式存储）时，通过 Elasticsearch 可以快速检索到包含特定关键词的评论，为企业的产品改进与服务优化提供参考。

4.2.3 数据开发层

4.2.3.1 离线开发（批处理）

场景：

适用于 ETL（Extract-Transform-Load，抽取—转换—存储）清洗、用户行为分析、报表预计算等需要批量处理数据的场景。在电商行业，每天产生的海量订单数据需要进行 ETL 清洗，去除重复数据、纠正错误数据，为后续的数据分析提供准确的数据基础。电商平台通过对用户在网站上的浏览、点击、购买等行为数据进行批处理分析，可以深入了解用户的行为习惯，为精准营销提供依据；报表预计算则可以提前计算出企业需要的各类报表数据，如月度销售报表、季度财务报表等，提高报表生成的效率。

技术实现：

运用 Hive SQL 或 Spark SQL 编写清洗逻辑，去除重复数据、填充空值，提高数据质量。例如，使用 Hive SQL 的 DISTINCT 关键字可以去除重复的订单记录，通过 CASE WHEN 语句可以对空值进行填充处理。

通过 DolphinScheduler 编排任务依赖，合理设置任务优先级与重试策略，确保任务高效执行。DolphinScheduler 可以将多个相关的任务按照先后顺序进行编排，例如先执行数据清洗任务，再执行数据分析任务。同时，对于重要任务可以设置较高的优先级，在任务执行失败时，根据重试策略自动进行重试，保障整个数据处理流程的顺利进行。

4.2.3.2 实时开发（流处理）

场景：

主要应用于实时风控、物联网设备监控、点击流分析等对数据实时性要求较高的场景。在金融领域的实时风控场景中，需要对每一笔交易进行实时监测，通过分析交易金额、交易频率、用户行为等实时流数据，及时发现潜在的欺诈风险；物联网设备监控可以实时获取设备的运行状态数据，一旦设备出现异常，能够立即发出警报，保障设备的正常运行；点击流分析则可以实时了解用户在网页或应用上的点击行为，为优化用户界面设计提供实时反馈。

技术实现：

开发 Flink 作业实现窗口聚合（如每分钟订单量统计），及时响应业务变化。Flink 提供了丰富的窗口函数，通过设置时间窗口，可以方便地对实时流数据进行聚合计算。例如，设置一个一分钟的滚动窗口，统计每分钟内的订单数量，为企业的实时运营决策提供数据支持。

配置 Checkpoint 与状态后端（如 RocksDB）以保障容错性，确保在系统发生故障时数据不丢失。Checkpoint 机制可以定期对 Flink 作业的状态进行快照保存，当系统出现故障时，能够从最近的 Checkpoint 恢复作业状态，继续进行数据处理，保证数据的一致性与完整性。

4.2.3.3 算法开发

场景：

适用于用户画像标签预测、销量预测、异常检测等业务场景，为决策提供数据支持。在精准营销领域，用户画像标签预测算法可以根据用户的历史行为数据预测用户的兴趣爱好、消费能力等标签，从而实现精准推送；在销售领域，销量预测算法可以结合历史销售数据、市场趋势、促销活动等因素预测未来的产品销量，为企业的生产计划与库存管理提供参考；异常检测算法则可以及时发现设备运行数据、交易数据中的异常情况，如设备故障、欺诈交易等。

技术实现：

在 JupyterLab 中开发 PySpark 或 TensorFlow 模型，利用丰富的算法库进

行模型训练。JupyterLab 提供了交互式的开发环境，方便数据科学家进行代码编写、调试与模型训练。PySpark 和 TensorFlow 都拥有强大的算法库，支持多种机器学习算法，如决策树、神经网络等。

使用 MLflow 管理模型版本，通过 Kubernetes 将模型部署为 REST API，方便业务调用。MLflow 可以对模型的不同版本进行跟踪管理，记录模型的训练参数、评估指标等信息。通过 Kubernetes 将模型部署为 REST API，业务系统可以通过发送 HTTP 请求的方式调用模型，获取预测结果，实现模型的快速应用。

4.2.4 数据体系（数据仓库）层

在企业数据中台的蓝图中，数据体系层扮演着核心基石的角色。它并非简单堆砌数据的仓库，而是将来自四面八方的原始数据，通过精心的架构设计和规范处理，转化为一套完整、规范、准确、易于使用的战略资产。其核心价值在于：让企业的全域数据真正"活"起来，成为驱动业务发展的可靠燃料。

为什么需要精心构建数据体系？因为如果只是把各种来源的原始数据一股脑儿倒在一起，就会出现以下三种问题：一是成本高昂，存储和管理混乱的数据代价巨大；二是难以使用，数据质量参差不齐，命名混乱，计算口径不一，如同在杂乱的仓库里找东西，效率极低；三是价值受限，只有少数技术专家能勉强使用，无法惠及整个企业的业务需求。

可见，数据体系的核心特征是：化繁为简，创造价值。为了克服原始数据的混乱，企业应建设优良的数据体系层，旨在实现以下关键目标：

第一，全域覆盖，汇聚价值。汇聚企业所有业务过程产生的数据，构建统一的数据源头，确保业务人员总能在这里找到所需数据。

第二，层次分明，脉络清晰。采用纵向分层（如原始层、明细层、汇总层、应用层）和横向主题域（如用户、交易、商品）划分方法，整个数据脉络清晰直观，易于理解和导航。

第三，准确一致，值得信赖。通过统一定义指标、统一命名规范、统一业务含义、统一计算口径，并由专业团队负责建模，从根本上保证数据的准确性和一致性，建立数据信任。

第四，性能卓越，响应迅捷。基于全局规划，选用合适的数据模型（如星型模型、雪花模型），明确定义规范，并充分考虑实际使用场景进行优化（如预聚合、索引），显著提升数据处理和查询效率。

第五，成本优化，共享增效。避免各部门重复建设"数据烟囱"，实现数据的充分共享，有效节约计算资源、存储空间和人力投入。

第六，便捷易用，赋能业务。核心原则是"贴近应用，简化使用"，将复杂的数据处理逻辑尽可能前置完成（如在建模时进行必要的维度或事实冗余、公共计算下沉），让业务人员能够直接、灵活地使用清晰的数据（明细与汇总并存），大大降低数据使用门槛，赋能全企业。

4.2.4.1 分层架构设计

数据体系层的高效运行依托于标准化的分层架构。表4-1是典型的四层架构的功能解析，展现数据从"原始"到"可用"的蜕变过程。

表4-1 分层架构设计

层级	核心功能与价值	技术实现与特点	类比说明
ODS层（operational data store，原始数据层）	完整保留各源头系统的原始数据，不做修改，作为数据溯源的"原始档案"，为后续处理提供可靠基础	Hive表、HDFS目录存储，保留数据原始状态	如同保存未经加工的"原材料"，完整记录数据"原生面貌"
DWD层（data warehouse detail，明细数据层）	对原始数据进行清洗（去重、纠错、补漏）、标准化处理，产出高质量的明细数据，为分析奠定基础	Spark SQL处理、过滤脏数据、分区存储优化	类似"食材清洗切配"，将杂乱的数据处理为干净、规整的"基础食材"

(续表)

层级	核心功能与价值	技术实现与特点	类比说明
DWS 层（data warehouse summary，汇总数据层/主题层）	围绕业务主题（如用户、交易）聚合明细数据，构建一致性维度模型，支持跨主题分析洞察	ClickHouse 分析型存储、预聚合表、星型/雪花模型	如同"食材按菜谱搭配"，将基础数据组合成便于分析的"半成品"
ADS 层（application data store，应用数据层）	面向报表、数据产品等应用需求，构建轻度汇总数据或宽表，提供高性能、易访问的数据结构	MySQL 查询、宽表设计、Elasticsearch 搜索支持	类似"烹饪成菜"，将半成品加工为可直接服务业务的"即食数据"

数据体系（数据仓库）层是企业数据中台的"心脏"，通过分层架构与规范治理，将原始数据转化为高质量、易理解、可信赖的战略资产。它不仅降低了数据管理成本，更关键的是让数据从"技术专属"走向"业务普惠"，使各业务环节都能便捷获取数据，释放数据价值，驱动业务创新与增长。遵循这一清晰的架构蓝图，企业方能在数据时代筑牢根基，以数据之力引领未来。

4.2.4.2 建模方法论

Kimball 维度建模：

（1）选取业务过程（如"订单支付"），明确建模目标。通过确定业务过程，聚焦于特定的业务活动，为后续的建模工作确定方向。例如，以订单支付业务过程为核心，可以分析支付金额、支付方式、支付时间等与支付相关的信息。

（2）确定事实表粒度（如"单笔订单"），保证数据的准确性与完整性。事实表粒度决定了数据的详细程度，选择"单笔订单"粒度，意味着在事实表中每一行记录对应一笔订单的支付信息，能够准确反映每一次支付的具体情况。

(3)设计维度表(时间、用户、商品等),丰富数据的分析维度。维度表用于描述业务过程中的相关维度信息:时间维度表可以记录订单支付的具体时间,用户维度表包含用户的基本信息,商品维度表则描述商品的属性。通过这些维度表与事实表的关联,企业可以从不同角度对订单支付数据进行分析,如按时间分析支付趋势、按用户分析消费习惯、按商品分析销售情况等。

(4)定义指标(商品交易总额、支付成功率等),量化业务成果。明确需要计算的业务指标,商品交易总额可以直观地反映企业的销售规模,支付成功率则是衡量支付环节是否顺畅的重要指标。通过对这些指标的计算与分析,企业能够深入了解业务的运行状况。

数据血缘管理:

借助 Apache Atlas 记录表级与字段级血缘关系,清晰呈现数据流转路径。Apache Atlas 可以自动发现数据在不同层级、不同系统之间的流动过程,记录数据从数据源到最终应用的整个链路。例如,当某个报表数据出现问题时,Apache Atlas 可以快速追溯到数据的源头,查找问题所在,确保数据的可追溯性与质量。

4.2.4.3 存储优化策略

列式存储:

采用 Parquet/ORC 格式以减少 I/O(输入/输出)开销,提升数据读取效率。在数据分析场景中,系统往往只需读取部分字段的数据。Parquet/ORC 格式的列式存储方式将同一列的数据存储在一起,系统在读取特定字段时,无须读取整行数据,大大减少了 I/O 操作,提高了数据读取速度。例如,在分析用户年龄分布时,系统只需读取用户表中的年龄字段,使用 Parquet 格式可以快速定位并读取该字段的数据。

冷热分离:

将热数据存储于 ClickHouse,满足高频查询需求;将冷数据归档至

Amazon S3，降低存储成本。热数据是指近期频繁访问的数据，如最近一个月的订单数据，ClickHouse针对高频查询场景进行了优化，能够快速响应用户的查询请求；冷数据是指历史久远、访问频率较低的数据，如多年前的订单数据，将其归档至Amazon S3等低成本存储服务，可以有效降低存储成本，同时在需要时也能通过一定的方式进行查询。

索引优化：

针对高频查询字段（如用户身份）建立Bitmap索引，加速数据检索。Bitmap索引适用于基数较低的字段，对于用户身份这类经常用于查询过滤的字段，建立Bitmap索引后，在查询某个用户身份的相关数据时，能够快速定位到对应的行数据，大大提高了查询效率。例如，在查询某个用户的所有订单记录时，通过Bitmap索引可以快速筛选出包含该用户身份的行，减少全表扫描的时间。

4.2.5 数据资产管理层

数据资产管理在企业数据中台的建设与运营中占据着举足轻重的地位，它如同一位精密的管家，对企业的数据资产进行全方位的梳理、精准的定义以及高效的管理，为数据中台的稳定运行与数据价值的充分发挥提供坚实保障。

4.2.5.1 元数据管理

在数据资产管理的范畴内，元数据管理堪称基石。它就像数据世界的导航图，为企业揭示数据的来龙去脉、结构特征以及相关属性。

自动化采集：

Apache Atlas在元数据管理中扮演着智能采集员的角色。它能够对Hive表、Kafka Topic等数据源进行周期性的扫描。在扫描Hive表时，Apache Atlas会深入剖析表的架构，收集诸如表名、字段名称、字段数据类型、表的存储位置以及表的创建时间等详细元数据信息。对于Kafka Topic，Apache Atlas则会获取Topic名称、分区数量、消息格式以及生产者和消费者的相关配置等元数据。例如，在企业的财务数据体系中存在一张记录月度成本明细的 Hive 表。Apache Atlas 在扫描该表时，会准确收集表名"monthly_cost_detail"（月度成本明细），字段名称如"cost_item"（成本项目）、"cost_amount"（成本金额）及其对应的数据类型，以及表存储于 HDFS 中的具体路径等元数据。这种自动化采集机制极大地提高了元数据收集的效率与准确性，避免了人工收集可能出现的疏漏与误差，为后续的数据管理与分析工作，尤其是管理会计相关的数据处理奠定了坚实的基础。管理会计人员在进行成本分析时，能够基于这些准确的元数据快速定位和理解所需的成本数据。

业务语义化：

仅仅拥有原始的元数据还远远不够，为了让数据被企业内各个部门的人员轻松理解与运用，业务语义化显得尤为关键。以"user_id"字段为例，为其添加"用户唯一标识"这样清晰明了的中文注释后，无论是技术人员进行数据开发，还是业务人员基于数据进行决策分析，都能迅速明确该字段的含义与用途。在管理会计场景中，假设存在一个名为"product_line_code"的字段，那么可以为其添加"产品线代码，用于区分不同产品线的业务数据，如 PL001 代表高端产品线，PL002 代表中端产品线"这样详细的业务语义注释。如此一来，管理会计人员在分析不同产品线的成本、利润等数据时，能迅速理解该字段的意义，无须花费额外时间去解读数据含义，大大提升了数据使用效率，也打破了技术与业务之间的沟通壁垒，使得数据在企业内部能够更加顺畅地流通与共享。

4.2.5.2 数据质量管理

高质量的数据是企业决策的可靠依据，数据质量管理则是确保数据质量的坚固防线。

规则配置：

企业依据自身的业务需求与数据标准，精心定义一系列严格的数据校验规则。空值率规则用于检查数据中允许存在的空值比例，例如在客户信息表中，关键字段如姓名、联系方式等应尽量避免出现空值，设定空值率不得超过一定阈值（如5%），以保证客户信息的完整性。唯一性规则可应用于订单编号、身份证号码等字段，确保每个值在相应的数据集中都是独一无二的，避免数据重复录入导致的混乱与错误。数值范围规则则针对像年龄、价格等数值型字段，限定其合理的取值范围，如年龄应在0—120岁，商品价格应大于0，从而保证数据的合理性与有效性。在管理会计中，以成本数据为例，可以设定成本金额字段的数值范围规则。由于成本金额必然是大于等于0的数值，因此规定"cost_amount"字段的值必须大于等于0。若在数据校验过程中发现某条成本记录的"cost_amount"为负数（如-500），则系统会判定该数据不符合规则，提示数据存在问题。这些规则的制定与配置为管理会计人员获取准确可靠的数据提供了明确的衡量标准，保障了后续成本分析、预算编制等工作的准确性。

闭环处理：

当数据在采集、传输或处理过程中出现不符合预设规则的异常情况时，闭环处理机制便会迅速启动。异常数据会被自动推送至专门的告警平台，该平台会通过邮件、短信或即时通信工具等多种方式，及时通知相关的数据管理员与技术人员。同时，系统会自动触发重跑任务，对异常数据进行重新采集、清洗或转换等操作，直至数据符合质量标准。例如，在管理会计的预算数据处理中，假设每月需要从各部门收集预算数据并汇总到一个Hive表中。某一月度，系统发现部分部门提交的预算数据中"markcting_budget"（营销预算）字段存在空值，这不符合预先设定的空值率规则。此时，闭环处理机制启动，异常数据被推送至告警平台，相关数据管理员收到通知后立即联系对应部门重新提交完整数据。同时，系统自动触发重跑任务，待数据补充完整后再次进行数据校验，确保预算数据的准确性，为后续的预算分析与决策提供可靠的数据支持。

4.2.5.3 数据资产目录

数据资产目录是企业数据资产的有序索引，它使得数据资产的查找与使用变得便捷高效。

企业根据自身的业务架构与数据特点，按照不同的业务域，如金融、零售、制造等，对数据资产进行分类整理。在金融业务域中，目录会将与客户财务状况、交易记录、风险评估等相关的数据资产归为一类；在零售业务域中，目录会将商品信息、销售数据、客户购买行为数据等归为一类。在制造业务域中，目录则会将设备运行状态、生产工艺参数、产品质量追溯数据等与生产全流程紧密相关的核心资产归为一类。在管理会计领域，数据资产可进一步按照财务报表项目、成本中心、利润中心等维度进行细分。例如，将与成本中心相关的数据资产单独归类，包括各成本中心的成本明细数据、资源分配数据等。这种分类方式使得管理会计人员能够快速定位到所需数据，例如在进行成本中心绩效分析时，能够快速找到对应的成本数据资产。

数据资产目录还支持强大的关键词搜索功能。当用户想要查找特定的数据资产时，只需在搜索框中输入相关的关键词，如"客户购买记录""产品库存数据"等，系统便能迅速在整个数据资产目录中进行检索，精准定位到与之匹配的数据资产。对于管理会计人员而言，如果想要分析某一产品线的利润情况，则在数据资产目录中输入关键词"某产品线利润数据"，系统便会快速检索到包含该产品线收入、成本及利润计算结果的数据资产。此外，为了保障数据的安全性与合规性，数据资产目录还具备权限分级查看功能，根据用户在企业中的角色与职责，为其分配相应的权限级别。例如，普通管理会计专员可能只具备查看汇总成本数据与常规财务报表数据的权限，而高级管理会计经理则拥有访问详细成本明细数据、各部门预算原始数据等敏感信息的权限。这种权限分级管理确保了数据资产的合理使用，防止了数据泄露与滥用，同时也保障了管理会计工作中不同岗位的人员能够获取与其职责匹配的数据资源。

4.2.6 数据服务层

数据服务层是连接数据中台与上层业务应用的桥梁，它将数据资产转化为可被业务直接调用的服务，为企业的业务创新与发展提供强大的数据支持，其中也深度服务于管理会计功能。

4.2.6.1 服务封装

服务封装是将数据中台内部的复杂数据操作与处理逻辑进行包装，以简洁易用的方式提供给上层业务应用。

API 开发：

Spring Boot 作为一款强大的开发框架，在 API 开发中展现出了卓越的优势。它能够将 Hive 查询以及模型预测等功能封装为符合 RESTful 规范的 API。在管理会计场景中，企业的财务部门可能需要定期获取各门店的销售成本数据以进行成本控制分析。例如，利用 Spring Boot 开发的 API，系统只需接收上层管理会计应用传递的查询参数，如门店编号、查询时间段（如某一季度）等，即可在后台自动构建并执行相应的 Hive 查询语句，从存储销售成本数据的 Hive 表中筛选出对应门店在指定时间段内的成本数据，然后将查询结果以标准的 JSON 格式返回给管理会计应用。再如，企业利用机器学习模型对未来一段时间的成本进行预测，通过 Spring Boot 开发的 API，管理会计人员可以在客户端输入相关的业务指标数据（如预计业务量、原材料价格趋势等），API 在接收数据后调用训练好的成本预测模型进行预测，并将预测得到的成本数值返回给管理会计系统，帮助企业提前做好成本规划与预算调整工作。

服务注册：

Nacos 或 Consul 等服务注册中心在数据服务体系中发挥着关键的服务管理作用。当使用 Spring Boot 开发好 API 后，系统需要将这些 API 的元数据（如服务名称、服务地址、端口号、接口文档链接以及服务的健康状态等信息）注册到 Nacos 或 Consul 中。例如，针对管理会计的成本分析 API，将其服务名称设为"management_accounting_cost_analysis_api"，并将服务地址、端口号等信息注册到 Nacos 中。这样当管理会计应用调用该服务时，只需向 Nacos 查询该服务的相关信息便能快速找到对应的 API 地址并发起调用。同时，Nacos 的服务发现功能能够实时监测该 API 服务的运行状态。如果成本分析 API 出现故障或下线，则 Nacos 会及时将其从可用服务列表中移除，避免管理会计应用调用到不可用的服务，保障了管理会计数据服务的稳定性与可靠性，确保了成本分析等工作能够顺利进行。

4.2.6.2 API 网关

API 网关作为数据服务体系的"守门人"，承担着多重重要功能，为 API 的稳定与安全运行保驾护航，对管理会计服务同样意义重大。

功能：

（1）流量控制。在业务高峰期，为了防止大量并发请求对 API 服务器造成压力，导致系统崩溃，API 网关会对流量进行精准控制。例如，在企业进行季度财务结算期间，管理会计人员会集中查询各业务板块的财务数据用于报表编制，此时对相关 API 的请求量会大幅增加。假设管理会计应用的财务报表查询 API 设定最大每秒查询率（QPS）为 800 次，当查询率接近或达到这个阈值时，API 网关会采取限流措施，如将多余的请求放入队列等待处理，或者直接返回错误提示给客户端，确保 API 服务器能够稳定运行，不会因流量过载而出现性能问题，保证管理会计人员能够顺利获取所需数据完成报表编制工作。

（2）鉴权。API 网关会对每个请求进行严格的身份验证与权限检查。只有通过身份验证且具备相应权限的用户或应用才能成功访问 API。在管理会计领域，不同岗位人员对数据的访问权限有严格区分。例如，初级财务分析师可能只被授权访问基础的财务报表数据 API，用于进行常规的财务指标分析；财务总监则有权访问包含敏感财务数据（如企业核心成本构成、战略投资数据等）的 API。API 网关会根据用户的身份信息与预先配置的权限策略对每个请求进行鉴权，确保管理会计数据的访问安全与合规，防止敏感财务信息泄露。

（3）熔断降级。当某个 API 服务出现故障或响应时间过长时，为了防止整个系统出现连锁反应，导致性能急剧下降，API 网关会启动熔断机制。例如，若管理会计用于获取实时成本数据的 API 因数据源故障或网络问题而导致响应时间过长，连续超过一定阈值（如平均响应时间超过 5 秒），则 API 网关会自动将该 API 的请求切换到预先设定的降级策略，可能是返回最近一次成功获取的成本数据快照，也可能是直接提示管理会计人员服务暂时不可用，并告知预计恢复时间。这样避免了大量无效请求占用系统资源，保障了其他正常管理会计服务（如财务报表生成、预算对比分析等）的稳定运行。

工具选型：

企业在搭建 API 网关时，可以根据自身的技术栈、业务需求以及预算等因素，选择合适的工具。Kong 作为一款开源的 API 网关，具有性能高、可扩展性强以及插件生态丰富等优势。它能够轻松应对大规模的 API 管理需求，通过安装各种插件快速实现流量控制、鉴权、日志记录等功能。对于管理会计服务，Kong 可以方便地设置针对不同 API 的流量限制规则，如为成本分析 API 设置特定的 QPS 限制。Apollo 则以其强大的配置管理功能著称，在管理 API 网关的配置信息方面表现出色，能够方便地对 API 的各种参数进行动态调整与管理。在管理会计场景中，若企业调整了财务数据的访问权限策略，则利用 Apollo 可以快速更新 API 网关中相关 API 的鉴权配置。Spring Cloud Gateway 作为 Spring Cloud 生态系统的一部分，与 Spring Boot 应用的集成度非常高，对于已经采用 Spring Cloud 技术栈的企业来说，使用 Spring Cloud Gateway 搭建 API 网关能够实现无缝对接，降低技术整合的成本。如果企业的管理会计应用基于 Spring Cloud 框架开发，则采用 Spring Cloud Gateway 能更高效地管理数据服务 API，保障管理会计功能的顺畅实现。

4.2.6.3 服务监控

对 API 性能的实时监控是保障数据服务质量的重要手段，能够帮助企业及时发现并解决潜在的问题，对于管理会计服务的持续优化至关重要。

Prometheus 作为一款先进的监控系统，能够对 API 的关键性能指标进行实时采集与分析。其中，QPS 指标反映了 API 在单位时间内处理的请求数量。通过监控 QPS，企业可以了解 API 的繁忙程度，判断是否需要进行性能优化或资源扩展。例如，对于管理会计应用的预算执行情况查询 API，在预算执行分析周期内，若 QPS 持续升高且接近或达到设定的阈值，则表明该 API 的访问量过大，需要对其底层的数据查询逻辑进行优化，或者增加服务器资源以提升处理能力。延迟指标则用于衡量 API 从接收请求到返回响应所花费的时间，过长的延迟可能影响用户体验。通过对延迟的监控，企业可以及时发现 API 内部的性能瓶颈，如数据库查询慢、业务逻辑处理复杂等。若管理会计人员反馈获取财务报表数据的 API 延迟过高，通过 Prometheus 监测发现是数据库查询环节耗时较长，则企业可以有针对性地对数据库索引进行优化，提高查询效率，进而提升管理会计服务的质量。

Grafana 则是一款功能强大的可视化工具，它能够将 Prometheus 采集到的 API 性能数据以直观、美观的图表形式展示出来。通过 Grafana 的仪表盘，企业的数据运维人员与管理人员（包括管理会计部门的负责人）可以实时查看 API 的运行状态，如 QPS 的变化趋势、延迟的分布情况等。例如，Grafana 的仪表盘以折线图展示管理会计成本核算 API 在过去一周内每天不同时段的 QPS 变化，以柱状图呈现不同 API 的平均延迟情况。一旦发现某个 API 的性能指标出现异常波动，如成本核算 API 的延迟突然大幅增加，Grafana 便能迅速定位问题，并采取相应的措施进行优化，如调整服务器资源、优化 API 代码等，确保管理会计服务始终保持高效、稳定的运行状态，为企业的财务管理决策提供可靠的数据支持。

4.2.7 数据安全管理层

在当今数字化时代,数据安全犹如企业的生命线,尤其是对于承载着海量敏感信息的数据中台而言,其安全防护体系的构建至关重要。为此,数据安全管理层精心制定了严密的分层防护策略,为数据安全保驾护航。

4.2.7.1 原始数据层:细腻脱敏,严守隐私防线

原始数据层作为数据的源头,汇聚了大量敏感信息。为防止数据泄露风险,该层对敏感字段实施了精细的脱敏处理。以常见的手机号字段为例,系统通过特定的算法将完整的手机号替换为"138****0000"这种形式,既保留了数据的部分特征,满足了业务的部分使用需求,又巧妙地隐藏了关键隐私信息。如此一来,即使原始数据不慎流出,也能最大程度保护用户隐私,有效降低了因数据泄露而引发的安全风险。

4.2.7.2 明细数据层:权限管控,精准守护数据资产

明细数据层存储着详细且关键的数据,对其访问权限的精确控制是保障数据安全的关键环节。基于 Ranger 这一强大的权限管理工具,系统能够对 Hive 表进行细致入微的列级权限控制。例如,在一张记录客户消费明细的 Hive 表中,对于普通业务人员,系统仅赋予其查看消费金额、消费时间等常规字段的权限,涉及客户敏感信息的字段(如客户身份证号、银行卡号等)则严格限制访问,只有经过授权的特定人员(如财务经理或合规专员)才能获取这些敏感数据。这种精准的权限控制机制确保了数据访问的安全性与合规性,能够防止敏感数据被不当获取和滥用。

4.2.7.3 数据应用层:认证追踪,全面监控数据流向

在数据应用层,数据的使用主要通过 API 进行交互。为确保 API 访问的安全性,系统采用了 Token(令牌)认证机制。当用户(如管理会计人员或业务分析师)使用相关应用访问数据中台的 API 时,首先需要向认证服务器发送认证请求,提交用户名、密码等身份信息。认证服务器对这些信息进行严格验证,验证通过后生成一个唯一的 Token 返回给用户。用户

在后续的 API 请求中需携带这个 Token。API 网关在接收到请求后，会将 Token 发送至认证服务器再次验证，只有验证通过的请求才会被转发至相应的 API 服务器进行处理。同时，系统会详细记录审计日志，涵盖 API 的调用方信息（如调用者的 IP 地址、用户名）、调用时间、调用频次以及具体的请求参数和响应结果等。通过对审计日志的深度分析，企业能够清晰地追踪数据的使用情况，及时发现潜在的安全风险与违规行为，实现对数据流向的全面监控与管理。

4.2.7.4 合规审计层：定期审视，确保数据处理合规

随着全球数据安全法规的日益严格，如欧盟的 GDPR（《通用数据保护条例》）、美国的 CCPA（《加利福尼亚州消费者隐私法案》）以及我国的《中华人民共和国数据安全法》《网络数据安全管理条例》等，企业的数据处理活动必须严格遵循相关法规要求。数据安全管理层定期生成详尽的数据使用报告，报告内容全面覆盖数据的采集来源、存储方式、使用目的、共享对象以及数据的删除与销毁情况等各个关键方面。针对 GDPR，报告需详细阐述对用户数据的保护措施，包括数据加密方式、访问控制策略以及用户权利保障机制等；针对 CCPA，报告则重点突出消费者相关数据的收集、共享与转让消费者个人信息情况，以及消费者对自身数据的控制权保障举措。通过定期生成这些合规报告，企业能够及时发现自身数据处理流程中存在的问题，进行针对性整改与优化，确保在成本控制及其他业务开展过程中的数据处理活动始终在合法、合规的轨道上运行，避免因违反法规而遭受巨额罚款与声誉损失。

4.2.8　数据运营层

数据运营层是数据中台持续发挥效能的动力源泉，企业通过精心制定运营策略和指标，确保数据中台高效、稳定地服务于企业业务。

4.2.8.1　数据运营指标制定：量化评估，洞察数据中台运行状态

为精准量化评估数据中台的运行状态，数据运营团队确定了一系列关

键数据运营指标。数据接入成功率反映了从数据源采集数据并成功传输至数据中台的比例，是衡量数据采集链路稳定性的重要指标。若该指标持续低于95%，则企业需及时排查数据源连接稳定性、数据传输工具配置等方面的问题。数据处理延迟用于监控从数据接入到完成清洗、转换、分析等一系列处理流程所需的时间。若月度成本核算数据处理时间超过24小时，则将严重影响管理会计人员获取成本分析结果的及时性，进而阻碍成本控制决策的制定。此外，API调用成功率直接关系到业务人员能否顺利获取数据中台提供的数据服务。若该指标低于97%，则企业需对API服务的稳定性、网络连接状况以及权限配置等进行全面检查。通过对这些关键指标的实时监测与分析，企业能够及时发现数据中台运行中的潜在问题，为优化调整提供有力依据。

4.2.8.2　数据服务运营：监控反馈，优化服务效能

数据服务运营的核心在于密切监控数据服务的使用情况，并积极收集业务部门的反馈。通过对数据服务调用日志的深入分析，企业能够清晰了解不同数据服务API的使用频率、调用时间段分布以及调用成功率等关键信息。对于高频使用的服务，如各分店月度成本查询API，根据业务部门反馈及使用情况对其查询逻辑进行优化，增加缓存机制，显著提升查询速度，将响应时间从平均3秒缩短至1秒以内，极大地提高了业务人员的工作效率。而对于低频使用的服务，如特定年份的历史成本数据分析API，若长时间使用频率极低，则经过综合评估后考虑是否下线或重构，以释放系统资源，提升数据中台整体运行效率，确保资源得到合理利用。

4.2.8.3　数据产品运营：推广培训，驱动产品持续进化

数据产品运营专注于推动数据产品的广泛应用与持续优化。数据产品涵盖成本分析报表、用户画像等多种类型，对于企业决策和业务发展具有重要价值。为提升业务人员对数据产品的使用能力，数据运营团队组织了丰富多样的培训活动，包括线上视频教程、线下实操培训以及定期的知识

讲座等。通过这些培训，业务人员能够熟练掌握成本分析报表的使用技巧，深入理解用户画像的应用场景，更好地发挥数据产品在成本控制、精准营销等业务中的作用。同时，数据运营团队高度重视用户反馈，根据业务人员提出的需求持续改进产品功能。例如，在成本分析报表中增加不同分店相同产品的成本对比功能，使成本分析更加精细化，满足企业日益复杂的业务需求，不断提升数据产品的价值与实用性，助力企业在激烈的市场竞争中脱颖而出。

4.2.9 上层业务应用对接

数据中台的价值最终体现在与上层业务应用的高效对接方面，从而为企业业务提供强大的支持。

4.2.9.1　BI 分析：实时呈现，直观洞察业务动态

借助 Tableau 这一领先的商业智能（BI）工具，与数据中台的数据服务 API 实现无缝连接。通过灵活配置连接参数和数据查询语句，Tableau 能够实时获取数据中台提供的业务数据，并将其转化为直观、精美的实时大屏。在酒店业务场景中，实时大屏可以动态展示各分店的入住率、餐饮销售额、客户流量等关键指标，以表格、图形等丰富的形式呈现，让管理层和业务人员能够一目了然地洞察业务运营状况。通过实时数据的可视化展示，企业能够及时发现业务中存在的问题与机遇，为决策制定提供直观、准确的数据支持，助力企业高效运营。

4.2.9.2　智能推荐：精准定位，助力营销精准出击

在精准营销领域，数据中台的用户画像 API 发挥着关键作用。在酒店业务场景中，当营销团队开展营销活动时，通过调用用户画像 API，系统会根据用户在酒店的历史消费记录、入住偏好、预订频率等多维度数据，经过复杂算法分析，返回"高潜力客户"标签。营销人员基于这些精准的用户标签，能够有针对性地制定营销策略，如向"高潜力客户"推送专属优惠活动、个性化服务推荐等，极大地提高了营销活动的精准度和效果，

提升了客户的转化率和忠诚度，为企业带来了更多的业务增长机会。

4.2.9.3 风控系统：实时监测，守护业务安全防线

风控系统依托数据中台的实时流数据服务，构建起坚实的业务安全防线。在酒店业务场景中，当客户在酒店进行线上预订、支付等操作时，实时流数据服务将相关数据快速传输至风控系统。风控系统内置的反欺诈规则引擎基于大数据分析和机器学习算法，对每一笔交易数据进行实时分析，一旦发现异常交易行为（如短时间内频繁取消预订、异地大额支付等），立即触发警报，并采取相应的风险防控措施（如暂停交易、要求身份验证等）。通过实时监测和智能防控，风控系统有效保障了酒店业务的安全运营，避免了因欺诈行为而给酒店带来的经济损失和声誉损害。

4.2.10 持续运维与优化

为确保数据中台始终保持高效、稳定运行，持续运维与优化工作不可或缺。

4.2.10.1 资源弹性伸缩：动态调配，适应业务负载变化

基于 YARN（Yet Another Resource Negotiator，另一种资源协调者）或 Kubernetes 等先进的容器编排与资源管理平台，数据中台能够根据业务负载的动态变化，自动、精准地调整计算资源。在旅游旺季，酒店预订量和业务数据量大幅增长，数据中台在监测到业务负载升高后，YARN 或 Kubernetes 会迅速启动资源弹性伸缩机制，动态增加计算节点和资源配额，确保数据处理任务能够高效运行，避免因资源不足而导致处理延迟。而在旅游淡季，当业务负载降低时，系统又会自动回收多余资源，避免资源浪费，实现资源的合理分配与高效利用，保障数据中台在不同业务场景下都能稳定、高效运行。

4.2.10.2 版本迭代：自动化发布，实现快速更新升级

借助 GitLab CI/CD（持续集成/持续部署）这一强大的自动化工具链，数据中台的数据服务能够实现快速迭代与更新。开发团队在 GitLab 代码仓

库中进行代码开发与版本管理，每次代码提交后，CI流程自动触发，对代码进行语法检查、单元测试等一系列质量验证。验证通过后，CD流程自动将新的代码版本部署到生产环境，实现数据服务的自动化发布。这一过程极大地缩短了数据服务的更新周期，使企业能够快速响应业务需求变化，及时修复系统漏洞，不断优化数据服务功能，提升数据中台的整体性能与用户体验。

4.2.10.3 成本优化：监控清理，降低运营成本

成本优化是数据中台持续运维的重要环节。系统通过专门的监控工具，实时监测数据中台的存储与计算资源使用情况。在存储方面，定期清理冗余数据，如过期的日志文件、不再使用的历史备份数据等，释放宝贵的存储空间。在计算资源方面，深入分析任务执行情况，识别并清理低效任务，优化任务调度策略，提高计算资源利用率。例如，通过优化数据处理算法，某些复杂数据处理任务的运行时间被缩短了30%，相应地降低了计算资源消耗。这些成本优化措施有效地降低了数据中台的运营成本，提高了企业的经济效益。

数据中台宛如一座桥梁，巧妙地连接着底层数据资源与上层业务应用。它有效地屏蔽了底层数据资源存储平台复杂的计算技术细节，使得企业在数据使用过程中无须依赖大量的专业技术人才，大幅降低了数据使用成本。企业通过数据中台的数据汇聚与数据开发模块，能够系统、全面地梳理和整合各类数据，逐步建立起完善的数据资产体系；借助数据体系（数据仓库）模块精心设计的分层存储策略，能够实现数据的高效管理与快速检索；通过数据资产管理与数据服务模块，能够将数据资产转化为切实可行的服务能力，为企业业务发展提供强有力的支撑。数据安全管理与数据运营模块则如同坚固的基石和稳定的动力系统，为数据中台的长期健康、持续稳定运行提供坚实保障，助力企业在数字化浪潮中乘风破浪，实现数据驱动的业务增长目标。

4.3 核心价值总结

4.3.1 统一数据出口：简化对接，提升交互效率

数据中台借助标准化 API，为企业各类业务系统提供了统一的数据出口。以往，业务系统在与不同数据源对接时需要面对多样的数据格式、接口规范，对接复杂度极高。如今，通过数据中台的标准化 API，业务系统只需按照统一规范进行对接，极大地降低了对接难度，提升了数据交互效率。例如，酒店的预订系统、会员管理系统等多个业务系统均可通过数据中台的 API 便捷获取所需数据，减少了因接口不兼容而导致的开发成本和时间消耗，使数据在企业内部能够更加顺畅地流通与共享。

4.3.2 提升数据质量：完善治理，保障数据可靠

完善的数据治理体系是数据中台的核心优势之一。从数据采集阶段的质量校验，到数据存储阶段的格式规范与去重处理，再到数据使用阶段的权限管控与审计追踪，数据中台构建了一套全方位的数据质量管理机制。通过严格的数据治理，数据中台有效地保障了数据的可信度与一致性。在成本控制场景中，准确、一致的成本数据为管理会计人员提供了可靠的决策依据，避免了因数据质量问题而导致的决策失误，提升了企业决策的科学性与准确性。

4.3.3 加速业务创新：预计算与模型，快速响应市场

数据中台通过预计算指标和模型服务，显著缩短了业务需求响应周期。对于常见的业务分析需求，如各分店的月度成本分析、不同房型的销售趋势预测等，数据中台提前进行指标预计算，并构建相应的数据分析模型。当业务人员提出分析需求时，数据中台能够快速从预计算结果和模型中获取数据，无须等待复杂的数据查询和计算过程。这种快速响应能力使企业能够及时把握市场变化，迅速调整业务策略，推出创新的产品和服务，在激烈的市场竞争中抢占先机。

4.3.4 合规可控：分层安全，严守法规底线

数据中台的分层安全策略严格遵循法规要求，确保企业数据处理合法合规。从原始数据层的脱敏处理，到明细数据层的列级权限控制，再到数据应用层的 Token 认证与审计日志记录，每一层都紧密围绕数据安全与合规要求进行设计。无论是面对国内的数据安全法规，还是面对国际上的 GDPR、CCPA 等严格标准，数据中台都能确保企业数据处理活动符合法规要求，避免因违规而带来的法律风险，维护企业的良好形象和声誉。

4.3.5 高效运营支持：数据运营，释放数据价值

数据运营模块作为数据中台的重要组成部分，确保了数据中台的持续高效运行，充分释放了数据价值。企业能够通过对关键数据运营指标的监测与分析，及时发现并解决数据中台运行中存在的问题；根据数据服务运营情况，优化服务性能，提高业务人员的使用体验；通过数据产品运营，推动数据产品的广泛应用与持续优化。数据运营模块从多个维度保障数据中台与企业业务紧密结合，让数据真正成为驱动企业发展的核心动力，实现企业运营效率的提升和业务的持续增长。

通过以上全方位、系统性的构建与优化步骤，企业能够成功搭建高可用性、高扩展性的数据中台，充分挖掘数据价值，实现数据驱动业务增长的宏伟目标，在数智化转型的道路上迈出坚实有力的步伐。

4.4 数据之光，点亮服务业成本控制之路

星辰酒店拥有多家分店，分布在城市的各个角落，为往来的旅客提供优质的住宿与餐饮服务。然而，随着市场竞争的日益激烈，成本控制的难题如同一座大山，横亘在星辰酒店的发展道路上。

总经理林鹏看着手中的财务报表，上面的数据如同一把把利刃刺痛着他的心："成本居高不下，利润空间被不断压缩。"

恰在此时，一阵清脆的敲门声打破了办公室的寂静。"请进。"林鹏说

道。只见一位优雅的女子迈着轻盈的步伐走了进来,她叫邢瑞,是公司新聘请的数据专家,带着最新的数据中台技术来为星辰酒店排忧解难。

"林总,不必过于忧虑。数据中台或许就是我们突破成本困境的'金钥匙'。正如那句'山重水复疑无路,柳暗花明又一村',我相信它能为我们带来新的转机。"邢瑞微笑着说道,眼神中充满了自信。

林鹏微微抬起头,眼中闪过一丝希望:"邢专家,快给我讲讲,这数据中台到底有何神奇之处?"

4.4.1 数据汇聚:百川归海,汇聚成本之源

"林总,数据中台的第一步便是数据汇聚。在我们酒店,数据来源广泛,恰似繁星散落各处。"邢瑞娓娓道来,"就拿客户预订系统来说,每一次客户的预订信息,包括入住日期、退房日期、房型选择、价格等,都是宝贵的数据。这些数据如同涓涓细流,反映着客户的需求和消费习惯,对我们优化房间定价和库存管理至关重要。还有酒店的餐饮管理系统,从食材采购的种类、数量、价格到菜品的销售情况,都蕴含着成本控制的关键信息。此外,员工管理系统记录着员工的考勤、薪酬、培训等数据,直接关系到人力成本的核算。"

邢瑞顿了顿,接着说:"我们可以利用专业的数据采集工具,如 Flume 和 Kafka Connect,将这些分散在各个系统中的数据收集起来。这就好比把散落的珍珠一颗颗拾起,串成一条璀璨的项链。"

然而,数据汇聚的过程并非一帆风顺。有一次,酒店新上线了一套客户关系管理系统(CRM),与原有的预订系统在数据对接上出现了问题。部分客户的预订历史数据无法准确导入数据中台,导致数据缺失。邢瑞和她的团队迅速展开排查,发现是数据接口的格式不兼容。他们加班加点,与技术供应商沟通协调,对数据接口进行了重新开发和调试,最终成功解决了问题,确保了数据的完整性。

4.4.2 数据开发:挖掘成本控制的宝藏

数据汇聚与接入完成后,数据开发层成为挖掘成本控制潜力的核心战

场。"这一环节就像在矿石中提炼黄金。"邢瑞说道,"我们运用 Hive SQL 和 Spark SQL 对数据进行深度加工。以餐饮成本核算为例,通过对食材采购数据和菜品销售数据的关联分析,我们可以精准计算出每道菜品的成本利润率。去除采购数据中的重复记录,填充销售数据中的空值,确保数据的准确性,就如同去除矿石中的杂质,让黄金更加纯粹。"

在分析客户消费数据时,团队发现某一区域的分店在晚餐时段的餐饮销售额较低,而食材浪费现象较为严重。进一步研究发现,是菜品的搭配和定价不够合理。邢瑞将这一发现汇报给了酒店管理层,并提出了优化菜品组合、调整价格策略的建议。管理层采纳后,该分店的餐饮成本降低了15%,利润显著提升。

实时流处理在服务业成本控制中同样发挥着重要作用。Flink 实时监控酒店的能源消耗数据,通过窗口聚合功能,每分钟统计一次各区域的水电消耗情况。有一天,Flink 发出警报,某分店的用电量在非高峰时段异常升高。邢瑞和她的团队迅速分析数据,发现是该分店的部分空调设备出现故障,导致能耗增加。他们立即通知分店维修人员进行检修,成功降低了能源消耗,避免了长期高能耗带来的成本增加。

4.4.3 数据体系(数据仓库):打造成本分析的基石

数据体系(数据仓库)层的构建是成本控制的重要支撑。"我们构建的 ODS 层就像一个巨大的原始数据宝库,完整保留从各个业务系统中采集的原始成本数据的初始状态。"邢瑞介绍道,"DWD 层对数据进行清洗标准化,去除脏数据,如同对宝库中的宝藏进行筛选和整理。Spark SQL 像一位严格的质检员,过滤错误记录,纠正数据格式错误,采用分区存储,按日期对数据分区,方便快速查询与处理特定时间段的成本数据。"

DWS 层按照业务主题域对成本数据进行聚合,构建一致性维度模型。例如,创建以分店为维度的成本汇总表,将分店的房租、人力、物资采购等成本数据进行汇总,ClickHouse 预聚合表和星型模型提前计算常用的成本分析指标，大大加快了查询速度。ADS 层面向管理会计的具体应用，生成轻度汇总层数据，直接为报表与 API 提供支撑。成本分析报表从 ADS 层获取已经汇总计算好的各分店、各业务板块的成本与利润数据，以 MySQL 宽表或 Elasticsearch 索引的形式存储，满足业务快速查询需求，使管理层能够及时做出成本控制决策。

在存储优化策略方面，采用列式存储 Parquet/ORC 格式，减少 I/O 开销，提升数据读取效率。冷热分离策略将近期频繁访问的热数据，如近一个月的运营数据，存储于 ClickHouse，以满足高频查询需求；将历史久远、访问频率较低的冷数据，如多年前的财务数据，归档至 Amazon S3 等低成本存储服务，在降低存储成本的同时，确保在需要时能够便捷查询。针对高频查询字段（如分店编号、客户身份证号等）建立 Bitmap 索引，加速数据检索。

4.4.4 数据资产管理：保障成本数据的可靠性

数据资产管理层是保障成本数据可靠的关键防线。"我们通过 Apache Atlas 自动化采集成本相关数据源的元数据。"邢瑞解释道，"对存储客户消费数据的 Hive 表，采集表名、字段名称、字段数据类型、表的存储位置以及数据更新频率等元数据信息；对 Kafka 中用于传输实时运营数据的 Topic，获取 Topic 名称、分区数量、消息格式等元数据。为字段添加业务语义化的中文注释，例如对于'room_rate'字段，注释为'房间单价，根据房型、季节、促销活动等因素动态调整'，使管理会计人员能够迅速明晰数据含义，避免因数据理解偏差而导致成本分析失误。"

在数据质量管理上，依据酒店业务需求与成本控制标准，定义严格的校验规则。对于采购数据中的采购单价字段，设置数值范围规则，确保价格在合理区间；对于客户预订数据中的入住人数字段，设置合理性规则，避免出现异常值；对于数据中的空值率，设定不得超过一定阈值（如 3%），以保证数据的完整性。当数据出现不符合规则的异常情况时，闭环处理机制启动。异常数据被自动推送至告警平台,通过邮件、短信等方式及时通知管理会计人员与数据管理员。同时,系统触发重跑任务,对异常数据进行重新采集、清洗或转换等操作,直至数据符合质量标准。

4.4.5 数据服务:赋能成本控制决策

数据服务层将数据中台的成本数据资产转化为可调用的服务,为管理会计的成本控制决策提供有力支持。"我们使用 Spring Boot 将 Hive 查询、成本分析模型预测等功能封装为 REST API。"邢瑞说道,"管理会计人员若需查询某一时间段内各分店的餐饮成本以及对应的利润率,则通过调用 Spring Boot 开发的 API,只需在客户端输入查询时间段、分店范围等参数,API 便在后台自动构建并执行相应的 Hive 查询语句,从数据仓库中获取数据并进行计算,然后将查询结果以标准的 JSON 格式返回给管理会计应用。"

通过 Nacos 或 Consul 等服务注册中心对 API 进行管理,将 API 的元数据(包括服务名称、服务地址、端口号、接口文档链接以及服务的健康状态等信息)注册到服务注册中心。当管理会计应用需要调用某个成本分析 API 时,只需向服务注册中心查询该服务的相关信息,便能快速找到对应的 API 地址并发起调用。在 API 网关方面,选用 Kong 搭建 API 网关,为成本相关 API 提供流量控制、鉴权、熔断降级等功能。在酒店进行季度成本核算期间,管理会计人员对成本查询 API 的请求量会大幅增加,Kong API 网关会迅速启动流量控制,限制 QPS 为 1 000 次,当 QPS 接近或达到这个阈值时,系统会将多余的请求放入队列等待处理或直接返回错误提示给客户端,确保 API 服务器能够稳定运行,保障管理会计人员能够顺利获取成本数据进行决策分析。

4.4.6 数据安全管理:筑牢成本数据的防护堡垒

数据安全管理层是守护成本数据的坚固堡垒。在原始数据层,对敏感成本字段进行脱敏处理。例如,在存储员工薪酬数据时,对员工的具体薪酬金额字段进行加密处理,只在经过授权的特定安全环境下解密查看;或者采用数据泛化方式，将薪酬金额划分为不同的区间，如"5 000—7 000元""7 001—10 000元"等，既能够保留数据的大致特征，又能够有效保护员工隐私，防止敏感成本数据泄露。

在明细数据层，基于 Ranger 权限管理工具对 Hive 表等数据存储进行列级权限控制。在一个包含各分店物资采购成本明细的 Hive 表中，对于普通财务人员，只赋予其查看物资名称、采购数量以及已审批通过的采购单价的权限，采购成本中的折扣信息、供应商的敏感成本报价等字段则限制其访问权限，只有经过授权的采购经理或财务总监才能访问这些敏感字段，从而确保成本数据访问的安全性与合规性，防止敏感信息被不当获取。

在数据应用层，采用 Token 认证机制保障 API 访问安全。管理会计人员在使用成本分析应用访问相关 API 时，首先向认证服务器申请 Token，认证服务器对用户的身份信息进行验证，如用户名、密码等。验证通过后，认证服务器生成一个唯一的 Token 返回给用户。用户在后续访问 API 时，需在请求头中携带这个 Token。API 网关在接收到请求后，将 Token 发送到认证服务器进行验证，只有验证通过的请求才会被转发到相应的 API 服务进行处理。同时，系统详细记录审计日志，包括 API 的调用方信息（如调用者的 IP 地址、用户名）、调用时间以及调用频次等。通过对审计日志的分析，酒店可以了解成本数据的使用情况，及时发现潜在的安全风险与违规行为。

在合规审计方面，随着数据安全法规日益严格，星辰酒店需要确保自身的数据处理活动符合相关法规要求。邢瑞和她的团队定期生成详细的数据使用报告，报告内容涵盖成本数据的采集来源、存储方式、使用目的、共享对象以及数据的删除与销毁情况等各个方面。针对 GDPR，报告需要详细说明对用户（如客户、员工）成本数据的保护措施，如数据加密、访问控制、用户权利保障等。对于 CCPA，报告则要重点体现消费者相关成本数据（如客户消费记录）的收集、共享与转让消费者个人信息，以及消费者对自身数据的控制权保障措施。通过定期生成这些合规报告，酒店能够及时发现自身数据处理流程中存在的问题,并进行整改与优化,确保企业在成本控制过程中的数据处理活动始终在合法合规的轨道上运行,避免因违反法规而面临巨额罚款与声誉损失。

4.4.7 数据运营：持续优化成本控制

数据运营层宛如酒店成本控制这艘巨轮的动力引擎,持续为成本控制效能的提升注入活力。邢瑞和她的团队精心确立了一系列关键数据运营指标,以此精准衡量数据中台在成本控制工作中的运行成效。

成本数据接入成功率反映了从数据源采集成本数据并成功传输至数据中台的比例。若该指标持续低于95%,就如同汽车发动机出现故障,意味着数据采集链路可能存在问题,需要及时排查数据源连接、数据传输工具配置等故障点。目前,星辰酒店的数据接入成功率稳定保持在98%,这得益于团队对数据采集流程的持续监控与优化。

成本数据处理延迟是衡量从数据接入到完成清洗、转换、分析等处理流程所需时间的关键指标。若月度成本核算数据处理时间超过24小时,便如同航班晚点,会严重影响管理会计人员及时获取成本分析结果,进而阻碍成本控制决策的及时制定。在邢瑞团队的努力下,如今星辰酒店的月度成本核算数据处理时间已大幅缩短至12小时以内,极大地提高了决策的时效性。

成本分析API调用成功率直接关系到管理会计人员能否顺利获取成本数据服务。若该指标低于97%,就像桥梁出现拥堵,则需检查API服务的稳定性、网络连接状况以及权限配置是否正确。目前,星辰酒店的API调用成功率高达99%,确保了管理会计人员能够高效地获取所需数据。

在数据服务运营方面,邢瑞团队密切关注成本相关数据服务的使用情况,广泛收集管理会计人员以及其他业务部门的反馈。通过深入分析数据服务的调用日志,他们清晰地了解到不同成本分析API的使用频率、调用时间段分布等信息。例如,各分店月度成本查询API的使用频率极高,邢瑞团队便根据这一反馈对该 API 的查询逻辑进行了优化，同时增加了缓存机制，使得查询速度大幅提升，响应时间从原来的平均 3 秒缩短至 1 秒以内。而对于一些低频使用的 API，如特定年份的历史成本数据分析 API，若长时间使用频率极低，邢瑞团队则会考虑是否下线或重构，以释放系统资源，提升数据中台的整体运行效率。

在数据产品运营方面，针对与成本控制相关的数据产品，如成本分析报表、成本预测模型等，邢瑞团队积极开展推广工作。他们组织了多场面向管理会计人员以及相关业务部门的培训活动，精心制作培训资料，邀请行业专家进行讲解，从而提升员工对数据产品的使用能力。通过培训，管理会计人员能够熟练运用成本分析报表进行成本结构分析、成本趋势预测等操作，更好地发挥了数据产品在成本控制中的作用。同时，邢瑞团队根据用户反馈持续改进产品功能。比如，根据管理会计人员提出的需求，在成本分析报表中增加了不同分店相同菜品的成本对比功能，使成本分析更加精细化，满足了酒店日益复杂的成本控制需求，持续提升数据服务价值，助力星辰酒店在成本控制的道路上不断迈进，在激烈的市场竞争中绽放更加耀眼的光芒。

经过几个月的努力，星辰酒店的数据中台全面发挥作用，采购成本降低了 20%，能源消耗成本下降了 18%，整体成本控制成效显著。林鹏看着最新的财务报表，脸上露出了欣慰的笑容："邢专家，多亏了您和您的团队，数据中台真是我们酒店的'救星'啊！"

邢瑞微笑着回应："林总，这是大家共同努力的结果。数据中台就像一盏明灯，为我们照亮了成本控制之路。只要我们善用数据，不断优化管理，星辰酒店定能在服务业的星空中更加璀璨夺目。"

第三章
CHAPTER 3

数据中台：管理会计的"智慧罗盘"
——以数智化之力，拨开迷雾见乾坤

序幕　数智时代的"庖丁解牛"

> 工欲善其事，必先利其器。
>
> ——《论语·卫灵公》

在商业世界的汪洋中，企业若想劈波斩浪，必先掌握"数据"这把利刃。数据中台恰如庖丁手中的解牛刀，以数智化之力，将庞杂无序的数据化为精准洞察的锋芒。本章将揭开数据中台如何赋能管理会计，让成本透明如镜、预算灵动如风、绩效鲜活如春、风险预警如雷，助企业在竞争中立于不败之地。

第一幕　智能成本管理——让"成本迷雾"烟消云散

> 差若毫厘，缪以千里
>
> ——《礼记·经解》

在现代企业的管理会计体系中，成本管理扮演着至关重要的角色，它直接关联到企业的盈利水平和在市场上的竞争地位。随着数据中台技术的持续进步和广泛应用，智能成本管理已经变成现实，为企业带来了成本精准控制和优化的强大助力。数据中台技术通过整合企业内外部的众多数据资源，运用先进的数据分析技术和复杂的算法模型，使得成本管理能够实现实时化、智能化以及精细化。这种技术的应用能够极大地帮助企业在激烈的市场竞争中获取成本上的优势，从而在竞争中脱颖而出。

1.1　实时成本监控：数据之眼，洞察毫厘

实时成本监控是智能成本管理的重要环节，它能够帮助企业及时掌握生产过程中的成本变动情况，为成本控制和决策提供及时准确的数据支持。以某制造企业为例，该企业在生产线上部署了大量的物联网设备，这些设备能够实时采集生产过程中的各种数据，如原材料消耗、设备运行时间、生产数量等。通过数据中台的数据采集和传输功能，这些数据被实时汇聚到数据中台进行处理和分析。

在数据处理阶段，数据中台利用大数据分析技术对采集到的数据进行清洗、转换和整合，去除噪声数据和异常值，确保数据的准确性和完整性。然后，运用成本计算模型，根据原材料价格、设备折旧、人工成本等因素，实时计算出每件产品的生产成本。为了更直观地展示成本变动情况，企业借助 Power BI 实时看板创建了动态成本热力图。动态成本热力图以不同的颜色和色块大小来表示不同生产环节或产品的成本水平。颜色越深代表成本越高，色块越大则代表该环节或产品的成本在总成本中所占的比重越大。通过这种直观的可视化方式，企业管理层和相关工作人员可以一目了然地了解生产过程中的成本分布情况，快速定位成本较高的环节和产品。

当某一生产环节的成本出现异常波动时，动态成本热力图会立即发出预警信号，提醒相关人员进行关注和分析。例如，当某条生产线的原材料消耗成本突然上升时，热力图上对应的区域颜色会变深，并且可能会闪烁或显示特殊的标记。此时，成本管理人员可以通过点击热力图上的对应区

域，深入查看该生产环节的详细数据，如原材料采购价格是否上涨、生产工艺是否出现问题导致原材料浪费增加等。通过进一步的数据分析和调查，成本管理人员可以找出成本异常的原因，并及时采取相应的措施进行调整和优化。如果是原材料采购价格上涨，则可以与供应商重新谈判价格，或者寻找更合适的供应商；如果是生产工艺出现问题，则可以组织技术人员对生产工艺进行改进，降低原材料消耗。

通过实时成本监控和动态成本热力图的应用，该制造企业实现了对生产成本的实时掌控，能够及时发现成本管理中存在的问题并采取有效措施加以解决。这不仅有助于企业降低生产成本，提高生产效率，还为企业的定价策略和产品决策提供了有力的数据支持。在定价方面，企业可以根据实时成本数据，结合市场需求和竞争情况，制定更加合理的产品价格，确保产品在市场上具有竞争力的同时，保证企业的利润空间。在产品决策方面，对于成本过高且利润空间较小的产品，企业可以考虑进行产品升级或淘汰，优化产品结构，提高企业的整体盈利能力。

金句：数据如明镜，照见成本之微；决策如利剑，斩断浪费之源。

1.2 作业成本法自动化：化繁为简，精准如尺

作业成本法是一种以作业为基础的成本计算方法，它将成本核算深入作业层次，通过对作业成本的确认、计量，最终计算出产品成本。其核心原理是"作业消耗资源，产品消耗作业"，即企业的生产经营活动由一系列相互关联的作业组成，每进行一项作业都要耗用一定的资源，而产品的成本实际上就是企业全部作业所消耗资源的总和。

数据中台宛如一位神通广大的超级英雄，凭借其无懈可击的数据整合与处理能力，为作业成本法的自动化落地筑牢了坚如磐石的技术根基。它如同打通了企业数据的"任督二脉"，将多源异构数据融会贯通，精心构建起智能计算模型，实现了从资源消耗到产品成本的精准分摊，有力推动了

成本管理从过去的"粗放估算"华丽转身为"精细洞察",开启了成本管理的全新精准革命时代。

1.2.1　数据整合:打破孤岛,构建全域成本视图

数据中台宛如一位敏锐的数据猎手,率先从财务系统、生产系统、供应链系统等业务源头,精准采集三类核心数据:

(1) 资源消耗数据。人工工时、设备折旧、原材料用量等成本明细如同一块块关键的拼图碎片,是构建成本蓝图的基础。

(2) 作业执行数据。企业应细致记录每项作业消耗的资源类型及动因数量,比如生产准备消耗的人工工时、设备维护花费的时间等。这些数据宛如一条条线索,串联起资源与作业的紧密联系。

(3) 产品生产数据。企业应巧妙关联产品与作业的动因关系,例如单件产品消耗的加工次数、质检频次。这是将作业成本精准映射到产品的关键所在。

面对多格式、多标准的原始数据这一"杂乱无章的丛林",数据中台通过 ETL 流程这把神奇的"魔法扫帚",完成清洗与标准化工作:

(1) **去重补全**。它像一位严谨的编辑,仔细剔除重复记录,填补缺失值,让数据变得整洁有序。

(2) **统一口径**。它将分散的计量单位(比如工时、次数等)如同翻译不同的语言一般转换为标准核算单位,消除数据交流的"语言障碍"。

(2) **数据关联**。它通过资源名称、作业编码等关键字段,如同搭建桥梁一般建立数据映射关系,使原本孤立的数据紧密相连,最终形成全域联动的"资源—作业—产品"数据链条,为成本分摊铺就坚实的道路。

1.2.2　模型构建:动因驱动,实现智能分摊

基于作业成本法原理,数据中台精心构建双层级动因模型,如同精密的导航仪一般,逐级穿透成本流动路径。

（1）资源动因模型：从资源到作业。

逻辑：它就像一个公平的分配者，将资源总成本按照实际消耗动因量合理分摊至作业。

公式：资源成本分配率 = 资源总成本 ÷ 资源动因总量

示例：假设某月人工总成本为 10 万元，生产准备作业消耗 100 工时，质量检验作业消耗 50 工时，则人工成本分配率 = 100 000 ÷ 150 ≈ 666.67（元／工时），生产准备作业分摊人工成本 = 666.67 × 100 = 66 667（元）。

（2）作业动因模型：从作业到产品。

逻辑：它如同接力棒传递一般，将作业总成本按产品消耗的动因量分摊至产品。

公式：作业成本分配率 = 作业总成本 ÷ 作业动因总量

示例：假设生产准备作业总成本为 66 667 元，产品 A 消耗 3 次生产准备，产品 B 消耗 5 次，则生产准备成本分配率 = 66 667 ÷ 8 ≈ 8 333.38（元／次），产品 A 分摊生产准备成本 = 8 333.38 × 3 = 25 000.14（元）。

1.2.3　业务赋能：从成本洞察到决策优化

通过自动化成本分摊，企业仿佛拥有了一双透视眼，能够快速获取多维度的成本分析结果。

（1）产品成本溯源：精准识别高成本作业环节。例如，某家电企业发现产品组装作业成本占比超 30%，深入溯源后发现是设备故障频发导致效率低下，于是引入预测性维护技术，成功使成本降低 18%。

（2）动态定价支持：紧密结合实时成本数据与市场供需，如同灵活的舵手一般，灵活调整定价策略。例如，某快消品牌通过成本模型测算，针对高毛利产品加大促销投入，季度营收增长 12%。

（3）供应链协同优化：基于作业动因分析，像精明的采购商一样，筛选高性价比供应商。例如，某汽车厂商通过对比不同供应商的零部件质检成本，淘汰不合格供应商，采购成本下降9%。

1.2.4　价值升华：数据中台重构成本管理范式

数据中台驱动的作业成本法自动化犹如一场及时雨，不仅成功解决了传统成本核算的三大痛点——数据碎片化、流程滞后性、人工误差率高，更通过三项卓越的能力重塑管理价值。

（1）**实时性**：实现分钟级更新成本数据，如同敏捷的战士一般，支持业务快速响应。

（2）**颗粒度**：细化至单作业、单产品的成本分析，如同显微镜一般，揭示隐性浪费。

（3）**预测性**：结合历史数据与机器学习，如同睿智的预言家一般，预判成本波动趋势，辅助前瞻决策。

数据中台以"细"为利刃，精准剖解成本迷雾；以"易"为航道，化复杂计算为智能输出。这一变革不仅是技术层面的重大胜利，更是企业精益管理哲学的生动实践，为企业在激烈的市场竞争中脱颖而出提供了强大助力。

古训：天下难事，必作于易；天下大事，必作于细（《道德经》）。

第二幕　滚动预算与预测——以"未来之眼"谋定而动

> 凡事预则立，不预则废。
>
> ——《礼记·中庸》

在企业的管理会计实践中，滚动预算与预测是实现资源合理配置、应对市场动态变化的关键环节。数据中台凭借强大的数据整合与分析能力，为滚动预算与预测提供了更加精准、高效的解决方案，助力企业提升决策的科学性和前瞻性。

2.1 动态预算编制：ARIMA+机器学习，预见未来

某知名零售企业在市场竞争日益激烈的环境下，深刻地认识到传统预算编制方法的局限性。传统预算通常基于固定的周期和假设，难以快速响应市场的变化和企业内部的动态调整。为了提升预算编制的准确性和灵活性，该企业引入了数据中台，并基于历史销量与市场趋势，运用 ARIMA（自回归积分滑动平均模型）+机器学习集成预测模型实现了动态预算编制。

在数据收集阶段，数据中台整合了企业内部多个业务系统的数据，包括销售管理系统中的历史销售数据、库存管理系统中的库存数据、客户关系管理系统中的客户信息和消费行为数据等，同时还接入了外部市场数据，如行业报告、市场调研数据以及宏观经济数据等。通过对这些海量数据的清洗、转换和集成，数据中台构建了一个全面、准确的数据集，为后续的预算编制提供了坚实的数据基础。

在预测模型方面，该企业采用了 ARIMA 与机器学习算法相结合的集成预测方法。ARIMA 模型是一种经典的时间序列预测模型，它能够有效地捕捉时间序列数据中的趋势性、季节性和周期性等特征。通过对历史销售数据的分析和建模，ARIMA 模型可以预测出未来一段时间内的销售趋势。然而，ARIMA 模型在处理复杂的非线性关系和应对外部因素影响时存在一定的局限性。为了弥补这一不足，企业引入了机器学习算法，如随机森林、梯度提升树等。这些机器学习算法能够自动学习数据中的复杂模式和规律，对销售数据进行更深入的特征挖掘和分析，从而提高预测的准确性。

在具体实现过程中，该企业首先利用 ARIMA 模型对历史销售数据进行初步预测，得到一个基础的预测结果。然后，将 ARIMA 模型的预测结果与其他相关数据（如市场趋势数据、促销活动数据、竞争对手数据等）一起作为机器学习模型的输入特征。通过对这些特征的学习和训练，机器学

模型能够进一步优化预测结果,使其更加贴合实际的市场情况。例如,在该企业的某季度预算编制中,ARIMA模型初步预测该季度的销售额为1 000万元,但机器学习模型通过分析市场趋势数据发现,该季度市场需求将出现较大增长,同时结合企业的促销活动计划,最终预测该季度的销售额为1 200万元。

基于ARIMA+机器学习集成预测模型的结果,该企业能够自动生成季度预算。预算内容不仅包括销售额、成本、利润等关键财务指标,还涵盖库存水平、采购计划、营销费用等业务指标。通过动态预算编制,该企业能够根据市场的实时变化及时调整预算,确保资源的合理配置和使用。例如,当市场需求突然增加时,该企业可以根据预算预测结果及时增加采购量和加大营销投入,以满足市场需求并提高销售额;当市场出现不利变化时,该企业可以及时削减成本,降低库存水平,以减少损失。

通过实施基于数据中台的动态预算编制,该企业取得了显著的成效。预算的准确性得到了大幅提升,与实际销售数据的偏差率从原来的20%降至10%以内,有效避免了因预算偏差而导致的资源浪费和经营风险。同时,动态预算编制使企业能够更加灵活地应对市场变化,及时调整经营策略,提升了企业的市场竞争力。在某一市场需求突然波动的季度,该企业凭借预算预测结果及时调整了采购和营销策略,不仅满足了市场需求,还实现了销售额的逆势增长,相比同行业其他企业表现出色。

哲思:数据为舟,算法为桨,方能在商海中驭浪而行。

2.2 情景模拟:沙盘推演,未雨绸缪

在预算编制过程中,企业面临诸多不确定性因素,如汇率波动、原材料价格变化等,这些因素可能对企业的经营业绩产生重大影响。为了有效应对这些不确定性,企业利用数据中台提供的假设分析(What-if)沙盘工具进行情景模拟,以评估不同情景下预算的执行情况和潜在风险。

假设分析沙盘工具是一种基于数据模型和模拟算法的决策支持工具，它允许用户通过改变输入参数（如汇率、原材料价格、销量等）来模拟不同的业务情景，并实时观察参数变化对预算指标（如成本、利润、现金流等）的影响。通过这种方式，企业管理层可以在决策前对各种可能的情况进行预演和分析，提前制定应对策略，降低经营风险。

以某制造企业为例，该企业在国际市场上采购原材料，并将产品出口到多个国家和地区，因此汇率波动与原材料价格变化对其成本和利润影响较大。在数据中台的支持下，企业利用假设分析沙盘工具进行了如下情景模拟：

（1）汇率波动情景模拟。假设未来一段时间内，本币对主要外币分别升值5%、10%和15%，分析这三种情况下企业的出口产品价格竞争力、销售额、成本和利润的变化。通过模拟发现，当本币升值5%时，企业的出口产品价格相对上升，销售额预计下降10%，但由于进口原材料成本降低，总成本下降8%，利润下降5%；当本币升值10%时，销售额预计下降20%，总成本下降15%，利润下降12%；当本币升值15%时，销售额预计下降30%，总成本下降20%，利润下降20%。基于这些模拟结果，企业可以评估不同汇率波动情景下的经营风险，并制定相应的应对策略，如调整产品定价、优化出口市场布局、采用套期保值工具等。

（2）原材料价格波动情景模拟。假设原材料价格在未来一年内分别上涨10%、20%和30%，分析这三种情况下企业的生产成本、产品定价、销售额和利润的变化。模拟结果显示，当原材料价格上涨10%时，生产成本上升12%，为保持市场竞争力，产品价格只能上涨8%，导致利润下降15%；当原材料价格上涨20%时，生产成本上升25%，产品价格上涨15%，利润下降30%；当原材料价格上涨30%时，生产成本上升40%，产品价格上涨25%，利润下降50%。基于这些模拟结果，企业可以提前与供应商协商价格、寻找替代原材料、优化生产工艺以降低原材料消耗，或者调整产品结构，增加高附加值产品的生产比例，以减轻原材料价格波动对利润的影响。

通过假设分析沙盘工具进行情景模拟，企业能够更加全面地了解各种不确定性因素对预算的影响，提前制定应对预案，增强了企业的风险应对能力和决策的科学性。同时，情景模拟结果也为企业的战略规划和长期发展提供了重要的参考依据，帮助企业在复杂多变的市场环境中保持稳健发展。

诗引：未睹风云先筑墙，智能沙盘演沧桑。

第三幕　绩效管理智能化——激活组织的"春江水暖"

水不激不跃，人不激不奋。

——冯梦龙《古今小说》

绩效管理作为管理会计的核心职能之一，对于企业实现战略目标、激发员工工作积极性以及提升整体运营效率起着至关重要的作用。在数字化时代，数据中台的应用为绩效管理带来了新的变革和机遇，推动绩效管理朝智能化方向发展，使企业能够更加科学、精准地评估和管理绩效。

3.1　平衡计分卡数字化：战略落地，一目了然

平衡计分卡（BSC）是一种将企业的战略目标转化为可衡量的指标和行动方案的绩效管理工具，它从财务、客户、内部流程、学习与成长四个维度全面评估企业的绩效，为企业提供了一个系统的战略管理框架。然而，在传统的绩效管理模式下，平衡计分卡的实施往往面临数据收集困难、指标跟踪不及时、分析反馈滞后等问题，难以充分发挥其应有的作用。

某大型集团在绩效管理实践中引入数据中台，成功实现了平衡计分卡的数字化转型。该集团将战略地图嵌入数据中台，通过数据中台强大的数据整合和分析能力，实现了对平衡计分卡各项关键绩效指标（KPI）的实

时追踪和分析。数据中台从集团内部的各个业务系统中采集与平衡计分卡相关的数据，包括财务系统的财务指标数据、客户关系管理系统的客户满意度和市场份额数据、生产管理系统的生产效率和质量数据以及人力资源管理系统的员工培训和发展数据等。这些数据经过数据中台的清洗、转换和集成，被实时同步到平衡计分卡系统中，确保了KPI数据的准确性和及时性。

在数据展示方面，该集团利用数据中台提供的可视化工具，将平衡计分卡的各项指标以直观的图表和仪表盘形式呈现出来。管理层和员工可以通过电脑端或移动端随时随地访问平衡计分卡系统，实时了解各项KPI的达成情况。同时，系统还设置了红黄绿灯预警功能，当某项KPI偏离目标值时，系统会自动发出预警信号，提醒相关人员关注并采取措施进行调整。例如，当客户满意度指标低于设定的目标值时，系统会将该指标对应的区域标记为红色，并显示具体的偏差数值和原因分析，以便管理层及时了解问题所在，采取有针对性的改进措施，如优化客户服务流程、加强员工培训等。

此外，数据中台具备自动生成改进建议的功能。通过对历史数据的分析和挖掘，结合行业最佳实践和企业自身的战略目标，数据中台能够为每项KPI提供个性化的改进建议。这些建议不仅包括具体的行动措施，还包括预期的效果和实施的时间节点，为企业的绩效管理提供了有力的决策支持。例如，在分析内部流程维度的生产效率指标时，数据中台发现某条生产线的设备故障率较高，导致生产效率低下。基于此，数据中台自动生成改进建议（包括提高设备维护频率、优化设备维护计划、引入先进的设备监控技术等），并预测实施这些措施后生产效率有望提高的幅度。企业管理层可以根据这些建议制订详细的改进计划并跟踪实施效果，确保平衡计分卡的各项指标能够顺利达成。

通过数据中台实现平衡计分卡的数字化，该集团在绩效管理方面取得了显著的成效。KPI的跟踪和分析效率大幅提高，从原来的月度统计分析提升到实时监控，管理层能够及时掌握企业的运营状况，做出更加科学的决策。同时，预警功能和改进建议的自动生成帮助企业及时发现问题并采取有效的改进措施，促进了企业整体绩效的提升。员工对自身的工作目标和绩效要求更加清晰，工作积极性和主动性得到了有效激发，企业的凝聚力和竞争力也得到了进一步增强。

词喻：指标如星罗棋布，中台似北斗指途。

3.2 员工绩效分析：数据为尺，量才而用

员工绩效是企业整体绩效的重要组成部分，准确评估员工绩效对于激励员工、优化人力资源配置以及提升企业竞争力具有重要意义。在传统的员工绩效分析中，数据来源往往较为单一，主要依赖于员工的工作报告和上级的主观评价，缺乏全面、客观的数据支持，导致绩效评估结果的准确性和公正性受到一定影响。

借助数据中台，企业能够整合来自多个系统的数据，为员工绩效分析提供丰富、全面的数据支持。其中，ERP（企业资源计划）系统工时数据记录了员工在各项工作任务上的投入时间，能够直观反映员工的工作负荷和工作效率；CRM（客户关系管理）系统商机转化率数据则体现了员工在客户开发与业务拓展方面的能力和成果，反映了员工对企业销售业绩的贡献；项目管理系统数据包含项目进度、质量、成本等方面的信息，能够帮助企业评估员工在项目执行过程中的表现，如项目团队协作能力、问题解决能力等。

通过关联分析模型，企业可以深入挖掘这些多源数据之间的潜在关系，从而更全面、准确地评估员工绩效。以培训投入与销售业绩的相关性分析为例，企业可以利用数据中台收集员工参加各类培训的时间、内容、培训效果评估等数据，以及员工在培训后的销售业绩数据，通过建立关联分析模型，分析培训投入与销售业绩之间的关联关系，发现哪些培训内容和方式对销售业绩的提升具有显著影响。例如，企业经过数据分析发现，参加

销售技巧培训和产品知识培训的员工的销售业绩明显高于未参加培训的员工，且培训时长与销售业绩之间存在正相关关系。基于这些分析结果，企业可以优化培训计划，加大对销售技巧和产品知识培训的投入，提高培训的针对性和有效性，从而进一步提升员工的销售业绩。

除了培训投入与销售业绩的关联分析，企业还可以利用关联分析模型对员工的工作效率、工作质量、团队协作能力等方面进行综合评估。例如，通过分析 ERP 系统工时数据和项目管理系统数据，评估员工在不同项目中的工作效率和工作质量，找出工作效率高、工作质量好的员工，为员工的晋升和奖励提供依据；通过分析 CRM 系统商机转化率数据和团队协作相关数据，评估员工在团队协作中的表现，发现团队协作能力强的员工，鼓励员工之间加强协作，提高团队整体绩效。

通过数据中台整合多源数据，并运用关联分析模型进行员工绩效分析，企业能够打破传统绩效评估的局限性，实现对员工绩效的全面、客观、准确评估。这不仅有助于企业制定更加科学合理的人力资源管理策略，如员工招聘、培训、晋升、薪酬激励等，还能够激励员工不断提升自身能力和绩效，为企业的发展做出更大的贡献。

洞见：数据无言，却道尽人才优劣；算法无形，可雕琢团队锋芒。

第四幕　风险管理实时化——筑起"数字长城"

防微杜渐，忧在未萌。

——《宋书·吴喜传》

在企业的运营过程中，风险管理至关重要，它直接关系到企业的生存与发展。数据中台的出现为风险管理带来了新的机遇和变革，使风险管理实现实时化，有效提升了企业应对风险的能力。通过整合多源数据和运用先进的技术手段，数据中台助力企业在信用风险预警和合规监控自动化等方面取得显著成效。

4.1 信用风险预警：蛛丝马迹，无所遁形

信用风险是企业面临的重要风险之一，尤其在金融行业，如银行等金融机构，信用风险的有效管理直接影响其资产质量和盈利能力。以某银行为例，在传统的信用风险管理模式下，银行主要依赖客户提供的财务报表、信用记录等有限信息来评估客户的信用状况。这种方式存在信息不全面、更新不及时等问题，难以准确识别潜在的信用风险。

随着业务的发展和市场环境的变化，该银行引入了数据中台，通过整合工商、司法、舆情等多源数据，构建了更加全面、准确的客户信用评分模型。在数据采集阶段，数据中台从工商部门获取企业的注册信息、经营范围、经营状况等数据，这些数据能够反映企业的基本经营情况和规模实力；从司法部门获取企业的涉诉信息，包括诉讼案件类型、案件状态、判决结果等，涉诉信息是评估企业信用风险的重要指标，存在大量诉讼案件或败诉记录的企业往往信用风险较高；同时，数据中台还通过网络爬虫技术和自然语言处理技术实时采集互联网上的舆情数据，如企业的新闻报道、社交媒体评论等，舆情数据能够反映企业的社会声誉和公众形象，负面舆情可能预示着企业存在潜在的信用风险。

在数据处理和模型构建阶段，数据中台运用大数据分析技术和机器学习算法对采集到的多源数据进行深度挖掘与分析。首先，对数据进行清洗和预处理，去除噪声数据和异常值，确保数据的准确性和一致性。然后，提取数据中的关键特征，如企业的财务指标、经营稳定性指标、信用历史指标、舆情情感倾向指标等，并将这些特征作为输入变量构建客户信用评分模型。常见的机器学习算法如逻辑回归、决策树、随机森林等都可以用于信用评分模型的构建，这些算法能够自动学习数据中的模式和规律，根

据输入变量预测客户的信用风险等级。例如,通过逻辑回归模型,银行可以根据客户的各项特征变量计算出每个客户的信用评分,信用评分越高表示客户的信用风险越低,反之则信用风险越高。同时,为了提高模型的准确性和稳定性,银行还采用了交叉验证、特征选择等技术对模型进行优化和评估。

除了构建信用评分模型,该银行还利用图计算技术识别关联企业的风险传导。在实际经济活动中,企业之间往往存在复杂的关联关系,如股权关联、业务关联、担保关联等,这些关联关系可能导致风险在企业之间相互传导。图计算技术能够将企业之间的关联关系以图的形式表示,通过对图的结构进行分析和计算,识别出风险传导的路径和潜在的风险点。

具体来说,银行将客户及其关联企业作为图的节点,将企业之间的关联关系作为图的边,构建企业关联关系图。然后,运用图算法(如 PageRank 算法、HITS 算法等)对图进行分析。例如,PageRank 算法可以根据节点之间的连接关系和权重,计算出每个节点的重要性得分,在企业关联关系图中,重要性得分较高的企业可能对其他企业的风险传导具有较大影响;HITS 算法则可以识别出图中的权威节点和中心节点,权威节点通常是在某一领域具有较高影响力和可信度的企业,中心节点则是连接多个其他节点的关键企业,这些节点在风险传导过程中可能起到关键作用。通过对企业关联关系图的分析,银行可以及时发现关联企业之间的风险传导路径,当某一企业出现信用风险时,银行能够迅速评估其对关联企业的影响程度,并采取相应的风险防范措施,如提前收回贷款、增加抵押物、调整信贷额度等,有效降低信用风险损失。

通过引入数据中台,整合多源数据并运用先进的技术手段构建信用评分模型和识别关联企业风险传导,该银行在信用风险预警方面取得了显著成效,信用风险评估的准确性得到大幅提升,不良贷款率明显下降,风险管理效率和水平得到显著提高,为银行的稳健运营提供了有力保障。

警句:风险如暗流,数据为灯塔;关联若蛛网,算法破迷局。

4.2 合规监控自动化：AI法眼，明察秋毫

在企业的运营过程中，合规管理是确保企业合法合规经营的重要环节。随着企业业务的不断拓展和法律法规的日益完善，企业面临的合规风险也越来越复杂。传统的合规监控方式主要依赖人工审核合同、文件等，这种方式效率低下、准确性难以保证，且容易出现疏漏。

为了提高合规监控的效率和准确性，企业利用数据中台引入自然语言处理（NLP）技术，实现合规监控自动化。NLP技术能够对自然语言文本进行理解、分析和处理，将其转化为计算机能够理解的结构化数据，从而实现对合同文本等非结构化数据的自动化扫描和分析。

在合规监控自动化过程中，系统首先对合同文本进行数据采集和预处理。数据中台从企业的合同管理系统、文档库等数据源中采集合同文本数据，并对其进行清洗、去噪和格式转换等预处理操作，将非结构化的合同文本转化为适合NLP技术处理的格式。

系统然后利用NLP技术中的文本分类、命名实体识别、关系抽取等技术对合同文本进行分析。文本分类技术可以根据合同的类型、业务领域等特征，将合同文本划分到不同的类别中，以便后续进行有针对性的合规检查；命名实体识别技术能够识别合同文本中的关键实体，如企业名称、人名、日期、金额等，这些实体信息对于合规检查至关重要；关系抽取技术则可以抽取合同文本中实体之间的关系，如合同双方的权利义务关系、违约条款等。例如，在识别违规条款方面，企业可以预先建立违规条款知识库，该知识库包含各种法律法规、行业规范以及企业内部规章制度中规定的违规条款模板和特征。系统利用NLP技术中的文本匹配算法，将合同文本与违规条款知识库中的模板进行匹配，当发现合同文本中存在与违规条款模板相似的内容时，系统自动识别为潜在的违规条款，并给出相应的提示和预警。

同时，为了提高识别的准确性和智能化水平，企业还可以利用机器学习算法对大量的合同文本与违规案例进行学习和训练，让模型自动学习违规条款的特征和模式，从而更加准确地识别出合同文本中的违规条款。例如，采用支持向量机（SVM）、神经网络等机器学习算法，对标注好的合同文本数据进行训练，构建违规条款识别模型。在实际应用中，企业将新的合同文本输入模型，模型即可自动判断合同是否存在违规条款，并输出违规条款的具体内容和风险等级。

通过利用数据中台和 NLP 技术实现合规监控自动化，企业能够快速、准确地对大量合同文本进行扫描和分析，及时发现潜在的违规风险，提高合规管理的效率和效果。这不仅有助于企业避免因违规行为而面临的法律风险和经济损失，还能提升企业的合规管理水平和企业形象，为企业的可持续发展提供有力保障。

结语：数智化之道，通古今之变。

数据中台并非冰冷的技术，而是贯通古今的智慧桥梁。它让《孙子兵法》的"知己知彼"化为实时看板，令《资治通鉴》的"以史为鉴"转为预测模型。未来已来，唯以数智化之心，方能于变局中开新局，于无声处听惊雷。

第四章

CHAPTER 4

数据中台：管理会计的"数智剧场"
——三幕大戏，演绎数智化转型

序幕　数治之道，以简驭繁

大道至简，衍化至繁。

——《道德经》

在当今数字化浪潮汹涌的时代，企业的运营宛如一场宏大的戏剧，而数据中台则是那座搭建起数智舞台的关键架构。管理会计作为其中的核心主角，借助数据中台的强大支撑，演绎着企业数智化转型的精彩篇章。这出大戏分为三幕，从数据治理的基础夯实，到数据应用的精彩呈现，再到人才培育的长远布局，生动展现了企业如何凭借数智之力，将复杂多变的商业环境中的混沌数据巧妙地转化为有序且具有价值的信息，进而实现以简驭繁的高效运营与战略发展。

第一幕　铸器篇——数据治理的"黄金罗盘"

1.1　数据身份证——主数据标准化

名不正，则言不顺；言不顺，则事不成。

——《论语·子路》

想象一下，如果你在不同的场合有不同的身份证号码，或者同一种商品在不同的商店被叫成完全不同的名字，那么生活肯定会乱成一团！企业里的核心数据（我们称之为"主数据"），比如客户信息和产品信息，也面临同样的混乱风险。这就是为什么聪明的企业会给它们建立一套清晰的"身份证"系统——主数据标准化体系。

1.1.1 客户的专属"身份证号码"：清晰、唯一、易管理

问题所在：过去，同一个客户在销售系统里叫"北京大客户A001"，在财务系统里可能变成"京A-重要客户1"，就像一个人有好几个不同的身份证号码，系统之间对不上号，发优惠、对账都容易出错。

解决方案：为每一个客户制定一个唯一且稳定的编码，就像公民的身份证号码。

编码结构（示例）：110105001A001。其中，前6位110105代表"户籍地"。这不是随意编写的，而是源于国家标准的地区代码（比如110105代表北京市朝阳区）。这样，企业一眼就能知道客户主要在哪里活动，方便安排本地化服务或营销。中间3位001代表"客户类型"。采用简单的数字代号区分客户类型，比如001代表"战略大客户"，002代表"普通中小客户"。客户类型信息单独存储在属性表里，企业在需要时查一下就可以知道。这样，即使以后企业把"战略大客户"改叫"VIP合作伙伴"，客户的编码也完全不用变化。最后4位A001代表客户的"流水序号"。确保在同一个地区、同一类型的客户里，每一个客户都有自己独一无二的号码。这个序号设计得很灵活，企业在不够用时可以轻松扩展（比如从A001到Z999再到AA001），能够支持海量客户。

好处：无论哪个部门、哪个系统，只要看到110105001A001这个编码，就唯一确定是那个北京的、战略级的、编号A001的客户。信息传递准确无误，服务更加精准高效。

1.1.2 产品的终身"身份证号码"：稳定、灵活、好查找

问题所在：过去，一个手机型号的编码可以是"电子-手机-6英寸8

核-V3.0",屏幕升级到6.5英寸后,编码可能就得改成"电子-手机-6.5英寸12核-V4.0"。产品稍作改动就要换"身份证",历史记录就混乱了,查找也非常麻烦(比如想找所有"6英寸以上手机",无法直接用编码搜索)。

解决方案:为每一类核心产品制定一个终身不变的基础编码,把容易变动的细节(规格、版本)单独记录。

编码结构(示例):PHN101。其中,前3位PHN代表"产品大类"。采用简洁的字母缩写,比如PHN代表"手机"(Phone),LAP代表"笔记本电脑"(Laptop),企业一看开头就知道是什么大类的产品。后3位101代表这个产品在大类里的"子型号"。就是一个简单的序列号,比如101就是手机大类下的第一款基础型号。这个编码在产品设计定型时就确定了,且终身不变。

变动的细节怎么办?对屏幕大小、处理器型号、颜色、软件版本等这些会变动的属性单独创建一个"产品属性表"来记录。这个表通过不变的PHN101基础编码与产品相关联。

产品属性表示例

编码:PHN101

品名:旗舰智能手机

当前屏幕尺寸:6.5英寸(以前可能是6.0英寸)

当前处理器:12核(以前可能是8核)

当前版本:V4.0(以前可能是V3.0)

好处:其一,终身不变。产品PHN101无论怎样升级换代,其基础编码始终不变。历史销售记录、生产记录、库存管理记录都清晰连贯,不会因为小改动就换"身份证"。其二,灵活记录。规格参数、版本信息可以随时在产品属性表里更新,完全不影响基础编码。企业若想查看最新配置,则看产品属性表就行。其三,查找方便。企业若想查找所有屏幕大于6英寸的手机,则直接在产品属性表里搜索"屏幕>6英寸"且"大类=PHN"的产品即可,编码本身不用包含这些具体信息,搜索反而更强大、精准。

总结一下这个"身份证"系统的好处：其一，告别混乱。客户和产品在企业的各个角落都只有一个唯一且准确的身份。其二，沟通顺畅。不同部门、不同系统之间"说同一种语言"，协作不再出错。其三，管理高效。查找客户、管理产品、分析数据都变得既快速又准确。其四，适应变化。即使客户类型调整、产品升级换代，基础编码也稳如泰山，细节记录灵活更新。

这套清晰、稳定、灵活的"身份证"系统就像给企业的核心信息建立了稳固的基石，让数据真正成为驱动业务发展的好帮手，而不是制造混乱的根源。

为了确保编码的准确性和唯一性，校验规则就如同"数据指纹"一般重要。系统通过复杂的校验位算法，对编码进行严格的校验，就像防止蚁穴溃堤一样，坚决杜绝编码错误的情况发生。在数据录入和使用过程中，系统会依据预设的校验规则对编码进行即时验证，一旦发现错误便会迅速提示，要求用户重新录入正确数据，从而保障数据的准确性和一致性。在某大型集团，企业曾经面临旗下多达45个业务系统各自为政、数据混乱的局面。经过实施主数据标准化项目，企业成功实现了各系统间的数据互通。在财务对账环节，对账效率大幅提升，对账差异降低了80%。原本烦琐冗长、需要耗费大量人力和物力的对账流程如今变得简洁高效，为企业的财务工作带来了极大的便利，也为企业的整体运营效率提升奠定了坚实的基础。真是"千丝万缕终有序，一码定鼎天下安"。主数据标准化就如同那根能够梳理万千数据头绪的线，让企业数据从混乱走向有序，为企业的稳定发展提供了有力保障。

1.2　红黑榜——数据质量紧箍咒

法令既行，纪律自正。

——包拯《上殿札子》

数据质量是数据治理的核心内容之一，它直接关系到企业决策的准确性和业务运营的可靠性。为了确保数据的高质量，企业可以制定一套严格的数据质量红黑榜机制，如同给各部门戴上了一个数据质量的"紧箍咒"。在这套机制中，红榜与黑榜应有明确的划分标准和相应的奖惩措施。对于红榜部门，企业应给予丰厚的奖励。在奖金方面，企业可以根据部门规模和对数据质量提升的贡献程度设定不同档次的奖金，这是对部门在数据质量管理工作中辛勤付出的直接经济肯定。同时，由企业高层领导亲自签署颁发荣誉证书，这份荣誉象征着企业对该部门工作的高度认可，具有极高的荣誉感和激励性。在员工晋升机会方面，在同等条件下，红榜部门的优秀员工应被优先考虑，拥有更高的晋升权重。这种全方位的奖励机制让红榜部门的员工"春风得意马蹄疾"，充满了工作的动力和积极性，激励着他们不断保持和提升数据质量。而对于黑榜部门，企业则应采取严厉的惩罚措施。一旦部门的数据质量出现严重问题，如数据缺失率过高、数据错误频繁出现、更新严重滞后等，企业应下达明确的整改通知，要求其在限定的时间内完成整改工作，并提交详细的整改报告。同时，对部门负责人应进行严肃问责，扣除绩效奖金的比例可以根据问题严重程度而定，从10%—50%不等。此外，还应对部门负责人给予书面警告并记录在案，情节严重的进行降职处理。这种严厉的惩罚措施让列入黑榜的部门及其负责人感受到"一失足成千古恨"的压力，促使他们高度重视数据质量问题，积极采取措施进行整改。通过实施数据质量红黑榜机制，某企业的数据错误率从15%显著降至3%。这一机制将数据质量与部门和员工的切身利益紧密联系起来，有效提高了各部门对数据质量管理的重视程度和积极性，形成了全员参与数据质量管理的良好氛围，从而不断提升企业整体的数据质量水平。正可谓"数据若蒙尘，决策如夜行"。高质量的数据是企业决策的明灯，只有确保数据的清晰准确，企业才能在复杂的市场环境中稳健前行，为企业的战略决策、业务拓展等提供更加坚实可靠的数据支持。

第二幕 择器篇——技术选型的"刀光剑影"

2.1 新旧对决——Hadoop vs. 云原生

> 君子生非异也，善假于物也。
>
> ——《荀子·劝学》

在当今数智化转型的浪潮中，数据中台技术选型的战场风云变幻，Hadoop与云原生宛如两位来自不同门派的武林高手，在数据处理与分析的江湖中各展神通，展开了一场精彩绝伦的对决。

Hadoop堪称数据处理领域的"老剑宗"，其底蕴深厚，在离线分析的江湖中稳如泰山。它基于分布式文件系统（HDFS）构建，这一独特的系统就如同在江湖各地精心分设的坚固据点。HDFS将数据巧妙地分割成多个数据块，然后将这些数据块复制多份，分别存储到不同的节点之中。这种冗余存储的方式就像是在不同的隐秘角落藏下宝藏的副本，即便某个节点不幸遭遇故障，无论是硬件的突然损坏，还是软件的意外漏洞，抑或是网络的短暂中断，其他节点上的数据副本也依然能够确保数据的完整性，如同忠诚的卫士守护着宝藏不丢失，从而有力地保障了数据的可靠性和可用性。例如，当一个节点因硬件老化而突然"罢工"时，系统能够迅速启动应急机制，从其他节点读取数据副本，使得业务的连续性丝毫不受影响，就像什么都没有发生过一样。而MapReduce计算框架就如同Hadoop这位"老剑宗"手中一套沉稳而又威力巨大的剑法。它能够将大规模的数据处理任务如同拆解复杂的武功招式一般，巧妙地分解为多个子任务。在实际运行过程中，它会根据数据的分布情况，精准地将这些子任务合理地分配到不同的节点上并行执行。每个节点都像一位训练有素的武林高手，只专注于处理自己所分配到的子任务，最后系统再将各个节点的处理结果进行汇总。

这种并行计算方式极大地提高了数据处理效率，相较于传统的单机计算模式，就如同从一个人单打独斗到一群人协同作战，能够在短时间内处理海量数据。比如，在进行大规模的数据分析时，使用 MapReduce 可以将原本需要数小时甚至数天才能完成的任务缩短到几十分钟甚至更短的时间内完成，极大地满足了企业对数据处理时效性的迫切需求。Hadoop 的开源特性更是让众多企业对之青睐有加，企业如同在武林中获得了一本免费的武功秘籍，能够免费获取软件源代码。这为企业提供了极大的自主空间，使得企业就像一位武林高手可以自由地根据自身的特点和需求对武功招式进行深度定制和创新。企业无须承担高昂的软件采购费用，有效降低了前期资金压力。这对于那些资金相对紧张的初创企业或注重成本控制的企业来说，无疑是一大福音。

在制造业场景中，Hadoop 更是展现出独特的优势，其就像一位经验老到的矿工，能够深入挖掘数据的价值。大型制造企业在日常运营过程中积累了海量的生产数据，这些数据涵盖从原材料采购、生产流程监控到产品质量检测等各个环节，宛如一座蕴藏着巨大财富的矿山。同时，企业还拥有丰富的业务数据，包括销售订单、客户反馈、供应链管理等方面。如此庞大的数据量需要强大的存储与处理能力。Hadoop 凭借强大的分布式处理能力，能够将这些海量数据分散存储在集群中的多个节点上，并通过并行计算方式高效地进行离线分析。通过对生产数据的深入分析，企业可以发现生产流程中的潜在问题，优化生产工艺，提高产品质量；通过对业务数据的挖掘，企业可以精准把握市场动态，制定更加科学合理的业务决策，从而在激烈的市场竞争中脱颖而出。

然而，搭建和维护 Hadoop 的硬件集群却着实费神，需要企业精心调配服务器资源。这就如同组建一支强大的武林战队，不仅要挑选合适的队员（服务器硬件），还要确保队员之间能够默契配合（硬件之间的兼容性和协同工作）。每一台服务器的 CPU（中央处理器）、内存、外存等硬件配置都需要根据企业的业务需求和数据处理规模进行精细调整，任何一个环节出现问题都有可能影响整个集群的性能，就像战队中某个队员的失误可能导致整个战斗的失利。

反观云原生，作为数据处理领域的"新剑派"，它以实时计算快若闪电的优势迅速崛起，在江湖中崭露头角。以 Snowflake 为例，其采用的存储与计算分离架构独树一帜，犹如开创了一种全新的武功流派。在存储方面，Snowflake 巧妙地借助了 Amazon S3、Azure Blob 存储等强大的云存储服务。这些云存储服务就像广阔无垠的江湖宝库，具有海量的存储容量，数据能够安全稳定地存储其中，仿佛被放置在坚不可摧的保险箱中。而在计算方面，Snowflake 提供了极为灵活的弹性计算资源。这一特性在电商秒杀等业务高峰时期展现得淋漓尽致。当电商平台迎来一年一度的"双十一"购物狂欢节时，海量用户瞬间涌入，订单数据如潮水般汹涌而来，对计算资源的需求呈现爆发式增长。此时，Snowflake 就像一位拥有神奇魔力的武林高手，瞬间爆发出惊人的内力，根据业务需求动态调整计算资源的规模。企业只需在云服务平台上进行简单的操作，就能快速调配大量的高性能计算服务器，确保及时处理海量的销售数据。这些实时处理后的数据能够迅速反馈给企业的决策层，为企业的销售决策提供实时的数据支持，帮助企业精准把握市场动态，及时调整销售策略，在电商大战中抢占先机。

然而，在使用云原生服务时，企业需按使用量弹性付费，导致成本随业务量起伏，恰似风中柳絮，难以精准把控。这就好比在江湖中雇用一位武功高强但收费灵活的侠客，业务繁忙时，侠客的费用自然水涨船高；业务清淡时，费用则相应降低。这对于企业来说，虽然在业务低谷期可以节省成本，但在业务高峰期可能需要支付高额的费用，从而对企业的财务预算管理提出了较高的要求。

表 4-1 清晰地描绘了大数据领域的"新老之争"。Hadoop 如底蕴深厚、稳扎稳打的老宗师，在需要处理超大规模历史数据的离线场景中依然不可替代；而云原生如轻灵迅捷、随需而变的新锐门派，在实时性、敏捷性和弹性成本方面优势显著，成为应对快速变化、需要即时响应的业务场景的

利器。两者各有千秋,选择取决于具体的"江湖挑战"(业务需求)。

表 4-1 Hadoop 与云原生对比

兵器谱	Hadoop（老剑宗）	云原生（新剑派）
招式	离线分析,稳如泰山	实时计算,快若闪电
内力	开源省钱,硬件费神	弹性付费,成本随风
克敌场景	制造业历史数据掘金	电商秒杀战报生成

两者的技术体系的核心差异和适用场景如下:

(1) **招式（技术特点）**。老剑宗 Hadoop：精于离线分析,其剑法稳如泰山,擅长处理海量历史数据的批量计算任务,根基深厚但出招（处理）相对较慢。新剑派云原生：专攻实时计算,其剑法快若闪电,能即时处理流式数据,满足对时效性要求极高的场景。

(2) **内力（资源与成本）**。老剑宗 Hadoop：内力源于开源省钱（软件本身免费）,但修炼（运维）需耗费大量硬件（需自行搭建、维护和管理庞大的物理或虚拟机集群）,前期投入和持续运维成本较高。新剑派云原生：内力讲究弹性付费,内力（资源）可随需求伸缩自如（按需使用云资源）,其成本随风（成本动态变化,随用量增减）,避免了大量固定硬件投入,运维负担较轻。

(3) **克敌场景（适用场景）**。老剑宗 Hadoop：克敌制胜于制造业历史数据掘金等场景,适合挖掘存储在数据仓库中海量历史数据的价值,提供深度分析和各类报表。新剑派云原生：制胜于电商秒杀战报生成等场景,能够实时处理高并发事件（如秒杀订单、用户行为流）,快速生成即时结果（如实时大屏、风控、推荐）。

可见,"旧剑能劈千秋木,新刃敢破万里云"。Hadoop 这把旧剑历经岁月沉淀,能够劈开岁月沉淀的千秋数据之木,深入挖掘数据价值；云原生这柄新刃凭借创新的技术和灵活的架构,敢于突破万里阻碍,在瞬息万变的业务需求中披荆斩棘,满足企业对实时性和灵活性的极致追求。

2.2 刚柔并济——混合云的双面人生

一张一弛,文武之道也。

——《礼记·杂记下》

混合云宛如一位深谙阴阳之道的武林宗师,在数据中台部署的江湖中展现出了截然不同的两面,演绎着独特的双面人生。

其阴面——私有云,恰似一座戒备森严的禁宫,守护着企业最为核心、机密的数据。企业的财务数据犹如传国玉玺般珍贵,关乎企业的兴衰存亡。这些数据存放于私有云内,通过内部网络严密防护。私有云设置了多因素身份验证、精细权限管理等重重关卡,就像在禁宫的大门前安排了层层守卫,只有经过授权的特定人员方可踏入。同时,私有云部署了一系列先进的安全防护措施,包括防火墙、入侵检测系统、数据加密技术等,全方位保障数据的安全性和隐私性。例如,防火墙就像一道坚固的城墙,阻挡着外部非法网络访问的入侵;入侵检测系统则如同敏锐的卫士,时刻监控着网络中的异常行为,一旦发现威胁,立即发出警报;数据加密技术更是将数据转化为密文,即使数据不幸被窃取,没有正确的密钥也无法解读其中的内容,确保数据在任何情况下都能保持高度的安全性和稳定性,有效抵御外部的各种潜在威胁。

其阳面——公有云,则如同奔腾不息的钱塘潮涌,展现出惊人的伸缩性。在零售企业促销活动期间,数据量如潮水般瞬间激增。以某零售巨头为例,"双十一"期间海量的销售数据涌入,对计算资源的需求呈现爆发式增长。据统计,仅在"双十一"当天,企业的销售数据量就可能达到平日的数倍甚至数十倍,这使得对计算资源的需求也大幅提升。公有云此时大显身手,凭借弹性计算资源,企业可一键调配大量高性能计算服务器,轻松应对数据处理高峰。就像钱塘江在涨潮时汹涌澎湃,能瞬间填满整个江面,公有云在业务高峰期也能迅速调配资源,满足企业的需求。待促销热潮退去，业务量回落，公有云又能灵活缩减资源，避免资源闲置浪费。比如，在促销活动结束后的平淡时期，企业可以根据实际业务量减少公有云服务器的数量，降低使用成本，实现资源的最大化利用。某零售巨头在采用混合云部署后，"双十一"期间算力成本成功砍半，同时凭借私有云对核心数据的严格保护，实现零数据泄露。这真是"刚柔相济者，方为常胜将军"。

混合云凭借私有云的刚性安全保障与公有云的柔性资源调配，助力企业在复杂多变的商业战场中常胜不败。它不仅为企业提供了坚实可靠的数据安全防护，还能根据业务的动态变化灵活调整资源，让企业在数据中台部署的江湖中既能坚守核心数据的安全阵地，又能在业务浪潮中灵活应对，乘风破浪，驶向成功的彼岸。

2.3 灾备三重奏——数据的"免死金牌"

> 居安思危，思则有备。
>
> ——《左传·襄公十一年》

在数据安全的江湖中，灾备方案是企业的"免死金牌"，而三级容灾是其中的上乘绝学，由本地双活、异地备份、云灾备三重奏组成，共同为企业的数据安全保驾护航。

本地双活如同"双生菩提同生死"，在本地部署两个或多个数据中心，宛如一对心心相印的双生菩提，实时同步数据，业务负载均衡分担。在本地双活架构下，两个数据中心并非一主一备的传统模式，而是同时处于高效运行状态。业务系统会依据负载均衡策略，精准地将业务请求合理地分配到不同的数据中心进行处理。举例来说，当电商平台迎来购物高峰时，业务系统会根据各个数据中心的服务器负载情况，将用户的商品查询、下单等请求分别分发到不同的数据中心，使得各个数据中心协同工作，共同应对高并发业务。这就像两位配合默契的武林高手，在战斗中相互协作，发挥出最大的战斗力。当一个数据中心不幸出现故障，无论是硬件故障、软件故障还是网络故障时，业务系统都能凭借其强大的自动切换机制，迅速且自动地将请求切换到另一个正常运行的数据中心，确保业务的连续性。这就如同双生菩提，当一方遭遇危险时，另一方能够立即挺身而出，继续守护着数据的安全和业务的稳定运行。这种无缝切换的机制让用户几乎感受不到业务的中断，保障了用户体验的流畅性，就像在江湖中无论遇到何种危机，都能保持稳定的战斗力，不被敌人的攻击干扰。在本地双活架构下，数据的同步无疑是最为关键的环节，通常采用先进的数据复制技术，比如数据库复制，其原理是通过数据库自带的复制功能，将主数据库中的数据变化实时同步到从数据库，保证各个数据库之间数据的一致性，就像两面镜子之间能够实时反映对方的影像；还有存储复制，它利用存储设备的底层技术，在不同的存储介质之间实现数据的实时镜像，确保数据在各个存储节点上的状态一致，全方位保证数据的一致性，为业务的稳定运行提供坚实的数据基础。

异地备份则将重要数据定期复制到遥远的异地数据中心。这是为了防范本地数据中心遭遇地震、洪水、火灾等自然灾害，或是恶意攻击、误操作等人为事故等原因导致数据丢失。异地备份的数据中心通常与本地数据中心相距较远，在理想情况下，距离要达到即便在大规模区域性灾难发生时，两者也不会同时受到影响的程度，以此来最大程度降低同时遭受灾难的风险。在异地备份过程中，数据的传输和存储是两个极为关键的环节。数据传输通常采用先进的加密技术，比如SSL/TLS加密协议等，通过复杂的加密算法对数据进行加密处理，确保数据在传输过程中不会被窃取、篡改，从而保障数据的安全性，就像在江湖中传递重要情报时，使用密信来确保信息不被敌人截获。数据存储则采用可靠的存储设备和存储架构，常见的有磁盘阵列，它通过多块磁盘组合的方式，利用数据冗余和校验技术来保障数据的可靠性；还有磁带库，它以大容量、低成本且适合长期保存数据的优势，成为数据长期存储的重要选择之一，能够确保数据的长期保存，就像在江湖中建造了一个坚固的宝库，妥善保存着珍贵的宝藏。异地备份的数据可以定期（比如每月或每季度）进行恢复测试，通过模拟数据丢失场景，将备份数据进行恢复操作，以验证备份数据的完整性和可用性，及时发现可能存在的问题并加以解决，确保在关键时刻能够真正发挥备份数据的作用。

云灾备恰似"九霄云外存火种"，借助云计算平台强大的存储和计算能力，将部分或全部数据备份至云端。云灾备具有高扩展性、低运维成本等优势，企业可按需灵活调整资源。云平台采用多副本冗余存储技术，即便部分存储节点出现故障，也能确保数据不丢失且可正常读取，就像在九霄云外的安全之地保存了数据的火种，无论发生何种灾难，都能确保数据的安全。企业在选择云灾备服务时，需要综合考量自身业务性质、数据量大小、数据重要程度以及预算等多方面因素，从而精准地挑选出合适的云灾备服务提供商和与之匹配的灾备方案。在云灾备架构下，云服务提供商凭借专业的技术团队和雄厚的资金实力，负责搭建和维护灾备基础设施，提供全方位的技术支持，包括但不限于数据备份策略制定、数据恢复演练指导、灾备系统的日常监控与优化等。企业在此过程中操作相对简单，只需按照既定的流程和规范将数据备份到云端，并在面临突发状况时根据实际需要迅速进行数据恢复和业务切换。云灾备还可以创新性地实现数据的异地多活。这意味着在多个不同地理位置的云数据中心同时运行相同的业务系统，并且这些云数据中心之间能够实时同步数据，进一步提高了数据的安全性和业务的连续性。一些大型企业为了最大程度保障业务的稳定运行，通过采用云灾备方案，将数据备份到多个不同地区的云数据中心，当某个地区的云数据中心因自然灾害、网络攻击、电力故障等突发情况而出现故障时，业务系统借助智能的负载均衡技术和自动化的故障检测与切换机制，可以自动、快速地切换到其他正常运行的云数据中心，确保业务的不间断运行，将因故障而导致的业务中断时间和经济损失降到最低限度。某银行在遭遇地震后，凭借云灾备迅速恢复核心数据，1小时内业务重回正轨。

这充分展现了三级容灾方案的强大威力，本地双活、异地备份和云灾备三个层次紧密协作，如同一场完美的交响乐演奏，为数据中台驱动的管理会计体系提供了全方位的数据安全保障和业务连续性支持。

在设计和实施三级容灾方案时，企业需要根据自身的业务需求、数据规模、成本预算等因素，综合考虑各个层次的技术选型、架构设计和管理策略，确保灾备方案的有效性和可靠性。业务需求方面，企业需要分析不同业务系统对数据实时性和业务连续性的要求，对于核心业务系统，需保证在灾备切换时做到零数据丢失和极短的业务中断时间；对于非核心业务系统，则可适当放宽要求。

第三幕　育人篇——组织转型的"破茧成蝶"

3.1　黄金三角——铁壁合围战阵

三人同心，其利断金。

——王济《连环记》

在构建数据中台驱动的管理会计体系这场没有硝烟的战役中，一支精锐之师——黄金三角团队架构应运而生，他们宛如摆出了铁壁合围战阵，以强大的合力攻克重重难关。

先锋（数据工程师）：搭数据天梯，清数据杂质

数据工程师作为团队的先锋，冲锋在数据战场的最前线。他们犹如技艺精湛的工匠，凭借深厚的技术功底，搭建起数据采集、存储与处理的基础架构——恰似通往数据宝藏的天梯。在数据的浩瀚宇宙中，他们要面对来自企业内部的业务数据库、日志文件以及外部的合作伙伴数据接口等众多数据源。数据工程师运用扎实的编程技能，借助 Python 语言简洁易读的语法和丰富强大的库高效地读取、分析数据，并将其可视化；借助 Java 语言卓越的稳定性和跨平台特性，完成大型数据处理项目以及系统集成工作。精通大数据技术框架的他们，对 Hadoop 的分布式文件系统（HDFS）和 MapReduce 计算模型了如指掌。数据工程师依据企业业务需求，精准配置和优化大数据集群，合理分配硬件资源，精细调整软件参数，确保数据中台能稳定承载海量数据处理任务。面对分布式存储技术，无论是 HDFS 将大规模数据分散存储以实现高可靠性和高扩展性，还是 Ceph 提供多种存储方式，数据工程师都能熟练驾驭，设计合理的存储架构，分级存储管理数据，保障数据安全存储和快速访问。采集到的数据往往夹杂着噪声和错误，数据工程师肩负起抽取、转换和加载（ETL）的重任：编写数据清洗规则去除杂质，运用数据转换算法统一数据格式，建立数据校验和监控机制确保数据的质量与完整性，为后续的分析工作提供坚实可靠的数据基础，就像为大军前行清扫障碍。

军师（管理会计分析师）：化数为财策，控成本锁利润

管理会计分析师如同足智多谋的军师，在财务与业务之间架起一座坚固的桥梁。他们深入钻研企业从产品研发、生产制造到市场营销、销售渠道再到售后服务等各个业务流程，同时对企业复杂的财务状况了如指掌。管理会计分析师凭借扎实的财务专业知识，运用比率分析、趋势分析、成本效益分析等经典财务分析方法，评估企业的财务绩效和经营状况。比率分析方面，从流动比率、资产负债率、毛利率等比率中洞察企业的偿债能力、盈利能力和运营效率；趋势分析方面，通过对多年财务数据的趋势分析，预测企业的未来发展走向；成本效益分析方面，借助成本效益分析，判断企业业务活动和投资项目的可行性。此外，在预算管理方面，管理会计分析师紧密围绕企业战略目标和业务计划，综合考虑历史数据、当前经营状况以及未来市场变化，合理制订预算方案；实时监控预算执行情况，一旦发现收入未达预期或成本超支等预算偏差，便迅速找出原因并提出调整建议，确保预算目标顺利实现。在成本管理方面，管理会计分析师对成本数据进行多维度、深层次分析，梳理成本构成，找出成本控制关键点；

针对原材料浪费、管理机构不合理等问题，提出优化采购流程、精简管理机构等切实有效的成本优化措施，为企业降低成本，锁住利润，为商战提供充足的粮草支持。

谋士（数据科学家）：建模型预言，掘未来金矿

数据科学家则是团队中的谋士，拥有一双洞察未来的慧眼。他们深入数据海洋，凭借先进的数据挖掘技术和复杂分析手段，运用机器学习、深度学习等前沿人工智能技术，构建分类模型、回归模型、聚类模型等，深度挖掘数据背后隐藏的潜在规律和未来趋势。扎实的数学和统计学基础是他们的有力武器，数据科学家运用统计学方法进行严谨的数据建模和分析，准确评估模型的准确性和可靠性。在实际应用场景中，构建客户细分模型，从年龄、性别、消费习惯、兴趣偏好等多个维度对客户精准画像，助力企业制定精准营销策略；搭建销售预测模型，综合考虑市场动态、历史销售数据、季节因素等，精确预测市场需求和销售趋势，为企业的生产计划和库存管理提供可靠的依据，挖掘未来金矿，为商战指明方向。

高潮：某团队 3 个月破解"成本黑洞"，年省 2 000 万元

在一次激烈的市场竞争中，某企业面临严峻的成本挑战，仿佛陷入了一个深不见底的"成本黑洞"。黄金三角团队临危受命，数据工程师迅速搭建数据处理架构，从海量数据中筛选、清洗出与成本相关的数据；管理会计分析师运用专业知识，对成本数据进行多维度分析，精准定位到成本过高的关键环节；数据科学家则构建成本预测模型，分析不同因素对成本的影响。经过 3 个月的日夜奋战，团队成功破解"成本黑洞"，提出一系列成本优化方案，实施后企业每年节省成本 2 000 万元，打了一场漂亮的胜仗。真是"三军合围处，顽石亦成金"。

当黄金三角团队的先锋、军师、谋士紧密协作，形成铁壁合围之势时，再棘手的问题也能迎刃而解，如同将顽石化作真金，释放出巨大的价值。

3.2 能力跃迁——从"算盘"到"算法"

不学诗,无以言;不学礼,无以立。

——《论语·季氏篇》

在数字化浪潮的席卷下,为适应数据中台驱动的管理会计体系变革,团队成员需要经历一场从传统技能到现代数字化能力的华丽蜕变,实现从"算盘"到"算法"的能力跃迁。

筑基:SQL 查数如"探囊取物",Python 画图如"妙笔生花"

团队成员首先要筑牢基础能力。SQL 作为管理和查询关系数据库的标准语言,是团队成员必须掌握的基本技能。在学习 SQL 时,团队成员要深入钻研数据查询语句,设置复杂查询条件,从庞大的数据库中精准提取所需信息;熟练掌握插入、更新、删除操作,高效管理数据库中的数据,查询数据如同探囊取物般轻松。Python 在数据处理和分析领域应用广泛。团队成员要从数据清洗入手,识别和处理缺失值、异常值,去噪和规范化数据;学习数据可视化,运用 Matplotlib、Seaborn 等库将枯燥的数据转化为直观生动的柱状图、折线图、散点图等,画图如同妙笔生花,能够清晰地展现数据规律和趋势;运用 Pandas、NumPy 等库进行数据统计分析、相关性分析,挖掘数据的潜在价值,为后续的深入学习和应用奠定坚实的基础。

炼心:机器学习预测如"一叶知秋",风险模型预警如"未卜先知"

机器学习课程是团队成员能力提升的关键环节。机器学习涉及概率论、统计学、逼近理论、凸分析、算法复杂度理论等多学科知识。通过学习,团队成员应深入了解机器学习的基本概念、算法原理和应用场景,熟练掌握决策树、支持向量机、神经网络等常见算法。

在实际应用中,团队成员可以利用机器学习算法分析企业的销售数据、客户数据、财务数据等。针对销售数据,结合市场趋势和季节因素预测未来销售业绩;针对客户数据,运用聚类算法对客户进行分类,制定个性化营销策略；针对财务数据，构建风险评估模型，预测潜在的财务风险。

悟道：数据战略如"运筹帷幄"，资源调配如"点石成金"

战略数据思维课程培养团队成员的战略眼光和数据驱动决策能力。在数字化时代，数据成为企业的战略资产，团队成员需从战略高度审视数据，理解数据与企业战略的紧密关系，运用数据支持战略决策。

团队成员应学习企业战略规划方法和流程，掌握数据在战略决策中的关键作用和应用场景，运用数据分析工具和方法为企业战略制定、执行、评估提供精准的数据支持。在制定市场拓展战略时，团队成员应通过分析市场、竞争对手和企业自身数据，评估机会和风险，为战略制定提供数据依据，调配资源如同点石成金，助力企业实现战略目标。

警句：无数字刀笔，难绘盛世长卷

在数字化时代，企业如果没有掌握数字技术这把锋利的"刀笔"，就难以描绘企业发展的盛世长卷。这强调了团队成员提升数字化能力的重要性。

3.3 文化破冰——让数据"活水自来"

> 问渠那得清如许？为有源头活水来。
> ——朱熹《观书有感二首·其一》

在构建数据中台驱动的管理会计体系的过程中，数据文化变革如同破冰行动，打破传统观念的束缚，让数据成为企业运营的源头活水，为企业发展注入源源不断的动力。

故事会："听君一席，茅塞顿开"

企业定期举办数据故事会，这是传播数据文化的生动舞台。在一次故事会上，销售总监分享了一段惊心动魄的数据应用历程。在开拓一个新市场时，团队面临巨大的挑战，客户需求不明，竞争对手虎视眈眈。销售总监带领团队深入分析客户行为数据、市场趋势数据以及竞争对手数据。通过精准的数据分析，他们发现了一个潜在的大客户群体，进而针对这个群体的特点制定了个性化的销售策略。最终，团队成功斩获亿元订单。销售总监详细讲述了从数据收集、分析到制定策略的每一个关键环节，以及数据如何在其中发挥了决定性作用。台下的员工们听得聚精会神，仿佛身临其境。这次分享如同一场及时雨，让员工们深刻地感受到数据的巨大力量，许多员工听完后恍然大悟，犹如茅塞顿开，对数据的重视程度和应用热情大幅提高。

黑客赛："百舸争流，激浪创新"

黑客马拉松活动以其独特的魅力激发着员工的创新活力。在一次24小时的黑客马拉松比赛中，主题是开发"库存预警模型"。来自不同部门的员工迅速组队，各展所长。数据工程师负责收集和整理库存数据以及相关的销售数据、市场需求数据等；数据科学家运用机器学习算法构建库存预警模型的框架；管理会计分析师从成本和效益的角度对模型进行评估和优化。

在紧张的24小时内，各团队争分夺秒，不断尝试新的思路和方法。有的团队采用深度学习算法提高模型的准确性；有的团队优化数据处理流程，提高模型的运行效率。最终，多个团队成功开发出具有不同特色的库存预警模型，为企业库存管理提供了创新的解决方案。这场比赛如同百舸争流，激发了员工的创新热情，在企业内部掀起了一股创新的浪潮。

破壁会：打破"财务不懂业务，业务不解数据"僵局，如"天堑化通途"

企业成立跨部门数据治理委员会，定期召开破壁会，致力于打破部门之间的信息壁垒。在一次破壁会上，财务部门提出在成本核算中遇到数据不准确、不及时的问题，导致成本核算偏差较大。业务部门则反馈在制定销售策略时，缺乏财务数据的支持，无法准确评估市场潜力和风险。

经过深入的讨论，大家发现问题的根源在于部门之间缺乏有效的沟通和数据共享。于是，跨部门数据治理委员会制定了一系列措施，包括建立统一的数据标准、优化数据共享流程、加强部门之间的培训交流等。通过这些措施，财务部门与业务部门之间的沟通更加顺畅，数据共享更加高效，打破了"财务不懂业务，业务不解数据"的僵局，曾经的天堑化作了通途。

诗引：活水潺潺处，满园尽芳菲

当数据文化变革成功破冰时，数据就像潺潺的活水在企业内流动起来，企业内部将充满生机与活力，如同满园盛开的芳菲，迎来蓬勃发展的新局面。

终幕：数智未来，长风破浪

> 弄潮儿向涛头立，手把红旗旗不湿。
>
> ——潘阆《酒泉子·长忆观潮》

昔者管仲以"数"治国，早在古代，管仲就深知数据对于国家治理的重要性，通过对人口、土地、物产等数据的统计与分析，制定合理的政策，使齐国走向繁荣。今人借"数"兴企，在当今数字化时代，数据更是企业发展的核心驱动力。当数据文化深入企业血脉，成为每一位员工的思维方式和工作习惯时，企业将拥有强大的竞争力。

企业在数据中台驱动的管理会计体系的支撑下，能够精准洞察市场动态，提前布局，抓住机遇；在面对复杂多变的市场环境时，犹如弄潮儿勇敢地站在涛头，凭借对数据的敏锐把握和运用，手把红旗稳稳前行。无论是战略决策、运营管理，还是创新发展，数据都将为企业提供有力的支持。

当数据文化深入血脉时，企业自可"长风破浪会有时，直挂云帆济沧海"！企业将在数智未来的浪潮中乘风破浪，驶向成功的彼岸，创造更加辉煌的业绩，开启全新的发展篇章。

第五章
CHAPTER 5

数智化转型实战指南：
从蓝图到闭环的四大幕章

序幕　踏上数智化转型的征程

在数字化浪潮席卷而来的今天，企业早已不再纠结"是否要转型"，而是聚焦于"如何成功转型"。数智化转型，这一深刻改变企业运营模式与核心竞争力的进程，绝非简单的技术堆砌，而是一场需要战略眼光、精准执行与持续迭代的系统工程。

本章正是这场征程的实用指南。本章围绕从规划蓝图到价值实现的完整路径，将数智化转型归纳为逻辑清晰、环环相扣的"四大幕章"。如同一场精心编排的演出，每一幕都肩负着独特的使命。第一幕：蓝图规划——为你揭示如何立足全局、明确方向，精准制定转型的基础框架，避开起步阶段的潜在风险。第二幕：落地实施——深入方案执行的核心，探讨如何将规划转化为实际行动，确保转型在企业中真正扎根生长。第三幕：优化提升——阐述如何建立持续优化的机制，在动态环境中灵活调整、解决问题，推动技术与战略的深度融合。第四幕：经验借鉴——汇聚行业智慧，通过案例分析，提炼普适性法则与个性化策略，让前人的经验为您指引方向。

此序幕专为启动您的探索旅程而设，旨在确立本章核心目标：提供一套结构化、可操作的框架，助力企业跨越从规划到落地的鸿沟，最终实现转型价值的验证与闭环。此刻，大幕即将拉开。愿这份实战指南成为您驾驭数智化转型浪潮、驶向成功彼岸的可靠导航。让我们共同走进这四大幕章的精彩世界，探寻数智化转型的密钥。

第一幕 蓝图初绘——规划设计

> 不谋全局者，不足谋一域。
>
> ——陈澹然《寤言二·迁都建藩议》

此句深刻地强调了在数智化转型的进程中，企业务必从整体视角出发，进行精心规划。这一阶段犹如绘制一幅宏伟画卷的草图，尽管尚未着墨过多，但每一笔都对全局有着决定性影响。若不能谋划全局，便难以在局部取得良好的成效。在数智化转型的开篇，规划设计阶段决定了后续行动的方向与框架，是企业实现成功转型的基石。

1.1 明灯指引：转型目标的锚定与风险规避

转型对于企业而言，恰似在茫茫大海中航行，而明确的转型目标就是那座指引方向的灯塔。企业必须紧密结合自身战略定位，精准锚定转型目标，切不可盲目跟风，陷入"盲目上马"的困境。

从战略层面来看，明确转型方向有助于企业将数智化转型与自身的战略目标紧密结合。以一家以创新为核心战略的科技企业为例，其管理会计的数智化转型应聚焦于如何借助大数据和人工智能技术更为精准地剖析研发投入与产出效益，科学评估创新项目的价值与潜在风险，为企业的创新战略提供坚实的数据支撑与决策依据。若该企业在转型过程中未能明确这一方向，盲目追求技术的先进性而忽视与战略的契合度，则可能引入一些与企业实际需求相脱节的数智化工具和系统，不仅无法提升管理会计的效能，反而会提高企业的运营成本和管理复杂度。

从业务层面来看，明确转型方向能够帮助企业准确识别自身在管理会计领域的痛点与需求。不同企业由于所处行业、业务模式、管理水平等方面的差异，其在管理会计上的痛点与需求各不相同。通过明确转型方向，企业可以有针对性地对自身的业务流程进行梳理和分析，找出管理会计流程中存在的效率低下、成本过高、决策支持不足等问题。以某制造企业为例，在明确以提升成本管理效率和精准度为转型方向后，管理会计人员通过深入分析发现，企业传统成本核算方法存在数据收集不及时、分摊标准不合理等问题，导致成本数据失真，无法为定价和成本控制提供准确依据。基于这一明确的转型方向，企业能够有的放矢地制定转型策略，选择合适的数智化技术和解决方案来解决这些问题，如引入作业成本法（ABC），结合大数据分析技术，实现成本的精准核算和有效控制。

明确转型方向还能帮助企业有效规避转型过程中的风险。数智化转型涉及技术选型、系统集成、组织变革、人员培训等多个方面，任何一个环节出现问题都可能导致转型的失败。当明确了转型方向后，企业可以根据这一方向制定详细的转型计划和风险应对措施。在技术选型方面，可以依据自身业务需求和转型目标，选择那些与企业管理会计流程适配度高、稳定性强、具有良好扩展性的技术平台和工具，避免因技术不兼容或不稳定而带来的风险；在系统集成方面，可以连接系统、打破孤岛，统一管理，高效协同，支撑创新，敏捷响应，最终把企业的所有软件"连起来"，让数据"跑起来"，帮业务"快起来"；在组织变革方面，可以围绕转型方向，合理调整组织架构和职责分工，加强部门之间的协同合作，减少因组织变革而带来的内部冲突和阻力；在人员培训方面，可以根据转型方向确定培训内容和重点，提升员工的数智化技能和意识，确保员工能够适应新的工作模式和要求。某制造企业在数智化转型初期，明确将成本控制作为主要目标。企业通过深入分析自身业务流程，引入先进的物联网技术，对生产环节的数据进行实时采集与分析。以往该企业成本核算误差率高达10%，在明确转型目标并采取有针对性的措施后，企业成本核算误差率成功降至3%，有效提升了企业的成本管理水平，增强了企业的市场竞争力。

1.2 痛点掘金：核心任务与需求分析

这一环节的首要任务是对企业现有的管理会计流程进行全面且细致的梳理。这要求深入企业运营的各个环节，涵盖预算编制、成本核算、绩效评估以及决策支持等多个关键领域。以预算编制流程为例，企业需详细分析从预算目标设定、预算草案编制、各部门预算申报、审核与调整，直至最终预算确定与下达的整个流程，明确每个步骤的具体操作、涉及的部门与人员、信息传递路径以及时间节点等。通过这样的深度梳理，企业能够清晰地呈现管理会计流程的全貌，为后续的优化与改进提供坚实的基础。

全面评估现有数据的质量与可用性也是不可或缺的核心任务。数据作为管理会计数智化转型的关键要素，其质量直接影响转型的成效。企业需对数据的准确性、完整性、一致性和时效性进行严格的审查。准确性要求检查数据是否存在错误记录、数据偏差等问题；完整性则关注数据是否缺失关键信息，如成本数据中是否遗漏了某些费用项目；一致性要求确保不同部门、不同系统中相同数据的定义和统计口径一致；时效性要求考察数据的更新频率是否满足管理决策的及时性需求。例如，在成本核算中，如果原材料采购价格数据不准确或更新不及时，则将导致成本核算结果失真，进而影响产品定价和利润分析的准确性。

结合企业的战略目标与业务需求，明确管理会计的关键需求也是极为重要的任务。企业的战略目标是管理会计的行动指南，不同的战略导向会产生不同的管理会计需求。如果企业实施成本领先战略，那么管理会计在成本控制、成本分析方面的需求将更为突出，需要精准地识别成本控制点，深入分析成本结构，寻找降低成本的有效途径；如果企业实施差异化竞争战略，管理会计则需重点关注产品创新成本、客户价值分析等方面，为企业的差异化竞争策略提供有力支持。同时，业务部门的实际需求也是明确管理会计关键需求的重要依据。业务部门在日常运营中面临的问题和挑战（如销售部门对客户盈利性分析的需求、生产部门对生产效率与成本关系分析的需求等）都应成为管理会计关注的重点，以确保管理会计能够切实为业务发展提供有效的决策支持。

运用业务流程挖掘（Process Mining）工具是深入挖掘管理会计流程痛点的有效手段。业务流程挖掘以企业信息系统中的事件日志为数据来源，通过先进的数据挖掘和分析技术，能够自动构建实际业务流程模型，直观展示业务流程的真实运行情况。在管理会计领域，该工具可对预算编制流程、成本核算流程、资金管理流程等进行全方位分析。

以某零售企业为例，其在对采购流程进行深入分析时，借助业务流程挖掘工具发现，高达43%的采购订单需要手工修改。这一问题严重影响了成本核算的准确性，导致成本失真。后续该企业针对这一问题对采购系统进行优化升级，实现了数据的自动采集与实时更新，从根本上解决了手工修改订单的问题，大幅提升了成本核算的精度，为企业的决策提供了可靠的数据支持。

1.3 数据筑基：治理战略三步法

主数据标准化：制定统一且合理的编码规则，如采用"区域码+部门码+项目码"的结构，能够确保企业在不同业务系统和部门之间数据的一致性。以一家跨国制造企业为例，其在全球多个地区设有生产基地和销售网点，涉及大量的供应商、客户、产品等主数据。在未进行主数据标准化之前，不同地区的业务系统对同一供应商的信息记录存在差异，包括名称、地址、联系方式等。这导致在开展采购、销售和财务结算等业务时，数据无法准确匹配和整合，不仅增大了沟通成本和出错概率，还影响了企业对供应链的整体把控和决策的准确性。通过制定主数据编码规则，遵循简洁性、唯一性、扩展性和稳定性的原则，企业有效解决了这一问题。以成本中心的编码规则为例，采用"区域码+部门码+项目码"的结构，能够清晰地标识每个成本中心的所属区域、部门和项目，方便企业进行成本核算、分析和控制。

管控点嵌入：将管理会计的管控点巧妙地嵌入业务流程。以信用等级与账期关联为例，当客户的信用等级发生变化时，主数据系统自动触发账期调整规则，实现对销售业务风险的实时监控与有效预警。在企业的销售业务中，客户的信用状况直接影响着企业的资金回笼和财务风险。主数据系统可以根据客户的历史交易记录、财务状况、信用记录等多维度数据，对客户进行信用评级，将客户分为不同的信用等级，如A、B、C、D等。同时，制定相应的账期调整规则，对于信用等级较高的A类客户，可以给予较长的账期，如60天或90天，以增强客户的忠诚度和合作意愿；对于信用等级较低的D类客户，则缩短账期至30天甚至要求预付款，以降低企业的收款风险。当客户的信用等级发生变化时，主数据系统会自动触发账期调整规则，及时更新客户的账期信息，并将相关信息同步到销售、财务等业务系统中。这样，在销售订单的处理过程中，主数据系统会根据客户的最新账期信息进行校验和控制，确保销售业务的风险可控。

质量基线设定：为关键数据设定严格的质量基线，如成本数据准确性误差率的容忍度设定为≤2%，完整性的容忍度设定为≥95%。设定明确的数据质量基线是数据治理战略设计的关键内容，它为企业的数据管理提供了量化的标准和目标，确保数据能够满足管理会计和企业决策的高质量要求。成本数据作为管理会计的核心数据之一，其完整性和准确性对企业的成本核算、成本控制和定价决策等具有决定性影响。在完整性方面，定义成本数据完整性为所有应记录的成本项目都被准确无误地录入系统，不存在遗漏。设定成本数据完整性的容忍度为≥95%，即允许在一定范围内存在少量的成本数据缺失，但缺失比例不能超过5%。在准确性方面，定义成本数据准确性误差率为实际成本数据与真实成本之间的偏差比例。设定成本数据准确性误差率的容忍度为≤2%，即企业成本数据的误差必须控制在2%的范围内。

1.4 技术选型：ROI 的理性权衡

ROI（投资回报率）模型是评估技术投资效益的重要工具，其通过精确计算预期收益，为企业的技术选型决策提供量化依据。在管理会计数智化转型过程中，ROI 模型主要考虑人力节省、决策优化收益和风险成本降低等因素。

人力节省是 ROI 模型的重要组成部分。其计算公式为：人力节省 = 自动化替代人天 × 人均成本 × 冗余系数（1.2—1.5）。以某企业的财务报表编制工作为例，在引入自动化财务报表生成系统之前，每月编制财务报表需要 5 名财务人员花费 3 天时间完成，人均成本为每天 500 元。引入自动化系统后，自动化替代了大部分重复性工作，仅需 1 名财务人员花费 1 天时间进行审核和调整，自动化替代人天 =（5×3－1×1）= 14(人天)。假设冗余系数取 1.3，则人力节省 = 14 × 500 × 1.3 = 9 100（元/月），每年的人力节省约为 109 200 元。通过自动化技术的应用，企业在人力成本上实现了显著降低，提高了运营效率。

决策优化收益也是 ROI 模型的关键要素。其计算公式为：决策优化收益 = 历史失误损失 × 预测准确率提升比例。某企业在市场决策中由于缺乏准确的数据分析支持，过去每年因市场趋势判断失误而导致的产品滞销和库存积压损失约为 200 万元。在引入先进的数据分析和预测技术后，预测准确率从原来的 60% 提升到 80%，预测准确率提升比例为（80% － 60%）= 20%，则决策优化收益 = 200 × 20% = 40（万元/年）。通过更准确的数据分析和预测，企业能够做出更明智的决策，避免了因决策失误而带来的经济损失，实现了决策优化收益的提升。

风险成本降低同样对 ROI 具有重要影响。在管理会计中，通过运用数字化技术加强风险管控（如实时监控财务风险指标、预测市场风险等），可以有效降低企业面临的风险成本。某企业通过引入风险预警系统，能够实时监控企业的资金流动、信用风险等关键指标。在引入系统前，企业每年因资金链紧张和信用风险而导致的额外融资成本与坏账损失约为 150 万元。在引入系统后，通过及时的风险预警和应对措施，这些风险成本降低了 40%，即风险成本降低 = 150 × 40% = 60（万元/年）。通过降低风险成本，企业的经济效益得到了显著的提升。

将人力节省、决策优化收益和风险成本降低等各项收益相加，即可得到技术投资的预期收益。通过构建这样的 ROI 模型，企业能够清晰地评估不同技术方案的投资回报率，为技术选型提供科学、量化的决策依据，确保在数智化转型过程中实现资源的最优配置，提高企业的经济效益和竞争力。

1.5 输出《技术选型建议书》与《投资回报分析报告》

《技术选型建议书》和《投资回报分析报告》是企业在管理会计数智化转型过程中技术选型阶段的重要成果输出，它们为企业管理层提供了全面、深入的决策参考，有助于企业做出科学合理的技术选型决策。

《技术选型建议书》的主要内容包括对企业管理会计业务需求的详细分析、对不同技术方案的全面评估与比较，以及基于评估结果给出的针对性建议。在业务需求分析部分，深入剖析企业在预算管理、成本核算、绩效评估、决策支持等管理会计关键领域的具体需求，明确各业务环节对技术功能和性能的要求。在评估与比较部分，依据前文所述的选型框架，从成本效益、业务适配性、扩展能力和安全合规等多个维度，对市场上主流的技术方案进行详细评估，详细阐述每种技术方案在各维度的表现，包括TCO（Total Cost of Ownership，总拥有成本）的具体数值、预置分析模型与企业业务的契合度、接口开放性和生态兼容性的特点，以及是否满足国家信息安全等级保护三级认证和GDPR合规要求等。通过对比分析，清晰呈现各技术方案的优势与不足。在建议部分，综合考虑企业的业务需求、技术实力、预算限制以及未来发展战略，为企业推荐最适合的技术方案，并说明推荐理由。

《投资回报分析报告》则聚焦于对技术投资的经济效益评估。报告首先详细阐述ROI模型的构建原理和各项参数的设定依据，使管理层能够清晰理解投资回报的计算逻辑。在计算预期收益时，按照ROI模型的计算公式，分别计算人力节省、决策优化收益和风险成本降低等各项收益。通过实际案例数据的代入，如前文所述的人力节省、决策优化收益和风险成本降低的计算示例，准确计算出技术投资在一定周期内（通常为3—5年）的预期收益。同时，对投资成本进行详细核算，包括技术采购成本、实施成本、运维成本等，明确技术投资的总成本。最后，通过预期收益与投资成本的对比，得出ROI。除了ROI数值，报告还会进行敏感性分析，评估不同因素（如人力成本变动、预测准确率变化等）对ROI的影响程度，为企业管理层提供更全面的投资决策信息。

这两份报告对企业决策具有重要的支持作用。《技术选型建议书》帮助企业管理层全面了解不同技术方案的特点和适用性，避免在技术选型过程中因信息不足或片面而做出错误决策。《投资回报分析报告》则从经济效益的角度，为企业管理层提供了量化的决策依据。通过明确技术投资的预期收益和ROI，管理层能够直观地判断技术投资的可行性和价值，从而合理地分配企业资源，确保管理会计数智化转型的投资能够为企业带来显著的经济效益和战略价值，推动企业在数字化时代实现可持续发展。

第二幕 落地生根——方案实施

纸上得来终觉浅，绝知此事要躬行。

——陆游《冬夜读书示子聿》

在数智化转型的漫漫长路中，精心规划的蓝图虽如璀璨星辰照亮方向，但唯有将方案切实落地实施，才能真正开启企业变革与发展的大门。这一阶段恰似幼苗扎根入土，企业需把前期的规划转化为实际行动，让数智化转型在企业内部深深扎根、茁壮成长。

2.1 数据治理实施

2.1.1 主数据清洗与导入

主数据清洗对确保数据质量至关重要，直接影响数据分析和决策的准确性。系统使用数据清洗工具对收集的主数据进行检查，快速识别错误、重复、缺失等问题；通过数据去重算法，对比关键字段（如姓名、身份证号、联系方式等），合并或删除重复数据记录，避免数据冗余。

对于缺失数据，企业需要根据数据的特点和业务需求选择合适的处理方法。对于一些关键数据字段，如成本中心的区域码、部门码等，如果缺失则会严重影响数据分析的准确性和业务流程的正常运行，企业可采用基于业务逻辑和历史数据的填充方法，通过分析同一区域或部门的其他成本中心数据，结合业务规则，推测出缺失数据的可能值进行填充。对于一些非关键数据字段，若缺失数据量较小，则可直接删除相关记录；若缺失数据量较大，则可采用统计方法（如计算该字段的平均值、中位数或众数）进行填充。

格式不一致的数据也是清洗过程中需要重点关注的问题。在不同的业务系统中，数据的格式往往存在差异，如日期格式可能有"YYYY-MM-DD""MM/DD/YYYY""DD-MM-YYYY"等多种形式，数字格式可能包含千分位分隔符不一、小数点后保留位数不同等情况。针对这些问题，企业需要利用数据格式转换工具，按照统一的标准对数据格式进行规范化处理，确保数据的一致性和可比性。

在完成主数据清洗后，数据导入新系统是关键步骤。在导入时，需遵循新系统的数据结构和存储要求，核对数据字段映射关系，确保数据准确对应新系统字段。因为如果数据字段映射关系存在问题，就会导致某些项目被错误归类或遗漏。对此可建立数据导入验证机制，进行数据完整性和准确性校验。在导入后，需检查数据记录数的一致性，关键字段有无空值或异常值。若发现数据问题，则应及时排查纠正，确保数据质量。

2.1.2 数据质量监控体系搭建

建立数据质量监控机制是保障数据持续准确、可靠的核心举措，它能够实时监测数据质量，及时发现和解决数据问题，确保管理会计数智化转型的顺利推进。

在数据采集环节，设置严格的数据采集规则和校验机制。明确规定数据采集的来源、频率、格式和内容要求，确保采集到的数据符合质量标准。利用数据校验工具对采集到的数据进行实时校验，检查数据的完整性、准确性和一致性。以采集销售数据为例，校验工具自动检查销售额、销售量、销售日期等关键数据字段是否存在空值、异常值或不符合业务逻辑的数据。若发现问题，则及时反馈给数据采集人员进行核实和修正，避免错误数据进入后续处理环节。

在数据存储阶段，建立数据质量监控指标体系，实时监测数据存储状态。设置数据完整性指标，监控记录数和关键字段的完整性；设置数据准确性指标，定期检查数据的一致性，防止数据存储错误或篡改。建立数据备份和恢复机制，确保数据在丢失或损坏时能及时恢复，维持业务的连续性。

实时监控数据质量需使用数据监控工具和技术。通过大数据平台，实时分析海量数据，发现数据质量问题的趋势。建立数据质量预警系统，设定阈值，当数据准确性误差率超过容忍度，如成本数据准确性误差率超过2%时，预警系统发出警报。利用可视化技术，以图表形式展示数据质量监控结果，帮助管理人员快速了解数据状况，发现潜在问题。

数据质量监控体系的核心是及时识别和解决问题。建立问题处理流程，快速定位数据问题源头并采取有效措施。针对准确性问题，检查数据各环节，找出并修正错误原因。对于完整性问题，与业务部门合作补充数据。建立反馈机制，确保问题处理结果反馈给相关人员，实现数据质量的持续改进。

2.2 技术平台搭建与集成

2.2.1 系统部署和配置

部署和配置管理会计系统是实施阶段的关键，关系到系统正常运行和功能发挥。在部署前，需评估硬件环境，确保服务器配置满足系统要求，如处理器、内存、外存和网络带宽。大型企业可能需要高性能服务器集群以保证系统稳定和数据处理能力；还需优化服务器操作系统，安装安全补丁和更新，确保系统安全稳定。

在软件安装过程中，需严格按照供应商提供的安装指南进行操作，确保每个步骤都准确无误；仔细填写各项配置参数，如数据库连接信息、系统端口号、用户权限设置等。

对于一些复杂的管理会计系统，可能还需进行中间件的安装和配置，如应用服务器、消息队列服务器等，以实现系统的高效运行和数据的可靠传输。在安装财务分析系统时，需正确配置与数据库的连接参数，确保系统能够准确地读取和写入财务数据。同时，需合理设置系统的缓存机制和并发处理能力,以提高系统的响应速度和处理效率。

在完成软件安装后,进行系统配置和测试是确保系统正常运行的重要环节。在系统配置方面,需根据企业的管理会计需求,对系统的功能模块进行个性化设置。在预算管理模块,设置预算编制的周期、预算项目的分类和编码规则、预算审批流程等;在成本核算模块,设置成本核算方法、成本分摊规则、成本数据的来源和采集方式等。通过这些个性化配置,系统能够更好地适应企业的业务特点和管理要求。在系统测试方面,系统测试是验证系统功能和性能的关键步骤,包括功能测试、性能测试、安全测试等多个方面。功能测试主要模拟各种实际业务场景,对系统的各项功能进行全面测试,确保系统的功能符合设计要求。在预算编制功能测试中,测试不同部门的预算编制流程、预算数据的录入和修改、预算汇总和审批等功能是否正常;在成本核算功能测试中,测试成本数据的计算是否准确、成本报表的生成是否正确等。性能测试主要评估系统在高并发情况下的响应时间、吞吐量和资源利用率等指标,确保系统能够满足企业未来业务发展的需求。安全测试则重点检查系统的用户认证、权限管理、数据加密等安全机制是否有效,防止系统遭受黑客攻击和数据泄露等安全风险。

2.2.2 与现有系统集成

实现新系统与企业现有业务系统和财务系统的集成是管理会计数智化转型的重要目标之一,系统集成能够打破数据孤岛,实现数据共享,为企业提供更全面、准确的决策支持。在集成前,需要对现有系统进行详细的调研和分析,了解各系统的架构、数据结构、接口规范以及业务流程。通过与业务部门和技术团队的沟通协作,绘制出现有系统的架构图和数据流程图,明确各系统之间的数据交互关系和业务逻辑。对于企业的 ERP 系统,需要了解其财务模块、采购模块、生产模块、销售模块等各个子模块的数据结构和业务流程,以及与其他业务系统的集成情况。

在确定集成需求和方案时,需充分考虑企业的业务特点和管理要求。

根据管理会计的业务流程，确定需要从现有系统中获取的数据和信息，以及新系统需要向现有系统传递的数据。在成本核算中，需从 ERP 系统的采购模块获取原材料采购价格和数量数据，从生产模块获取生产工时和产量数据等；在预算管理中，需将新系统生成的预算数据同步到 ERP 系统中，以便各业务部门在业务执行过程中进行预算控制。根据这些需求，选择合适的集成技术和工具，如 API、中间件、ETL 工具等。对于实时性要求较高的数据交互，可采用 API 实现系统之间的实时数据同步；对于批量数据的传输和处理，可使用 ETL 工具进行数据的抽取、转换和加载。

在数据共享和交互过程中，建立统一的数据标准和接口规范是确保数据一致性和准确性的关键。制定统一的数据编码规则，如物料编码、客户编码、供应商编码等，确保不同系统中相同数据的编码一致。规范数据的格式和传输协议，保证数据在不同系统之间能够准确无误地传输和解析。同时，建立数据同步机制，确保新系统和现有系统中的数据能够实时或定期同步，保持数据的一致性。通过定时任务或事件触发机制，将新系统中更新的财务数据及时同步到 ERP 系统中，确保业务部门能够获取到最新的财务信息。

除了数据集成，还需实现业务流程的集成，使新系统能够与现有系统协同工作，提高业务处理效率。在销售业务流程中，当销售订单在业务系统中生成后，通过集成接口将订单信息自动传递到管理会计系统中，进行成本核算和利润分析；同时，将管理会计系统生成的销售业绩报表和成本分析报告反馈给业务部门，为销售决策提供支持。通过这种业务流程的集成，实现了业务部门与财务部门之间的紧密协作，提高了企业的运营效率和管理水平。

2.3 组织变革与人员培训

2.3.1 管理会计组织架构调整

为了适应数智化管理会计的发展需求，对组织架构进行合理调整是关键之举。传统的管理会计组织架构往往基于职能划分，存在层级过多、沟通不畅、响应速度慢等问题，难以满足数字化时代对数据快速处理和决策支持的要求。因此，构建适应数智化管理会计的组织架构显得尤为重要。

新架构下，数据分析师岗位至关重要。该岗位负责处理管理会计数据，运用数据分析工具和技术（如数据挖掘和机器学习），深入分析成本、销售和预算数据，为决策提供支持。通过分析销售数据，数据分析师能够预测产品销售趋势，制定销售策略和库存计划。此外，数据分析师需与业务部门合作，将分析结果转化为业务建议，优化业务流程。

管理会计系统管理员岗位同样不可或缺。该岗位负责管理会计系统的日常运维和管理，确保系统的稳定运行和数据安全。系统管理员需定期对系统进行性能监测和优化，及时处理系统故障和数据异常情况。在系统升级和功能扩展时，他们负责与技术供应商沟通协调，确保系统能够满足企业不断变化的管理会计需求。同时，系统管理员还需制定与完善系统的操作规范和安全管理制度，加强对用户权限的管理，防止数据泄露和非法访问，保障管理会计系统的安全可靠运行。

除了新增岗位，明确各岗位的职责和协同关系也是组织架构调整的重要内容。财务人员在数字化环境下，不仅要负责传统的财务核算工作，还要积极参与到数据的收集和整理工作中，确保财务数据的准确性和及时性。他们要与数据分析师密切配合，提供财务专业知识和业务场景，帮助数据分析师更好地理解财务数据背后的业务含义，从而进行更有针对性的数据分析。业务人员则需将业务流程中的数据及时准确地录入系统，为管理会计提供丰富的数据来源。他们要与数据分析师和财务人员保持密切的沟通，及时反馈业务需求和问题，共同推动管理会计工作的开展。企业通过明确各岗位的职责和协同关系，打破部门之间的壁垒，实现业务、财务和技术的深度融合，提高管理会计工作的效率和质量，为企业的战略决策提供有力支持。

2.3.2 针对性培训计划制订与实施

为了提升员工在数字化时代的管理会计能力，制订并实施有针对性的培训计划是至关重要的。不同岗位的员工在数智化管理会计转型中扮演着不同的角色，因此其培训需求也各不相同。

对于财务人员而言，提升数字化技能是培训的重点。财务人员需掌握先进的数据分析工具和软件，如 Excel 高级功能（数据透视表、函数公式等）、专业的财务分析软件（SAP BusinessObjects、Oracle Hyperion 等）以及数据可视化工具（Tableau、Power BI 等）。通过学习这些工具，财务人员能够更高效地处理和分析财务数据，将复杂的数据转化为直观的图表和报告，为管理层提供更清晰、易懂的决策支持。同时，财务人员还需深入学习大数据和 AI 技术在管理会计中的应用，了解如何利用大数据技术进行成本预测、风险评估，以及如何借助 AI 算法实现财务流程的自动化和智能化，如自动对账、智能预算编制等。通过这些培训，财务人员能够从传统的财务核算角色向数据分析和决策支持角色转变，更好地适应数智化管理会计的发展需求。

业务人员培训聚焦于管理会计知识，包括成本、预算、绩效等基本概念和方法。培训旨在让业务人员理解管理会计在企业运营中的作用，并学会在工作中运用相关思维和方法，如成本效益分析、客户盈利性分析和成本控制等。此外，培训内容还包括与财务人员和数据分析团队的沟通协作，确保业务数据准确地输入管理会计系统，并从分析结果中提取对决策有用的信息，促进业务部门与财务部门的协同，提升企业的运营效率。

培训方式应多样化，线上课程和线下讲座适用于理论知识学习，同时模拟操作和案例分析适用于实践操作培训。培训后，企业应通过考试和实际操作考核评估员工的学习成果，并收集学员的反馈以优化培训计划，确保员工掌握数智化管理会计知识和技能，支持企业转型。

第三幕　精益求精——持续优化

> 千磨万击还坚劲，任尔东西南北风。
>
> ——郑燮《竹石》

在数智化转型这场没有硝烟却充满挑战的持久战中，企业绝不能因取得阶段性成果而沾沾自喜、故步自封，而应如郑燮笔下那历经千磨万击仍坚韧挺立的竹子一般，无论面对怎样的艰难险阻与复杂环境，都始终坚定地持续优化自身的数智化体系。这一阶段对于企业在数智化浪潮中稳健前行并实现可持续发展起着决定性作用。企业应通过短期的快速响应与修复，及时解决系统运行过程中的各类问题，保障数智化管理会计系统的稳定高效运行；同时，借助长期的战略融合与技术革新，深度挖掘数智化潜力，为企业创造更大的价值，全方位提升企业在新时代的竞争力。

3.1　短期优化：快速响应与修复

3.1.1　监测指标

系统响应时间作为衡量系统性能的关键指标之一，在数智化管理会计系统的实际运行中具有举足轻重的地位。初始系统响应时间可能因多种因素而较长，如上文提及的系统部署和配置方面，服务器硬件配置不足、软件代码优化欠佳等都可能导致系统响应迟缓。若系统响应时间长达 5 秒，则对于争分夺秒的企业运营而言，无疑是一个巨大的阻碍。财务人员在查询财务数据以进行成本核算、预算分析时，长时间的等待会严重影响工作效率；业务人员在获取管理会计相关信息以用于决策支持时，迟缓的响应可能导致错失市场机遇。通过对系统架构进行全面剖析，深入研究代码逻辑，合理调配硬件资源（如优化数据库查询语句、减少不必要的数据检索，以及合理分配服务器资源从而确保关键业务模块得到充足的计算资源等），系统响应时间能够显著缩短，在理想情况下，可大幅优化至 2 秒，极大地提升了用户体验，加速了业务流程运转。

数据准确性同样是不容忽视的核心指标。在数智化管理会计系统中，数据需在不同的业务系统之间频繁地传输与交互，数据接口映射错误极易出现。以成本数据传输为例，从生产系统传输至管理会计系统时，依据上文数据治理实施部分的描述，若接口映射存在问题，则可能导致某些成本项目被错误归类或遗漏。原本应归属于直接材料成本的部分费用因接口映射错误而被归入间接制造费用，将严重扭曲成本核算结果，使企业对产品成本的认知出现偏差，进而影响产品定价、利润评估等一系列关键决策。企业必须建立严格且完善的数据准确性监测机制，定期运用数据校验工具对数据进行全面核对与校验，及时察觉并纠正接口映射错误，确保数据在各个系统间准确无误地传输与对接，为后续的数据分析和决策筑牢坚实可靠的数据根基。

3.1.2 案例

某企业在数智化转型的征程中，初期遭遇了严重的性能瓶颈，给企业的日常运营带来了诸多困扰。专业技术团队经深入排查，发现服务器内存不足以及算法效率低下是两大主要症结。这与上文中的系统部署和配置相关内容相呼应。该企业的服务器内存仅为 16 GB（千兆字节），随着业务数据量的不断攀升以及管理会计系统功能的逐步拓展，内存资源捉襟见肘，无法满足系统高效运行的需求。同时，关键业务流程所涉及的算法（如库存管理中的库存计算算法）过于复杂且耗时，在处理大量的库存数据时采用了较为烦琐的数据结构和计算逻辑，导致库存管理系统响应迟缓，从发出查询指令到获取结果往往需要长达 8 秒的时间。面对这一困境，企业果断采取行动。一方面，将服务器内存从 16 GB 扩充至 32 GB，大幅提升了服务器的数据存储和处理能力。另一方面，对库存计算算法进行全面优化，采用了更高效的数据结构（如哈希表等），降低了数据查找和匹配的时间复杂度；同时，优化计算逻辑，避免了不必要的重复计算。通过这一系列措施，该企业的库存管理系统响应时间从原本的 8 秒大幅缩短至 3 秒。这一显著优化不仅提升了库存管理效率，使库存数据能够及时更新与准确呈现，为企业的采购、生产等环节提供了有力支持，还为企业在供应链管理、成本控制等方面的决策提供了及时准确的数据依据，成功突破了性能瓶颈，为企业的数智化转型注入了强大的动力。

3.2 长期演进：战略融合与技术革新

3.2.1 战略融合

将预算精准且细致地分解至各个部门，并实现对预算执行情况的实时动态跟踪，是企业将数智化管理会计与企业战略紧密融合的关键举措。这与上文中的组织变革及人员培训部分有所关联。以某制造企业为例，该企业依据自身战略目标，将年度预算按照不同业务部门的职能和业务范围进行了深度分解，采购部门、生产部门、销售部门等各个部门都被赋予明确且具体的预算指标。

采购部门利用数智化管理会计系统实时跟踪预算执行情况，通过对采购数据的实时监测与分析，敏锐地发现采购成本过高这一问题。基于此，采购部门借助系统提供的详细的成本分析数据，与供应商重新展开谈判，成功争取到更有利的采购价格；同时，优化采购流程，减少不必要的中间环节，降低采购成本。经过一系列努力，企业成功地将采购成本降低了 10%。

生产部门依据预算和实际生产情况，利用管理会计系统提供的数据分析功能，合理安排生产计划。通过对生产设备利用率、原材料消耗等数据进行分析，优化生产排班，提高设备运行效率，减少了资源浪费。

销售部门则根据预算调整销售策略，借助管理会计系统对客户盈利性的分析结果,加大对高利润产品的推广力度,精准定位目标客户群体,实现了销售收入的增长。

通过预算与部门业务的深度融合,企业依据实时数据及时洞察运营过程中的问题与机遇,灵活调整运营策略,确保企业战略目标得以顺利实现。

3.2.2 技术升级

在技术革新的浪潮中,企业积极拥抱先进技术,为提升管理会计水平开辟新路径。AI 技术的引入为预算编制工作带来了革命性变革。根据上文对数据分析技术的阐述,AI 技术能够对企业历史数据、市场趋势以及业务计划等多维度海量数据进行深度学习和精准分析。通过构建复杂的机器学习模型,AI 算法能够精准预测不同业务场景下的预算需求。在预测销售预算时,AI 算法会综合考虑历史销售数据、市场动态、竞争对手情况以及企业自身的销售策略调整等因素,生成更为合理、准确且贴合实际的预算方案。与传统人工编制预算相比,AI 编制预算大大降低了主观性和误差率,提高了预算的科学性和可靠性。

区块链技术凭借独特的防篡改特性为管理会计数据安全提供了坚如磐石的保障。在财务数据存储与传输过程中,借助区块链的分布式账本和加密算法,每一笔数据都被记录在多个节点上,且经过复杂的加密处理。以供应链成本核算为例,从原材料采购环节开始,采购价格、数量、供应商信息等数据被记录在区块链上;在生产环节,生产过程中的各项成本(如人工成本、设备折旧等)也被实时记录;直至产品销售环节,销售价格、销售渠道等数据同样被纳入区块链账本。任何修改数据的企图都会被其他节点察觉,因为修改一个节点的数据无法同步到其他所有节点,从而保证了成本数据的真实性和可靠性,为企业的成本核算和财务审计提供了不可篡改的依据。

云计算技术的实时分析能力为企业应对海量数据挑战提供了强大支撑。企业可将管理会计数据存储在云端,借助云计算平台强大的计算资源和先进的数据分析工具对实时产生的财务数据、业务数据进行即时分析。在市场竞争瞬息万变的环境下,企业可以根据云计算实时分析的结果,迅速调整销售策略。当平台分析发现某一地区某类产品销售增长迅速时,企业可以及时调配资源,加大对该地区该产品的推广和供应力度;同时,通过对成本数据的实时分析,优化成本结构,降低运营成本。例如,当企业发现某一生产环节成本过高时,可以通过云计算平台的数据分析工具深入挖掘原因,采取有针对性的措施降低成本,从而提升企业的市场竞争力。

第四幕　他山之石——案例复盘

> 操千曲而后晓声,观千剑而后识器。
>
> ——刘勰《文心雕龙·知音》

这句诗深刻地揭示了实践与经验积累的重要性。在企业管理会计数智化转型的进程中,就如同演奏千首乐曲后才能真正领悟音乐的真谛,观察千把宝剑后才能辨识其优劣,广泛深入地研究众多案例,通过对不同行业、不同规模企业转型案例的复盘,企业能够汲取宝贵经验,明晰前行方向,少走弯路,更高效地推进自身的数智化转型。

4.1　行业对标:三大领域转型启示

4.1.1　制造业

在制造业领域,数智化转型为企业带来了显著变革。以某汽车制造企业为例,企业通过引入物联网与大数据技术,构建起了一套智能生产管理体系。生产线上的设备均配备传感器,这些传感器如同敏锐的触角,实时采集设备运行数据(如温度、压力、转速等)。借助物联网技术,这些数据被源源不断地传输至大数据分析平台。在这个平台上,先进的算法对数据进行深度挖掘与分析,进而实现设备的预防性维护。系统能够根据历史数据和实时监测数据精准预测设备可能出现故障的时间点。以往,设备故障常常毫无预兆地发生,导致生产中断,给企业造成巨大的损失。如今,通过预防性维护策略,在设备故障发生前,企业便能安排专业技术人员进行维护和保养。经统计,采用智能生产管理体系后,该企业设备故障停机时间减少了60%。这不仅保障了生产的连续性,大幅提高了生产效率,还降低了因设备故障而产生的高额维修成本以及设备损耗,从多方面提升了企业的竞争力。

4.1.2 零售业

在数智化转型浪潮中,零售业积极运用数据挖掘与 AI 推荐技术,实现了业绩的显著提升。某知名电商企业通过运用数据挖掘技术,对海量的消费者购买历史数据进行深度剖析,精准洞察消费者的购买偏好、消费习惯以及潜在需求,将消费者细分为不同的群体。基于这些分析结果,企业借助 AI 推荐技术,为消费者提供个性化的商品推荐服务。当消费者登录电商平台时,系统会根据其过往行为和所属消费群体特征,在页面上精准展示符合其兴趣的商品。这一举措成效斐然,消费者购买商品的客单价提升了25%。同时,在库存管理方面,企业利用数据挖掘技术分析销售趋势,结合 AI 技术预测各类商品的销售需求,实现了库存的动态管理,库存周转率提高了30%,有效降低了库存积压导致的资金占用成本和商品损耗成本,减少了因缺货而造成的销售机会损失,提升了企业的运营效率和经济效益。

4.1.3 金融业

在金融业领域,区块链与 AI 技术的应用为企业带来了质的飞跃。某大型银行利用区块链技术,构建了安全可靠的客户信息管理系统和交易平台。区块链的分布式账本与加密算法确保了客户信息的安全共享和不可篡改,各个部门之间能够安全顺畅地流通客户信息,同时保证信息的真实性和完整性。

在风险管控方面，银行运用 AI 技术对海量的金融数据（涵盖市场数据、客户信用数据、交易数据等）进行实时分析。AI 技术能够及时精准地识别潜在风险点，一旦发现风险，风险预警系统就会迅速发出警报，银行随即采取相应的风险控制措施，如调整投资组合、加强资金监管等。通过这些举措，该银行的客户流失率降低了 20%，极大地提升了风险管控能力和客户满意度，在竞争激烈的金融市场中占据了更有利的地位。

4.2 通用法则与个性策略

4.2.1 通用法则

数据治理是基石：数据治理在数智化转型中起着根本作用。企业必须建立统一的数据标准，明确每个数据字段的定义、取值范围和格式等。不同业务系统和部门之间的数据标准不一致，会导致数据流通不畅。统一数据标准能确保数据在企业内部自由流通、共享。同时，数据清洗和去重工作不可或缺，企业应去除错误和冗余数据，提高数据的准确性和可用性，为后续的数据挖掘和分析奠定可靠的基础。此外，加强数据安全保护至关重要，企业应采用加密技术、访问控制技术建立严格的数据访问权限制度，定期进行数据安全审计，防止数据泄露和滥用，保障企业的核心利益。

技术选型需适配：企业在选择数字化技术时不能盲目追求先进，而应紧密围绕自身业务需求和战略目标，全面评估技术方案，从成本效益、业务适配性、扩展能力和安全合规等维度深入分析。成本效益要考虑长期成本和潜在收益；业务适配性要确保技术契合业务流程；扩展能力要满足企业未来发展；安全合规要符合法规要求。综合考量后，选择最适合企业发展的技术方案，并注重技术的集成和应用，形成完整的数字化解决方案。

组织协同不可缺：数智化转型需要打破传统部门壁垒，建立高效的跨部门协同工作机制。企业应促进业务、财务和技术的深度融合，提高企业的整体运作效率。同时，企业应加大对人才的培养和引进力度，培养既懂管理会计又懂数字化技术的复合型人才；通过组织培训、内部交流、外部学习等多种方式，提升员工的数字化技能和意识，为转型提供坚实的人才支持。

4.2.2 个性策略

大型企业：大型企业集团业务复杂、数据量大，需建立数据中台，实现数据的集中管理和共享。以某集团为例，其旗下拥有多个子公司，业务涉及多个领域。通过建设数据中台，整合各子公司的财务数据，集团实现了对集团财务的统一管控。数据中台能够对海量数据进行实时处理和分析，为集团决策提供准确的数据支持。在建设过程中，集团克服了数据不兼容、数据传输速度慢等难题，确保了系统的扩展性和稳定性，满足了集团未来业务发展的需求。

中小型企业：中小型企业资源有限，在转型过程中，应优先选择轻量级、易实施的数智化解决方案。某中小企业采用财务云服务实现了财务核算的自动化和信息化。该云服务操作简便，员工无须复杂培训即可上手。通过该平台的数据分析功能，企业能够实时监控成本和资金状况，有效提升了财务管理水平，成本降低了15%。轻量级方案契合中小型企业实际情况，能够帮助它们以较低的成本解决关键问题，逐步推进数智化转型。

4.3 转型箴言：启示与行动建议

4.3.1 规划阶段

跨部门调研：企业在转型规划阶段应组建跨部门团队，涵盖财务、业务、信息技术等专业人员。以一家科技企业为例，其以创新驱动业务发展，在转型规划时，跨部门团队深入调研，结合企业战略目标，聚焦研发成本管理、创新项目投资回报率评估以及知识产权价值管理等重点领域。通过跨部门协作，全面了解企业需求，团队制定出更具针对性和可行性的转型方案。

试点先行：先选择部分业务领域或部门进行试点。在试点过程中，企业能够积累经验，及时发现问题并调整方案。科技企业可先在某一研发项目中试点数智化管理会计应用，通过试点成功经验，再逐步推广至其他项目和部门，确保转型平稳过渡。

4.3.2 实施阶段

强化数据安全：数据安全是数智化转型的重要保障。企业应采取多种措施确保数据安全，如通过加密技术确保数据在传输和存储过程中的安全性、通过权限管控明确不同人员对数据的操作权限。同时，企业应建立数据安全审计机制，定期检查数据安全状况，及时发现并解决潜在的安全问题，防止数据泄露。

注重员工激励：员工是转型的关键推动者。企业应建立激励机制，对在数智化转型过程中表现突出的员工给予表彰和奖励。通过激励机制，激发员工的积极性和创造力，让员工积极参与到转型工作中，为转型成功提供人力支持。

"路漫漫其修远兮，吾将上下而求索。"（屈原《离骚》）数智化转型是一个漫长且充满挑战的过程，并非一朝一夕能够完成。企业在这一征程中唯有坚定地锚定目标，一步一个脚印，扎实推进每一项工作，才能在激烈的时代浪潮中突出重围，站稳脚跟。

第六章
CHAPTER 6

数据交响曲：
制造业的涅槃重生

序幕　车间里的数字觉醒

在长江三角洲地区，制造业正经历迅猛的发展。凌晨三点，位于芜湖经济技术开发区的一家机床加工车间仿佛被数据的光辉环绕，变成了一座神秘的未来工厂。在车间内，200台CNC（数字控制）机床整齐排列，它们的金属躯体在柔和的灯光下散发出浓郁的工业气息。此刻，这些机床仿佛一群训练有素的乐师，在数据那根无形却极具魅力的指挥棒下，演奏出一首精密制造的宏伟交响曲。机床启动发出的低沉而规律的嗡嗡声，机械臂迅速伸展并精确定位时带动空气产生的呼呼声，以及刀具与零件接触时产生的细微摩擦声，相互交织、相互呼应，共同编织成这首独特乐章的旋律。

这并非仅存在于科幻电影中的虚构情节，而是A公司在管理会计数智化转型浪潮的冲击下所经历的真实变革。随着首台机床的物联网传感器启动，这些传感器宛若灵敏的触角开始搜集机床的加工时间、能耗、刀具磨损等所有细微的运行数据，从而使得原本细小的数据流汇聚成澎湃的江河。这一微不足道却具有划时代意义的行动仿佛为传统制造业注入了新鲜的血液，一场影响深远、重塑行业格局的变革正悄然展开，推动企业从传统制造模式迈向数字化、智能化的未来。

第一幕　暗流汹涌——传统制造业的困局

1.1　成本迷雾：利润的隐形杀手

1.1.1　场景特写：成本波动下的企业困境

在 A 公司的财务部办公室里，昏黄黯淡的灯光弥漫着压抑的氛围。王主任满脸疲惫与焦虑，眉头紧锁，仿佛承载着企业沉重的压力。他的目光紧紧锁定在面前的月度报表上，那刺眼的 10% 成本误差率宛如一层浓厚且难以驱散的迷雾，将企业真实的成本状况严严实实地遮蔽，让他陷入深深的迷茫与困惑之中。

以同样规格的曲轴为例，其成本在 1 200—1 320 元剧烈波动，如同坐过山车一般起伏不定。这种极度不稳定的成本状况使得产品定价仿佛在黑暗中盲目摸索，完全失去方向。企业在制定产品价格时，由于无法精准地把握成本，因此只能依靠模糊的估计和过往经验。这无疑大大增加了定价失误的风险。一旦定价过高，产品在市场上就会因价格缺乏竞争力而导致销量下滑；若定价过低，则企业的利润空间将被严重压缩，甚至可能陷入亏损销售的困境。企业对利润的精准把控变得遥不可及，每一次定价决策都如同一场充满未知风险的赌博。稍有不慎，企业便可能因成本误判而在激烈的市场竞争中陷入被动，错失宝贵的发展机遇。

1.1.2　数据解剖：能耗黑箱吞噬利润

能耗黑箱问题在企业内部犹如一头潜藏的巨兽，其严重性超乎想象，A 公司的能源消耗成本占产品总成本的比重高达 15%，吞噬了利润空间。借助专业监测设备深入探测，A 公司震惊地发现，某台机床在深夜时分的耗电量竟是白天的 1.3 倍。在寂静的夜晚，这台机床为何会比白天消耗更多的电量，导致电能被白白浪费？

然而，由于长期缺乏有效的监测手段，A 公司对这一能源浪费现象一直浑然不觉。在传统的能源管理模式下，公司无法实时获取设备的能耗数据，也难以对不同时段、不同设备的能耗情况进行深入的分析。这导致公司在能源消耗成本控制方面毫无头绪，只能任由能源浪费现象频发，能源消耗成本不断攀升。如此一来，公司的利润根基被严重侵蚀，可持续发展的道路也受到重重阻碍。

1.1.3　行业痛点：传统成本核算工具的局限

麦肯锡的一份研究报告显示，高达 85% 的中小制造企业在成本核算这一关乎企业生存与发展的关键环节，仍依赖 Excel 这一传统工具艰难前行。在这些企业中，财务人员每天耗费大量的时间手动录入各类数据，在密密麻麻的表格中进行繁杂的计算。

人工操作存在诸多局限性，数据的准确性极易受到人为因素的干扰，如数据录入错误、计算失误等。而且，这种手工核算方式效率低下，及时性更是难以保证。在市场瞬息万变的当下，一旦市场情况快速变化，这些企业往往就会因无法及时、准确地核算成本而难以迅速做出合理的决策。比如，当原材料价格突然上涨时，企业若不能及时、准确地核算成本，就无法及时地调整产品价格，从而导致利润受损；当市场需求发生变化时，企业若无法依据准确的成本数据调整生产计划，就可能造成库存积压或缺货等问题。这些企业在激烈的市场竞争中逐渐处于劣势，生存与发展面临严峻的挑战，迫切需要探寻新的成本核算方式来提升竞争力。

1.2　排程迷宫：效率的死亡螺旋

1.2.1　戏剧冲突：紧急插单扰乱生产节奏

在 A 公司的生产车间里，紧急插单常常降临，恰似一阵又一阵始料未及的风暴，无情地打乱原本就不够合理的生产节奏。每次紧急插单一来，生产线就得被迫切换。这就好比一支正在舞台上激情演奏的交响乐团毫无征兆地被要求瞬间更换曲目。车间内瞬间乱作一团，工人们手忙脚乱地忙着调整设备、更换工装夹具、重新准备原材料。这种混乱的局面严重地干扰了正常的生产秩序，还带来了巨大的经济损失。经精确统计，A 公司每年因紧急插单致使生产线切换而造成的损失高达 3 000 万元。这些损失包含设备频繁启停导致的加剧磨损成本、生产线切换时因时间浪费而造成的生产延误成本，以及为应对插单而额外投入的人力、物力成本等，它们就像一把把尖锐的刀，不断削减企业的利润空间。

1.2.2 数字造影：设备利用率低造成资源浪费

更为严峻的是，A 公司的设备利用率仅为 70%，这一数字背后是生产资源的严重浪费。以价值千万元的德国机床为例，它每天竟有 7 小时处于闲置状态，好似一位沉睡的巨人。这台先进的机床本应在生产中大展身手，却因不合理的生产排程而长时间静静地矗立在车间。其高昂的购置成本、日常维护成本以及占用的空间资源都在悄然消耗公司的资源，却未能创造出应有的价值。大量的生产资源就这样白白浪费，致使公司生产成本居高不下，在市场竞争中优势渐失，陷入效率低下的恶性循环，仿佛走进了一座难以走出的迷宫。

1.3 质量黑洞：信任的慢性毒药

1.3.1 惊心数据：缺陷率影响生产与声誉

在产品质量方面，A 公司面临极大的挑战，5% 的缺陷率如同高悬头顶的定时炸弹，随时可能爆炸，给公司沉重一击。按此缺陷率计算，平均每 20 件产品就有 1 件需返工。返工过程不仅耗费大量的人力，要安排专业工人修复缺陷产品，还需投入额外的物力，比如更换零部件、使用更多的生产材料等。这既严重地影响了生产效率，延长了生产周期，又极大地损害了公司声誉。每一件缺陷产品流入市场，都可能引发客户对产品质量的质疑，逐渐侵蚀客户对公司的信任，如同慢性毒药，缓慢却深刻地影响着公司在市场中的形象与地位。

1.3.2 追溯困境：质量追溯难影响客户满意度

当面临质量问题追溯时，A公司仿佛踏上了一场艰难的侦探之旅。日本客户曾因产品质量问题而提出索赔，这一事件给A公司敲响了警钟，让公司深切意识到质量追溯体系的薄弱。工程师们在接到任务后，面对堆积如山的纸质文档，只能像大海捞针一般艰难地寻找线索。他们花了整整72小时在那些杂乱无章的纸质文档里苦苦搜寻，试图确定质量问题根源。如此漫长的追溯时间极大地影响了公司对客户的响应速度，让客户在等待中不断累积不满情绪，严重降低了客户的满意度。这不仅可能导致该客户未来订单的流失，还可能通过客户间的口碑传播对公司的市场拓展产生负面影响，进一步阻碍公司发展。

第二幕　数字炼金——数据中台的魔法时刻

2.1　数据中台：破局者桥梁

"千淘万漉虽辛苦，吹尽狂沙始到金。"（刘禹锡《浪淘沙》）在A公司发展的征程中，成本迷雾、排程迷宫以及质量黑洞等难题宛如重重山峦，阻碍着公司前行的道路。为了冲破这些困境，企业毅然踏上基于数据中台驱动的管理会计数智化转型之路，精心搭建数据中台架构，力求实现生产数据的全面、实时采集，宛如在黑暗中探寻光明的方向。

A公司在充分了解并仔细分析自身情况后，所构建的数据中台架构采用了［边缘计算层］→［数据湖存储］→［流式计算引擎］→［成本分析模型］的模式。各层之间紧密协作，相辅相成，恰似一场和谐的交响乐演奏，为公司的管理会计赋予了强大的数据支持与分析能力。

边缘计算层作为数据中台架构的根基，恰似扎根于大地的树根，直接与生产设备相连。它肩负着对采集到的海量数据进行初步处理和筛选的重任。在企业车间，边缘计算层部署在机床附近，仿若为机床配备了一位聪慧的助手。它能实时接收传感器采集到的加工时间、能耗、刀具磨损等丰富数据。借助边缘计算技术，A公司如同拥有了一双锐利的眼睛，可以对这些数据进行实时分析与处理，迅速过滤掉无效数据和异常数据，有效地减少了数据传输量，极大地提升了数据处理效率。不仅如此，边缘计算层还具备实时监测和预警设备运行状态的能力，当发现设备出现异常时，能够及时发出警报，通知相关人员迅速处理，全力保障生产的安全与稳定，可谓生产线上的忠诚卫士。正如古诗所云："居高声自远，非是藉秋风。"（虞世南《蝉》）边缘计算层虽处于底层，但凭借自身强大的功能发挥着至关重要的作用。

经过边缘计算层处理后的数据如涓涓细流汇入数据湖这片广阔的天地。数据湖宛如一个巨大的"数据宝库"，能以原始格式存储各类数据，涵盖结构化数据、半结构化数据和非结构化数据。A公司的数据湖中存储着来自传感器、MES（制造执行系统）、ERP系统等多个数据源的数据。这些数据如同繁星点点，按照一定的规则分类存储，以便后续查询与分析。数据湖的存在恰似连接数据孤岛的江河，实现了数据的集中管理与共享，为公司的数据分析和应用提供了丰富的数据资源，成为公司发展的宝贵财富。

流式计算引擎则宛如一位敏捷的舞者，在数据湖的数据海洋中翩翩起舞，负责对其中的数据进行实时计算和分析。A公司采用的先进流式计算引擎拥有神奇的魔力，能够对实时采集到的数据进行快速处理与分析，及时洞察生产过程中的问题和潜在风险。流式计算引擎通过对流式数据的分析，实时监控设备运行状态、生产进度、质量指标等关键信息，当发现异常情况时，能够及时发出预警信息，宛如吹响紧急号角，通知相关人员迅速应对。流式计算引擎还能对数据进行实时聚合和统计，为公司决策提供实时数据支持，成为公司决策的得力助手。

成本分析模型作为数据中台架构的核心应用层，宛如皇冠上的明珠，基于数据湖中的数据和流式计算引擎的分析结果，构建起智能成本控制模型。此模型如同一位精准的会计师，能够实时计算单件成本。通过对材料成本、机器工时成本、能源消耗成本、质量成本、人工成本等多个成本因素的综合考量与深入分析，此模型能够准确计算出每件产品的成本，使得误差率降至1%，大大提升了成本核算的准确性。成本分析模型还能对成本数据进行深度剖析，挖掘成本变动的原因和规律，为公司的成本控制和决策提供有力支撑。例如，通过对成本数据的分析，发现某条生产线的能源消耗成本过高，进一步探究发现是设备老化和运行效率低下所致，公司便可据此制订设备更新和节能改造计划，降低能源消耗成本，恰似为公司找到了开启成本控制大门的钥匙。

A公司在实施这一策略时，秉持着"纸上得来终觉浅，绝知此事要躬行"的理念，采取先试验后普及的方法。鉴于CNC机床在生产过程中的核心地位，其操作数据对于公司成本管理、效率提升和质量监控至关重要。于是，A公司选择CNC机床生产线作为数智化转型的起点。公司在200台CNC机床上安装了传感器，这些安装了传感器的机床在车间内仿若被赋予了灵敏的"神经末梢"。机床上的传感器如同不知疲倦的勤劳蜜蜂，每秒能收集到10万条关于加工时间、能耗、刀具磨损等的信息，并与MES集成，获取工单进度和QC（品质控制）质检结果。这些海量的实时数据被发送到数据中台，经过边缘计算层的初步处理和筛选后存入数据湖，再由流式计算引擎进行实时计算和分析，为智能成本控制模型提供了精确的数据支持，实现了单件成本的即时计算。利用以下Python代码，公司可以完成对机床数据从实时采集到支持决策的过程，具体代码功能如表6-1所示。

表6-1 代码功能

代码内容	代码功能
import time	导入Python标准库的时间模块，用于获取时间戳
def collect_machine_data():	定义一个名为collect_machine_data的函数，用于执行数据采集任务
while True:	启动一个无限循环，持续不断地采集数据

(续表)

代码内容	代码功能
timestamp = time.strftime("%Y-%m-%d %H:%M:%S")	获取当前精确到秒的时间戳（格式：年-月-日 时：分：秒）
energy = read_energy_sensor() # 实时捕捉0.01千瓦时电能的细微变化	调用函数读取能耗传感器数据，精度达0.01千瓦时，提供精确的能源消耗信息
vibration = get_vibration_level() # 精准监听设备运行时的微妙失调	调用函数获取设备振动水平数据，用于检测异常振动并预判潜在故障
tool_wear = measure_tool_wear() # 精确感知刀具在使用过程中的损耗节奏	调用函数测量刀具磨损量，掌握刀具损耗状态，为损耗成本计算和维护计划提供依据
send_to_data_platform(timestamp, energy, vibration, tool_wear)	将采集到的时间戳、能耗、振动、刀具磨损数据打包发送至数据中台

在这段代码中，read_energy_sensor 函数能够精确地实时捕捉到 0.01 千瓦时电能的细微变化，为管理会计人员和车间主任提供准确的能耗数据，有助于分析能源消耗成本在生产过程中的消耗情况，从而为成本控制提供数据支撑。get_vibration_level 函数能够精准监听设备运行时的微妙失调，通过对这些数据的分析，管理会计人员和车间主任可以评估设备的运行状态，提前预判可能出现的设备故障，避免因设备故障而导致的生产中断，降低生产损失。measure_tool_wear 函数能够精确感知刀具在使用过程中的损耗节奏，对于管理会计人员计算刀具损耗成本以及制定合理的刀具更换预算具有重要意义。通过对这些数据的收集和分析，管理会计人员能够为公司的生产决策提供更全面、准确的信息，助力公司优化生产流程，降低生产成本。

机床设备数据从实时采集到支持决策的流程如图 6-1 所示。

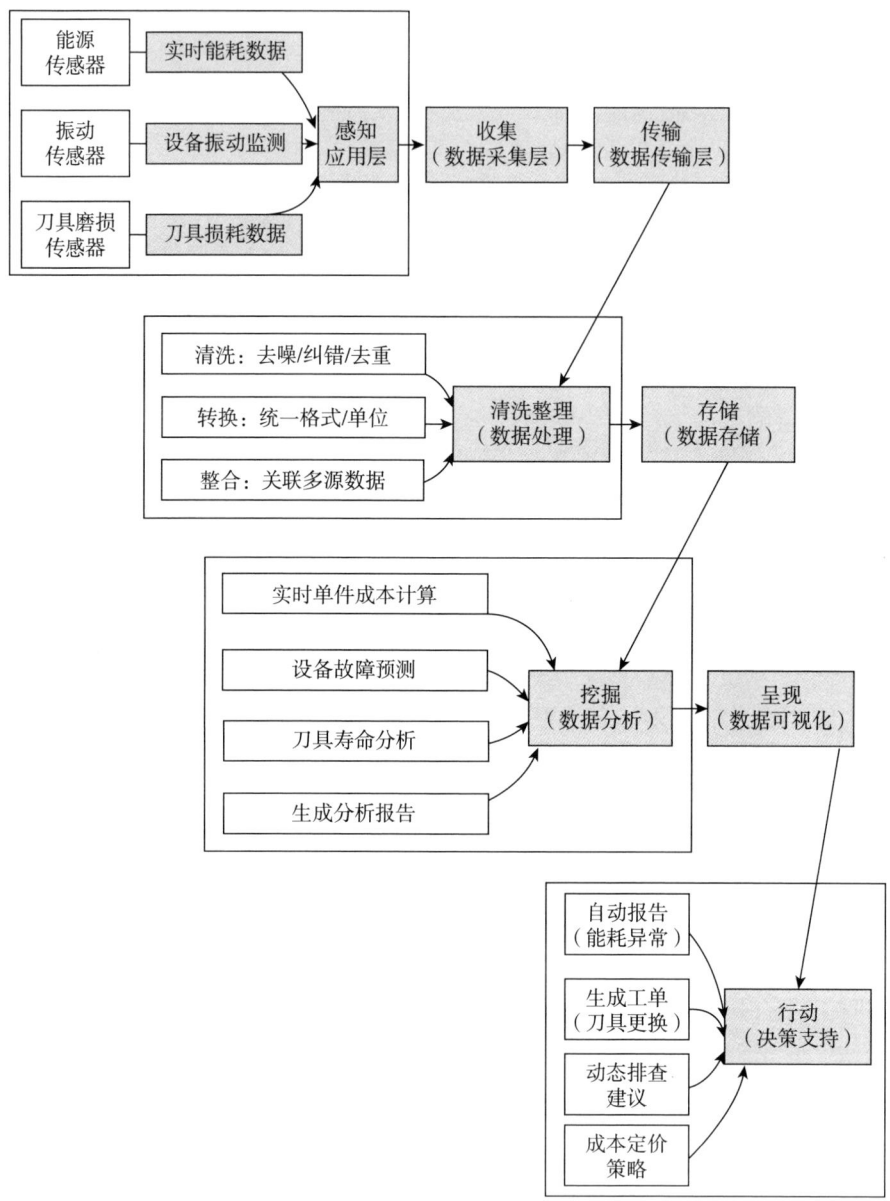

图 6-1 数据中台流程（基于机床设备数据示例）

图 6-1 清晰地展示了机床设备产生的数据如何从底层传感器采集，经过数据中台的层层处理，最终转化为支持管理决策的洞察的完整旅程。整个过程分为八个层级：

(1) 应用层（数据来源：机床设备）。

具体步骤：在机床设备上安装三种关键的传感器，这是数据的起点。

能源传感器：实时监测机床能源消耗，精确捕捉每一千瓦时电能（甚至细微到 0.01 千瓦时）的使用情况（作用：了解能耗成本）。

振动传感器：持续监听机床运行时的振动水平。异常的振动模式可能预示着设备故障或性能下降（作用：监控设备健康状态）。

刀具磨损传感器：实时测量刀具在使用过程中的磨损程度。刀具过度磨损会直接影响加工精度和产品质量（作用：监控刀具状态，预测更换需求）。

通俗理解：就像给机床设备装上了"感觉器官"，专门负责"感受"它的用电量、身体"抖动"情况和"工具"的磨损程度。

(2) 数据采集层（数据汇聚点）。

具体步骤：接收来自上述所有传感器（能源、振动、刀具磨损）的原始数据流。其核心任务是将这些来自不同传感器、格式可能各异的数据进行初步的"整理打包"。

通俗理解：想象一个"收件员"或"分拣员"，它守在机床旁边，把所有传感器发来的杂乱信息（用电报告、振动报告、工具磨损报告）收集起来，初步整理成一个个规整的"包裹"（统一格式的数据包），方便后续运输和处理。

(3) 数据传输层（信息高速公路）。

具体步骤：数据传输通道（如企业网络、工业总线、MQTT/Kafka 等消息队列）接收来自数据采集模块打包好的数据包，并安全、可靠、快速地将这些数据包"运送"到数据中台的核心处理区域。

通俗理解：连接车间和后台系统的"数据快递通道"或"信息高速公路"。它把整理好的数据包裹从机床现场快速、准确地"寄送"到数据中台的"处理中心"。

(4) 数据中台核心层—数据处理（数据清洗与整合）。

具体步骤：数据处理模块是数据中台的"清洁工"和"整理师"。它接收数据传输层送来的数据包并进行关键操作：

清洗（Cleaning），去除数据中的"垃圾"，比如传感器误报的异常值、传输过程中产生的错误数据、无意义的空白或重复记录。

转换（Transformation），将不同来源的数据转换成统一的格式、单位和标准。例如，把振动传感器的原始电压值转换成标准的振动幅度单位。

整合（Integration），将清洗、转换后的能耗数据、振动数据、刀具磨损数据，甚至可能结合来自其他系统（如 MES 的工单信息、ERP 的材料信息）的数据，按照业务逻辑关联起来，形成一个完整、连贯的数据视图。

通俗理解：数据到达"处理中心"后，要先"洗澡"（清洗掉脏东西），然后"换装"（统一格式），最后"认亲"（把相关的数据，比如同一台机床同一时间的能耗、振动、刀具磨损数据组合在一起），让数据变得干净、整齐、有关联。

(5) 数据中台核心层—数据存储（数据仓库）。

具体步骤：处理好的、干净整齐的数据被存储到数据存储系统（如数据湖、数据仓库、时序数据库等）。这个系统就像一个巨大的、结构化的"图书馆"或"档案馆"，安全地保存所有历史数据和当前数据，并提供高效的查询能力。

通俗理解：清洗整理好的数据被分门别类地存放到"数据仓库"里妥善保管，随时准备被"借阅"（查询）和"分析"。

(6) 数据中台核心层—数据分析（挖掘价值）。

具体步骤：数据分析引擎是这个"图书馆"里的"智慧大脑"。它从数据存储系统中"借出"数据，运用各种算法和模型（如统计分析、机器学习、人工智能）进行深度挖掘：

计算实时单件成本（结合能耗、工时、材料、刀具损耗等）。

识别设备异常振动模式，预测潜在故障。

分析刀具磨损趋势，优化更换计划。

生成分析报告（如成本波动报告、设备健康报告、质量预测报告）。

通俗理解：专家（数据分析引擎）在"图书馆"（数据存储系统）里研究整理好的数据资料，发现规律、预测问题、计算关键指标，并写出"研究报告"（分析报告）。例如，发现3号机床深夜耗电异常高，或者某把刀具即将达到磨损极限。

（7）数据中台核心层—数据可视化（直观呈现）。

具体步骤：数据可视化模块接收数据分析引擎生成的分析报告。它的任务是把复杂的分析结果（数字、模型输出）转换成直观易懂的图形、表格、仪表盘（Dashboard），比如实时成本看板、设备状态监控图、能耗排名TOP10列表、刀具寿命预警灯。

通俗理解：把专家写的"研究报告"翻译成普通人一眼就能看懂的"图画书"或"仪表盘"。管理者不需要懂复杂的算法，看图表就能快速了解成本情况、设备状态以及哪里在浪费能源。

（8）数据中台核心层—决策支持（行动指南）。

具体步骤：决策支持应用是流程的最终输出环节。它基于数据可视化模块呈现的清晰洞察，直接为管理人员提供可操作的决策建议或触发自动化操作：

在实时成本看板上高亮显示能耗突增10%的机床，并自动推送报警通知给车间主任和维修人员。

根据刀具磨损预测，自动生成采购申请单或维修工单。

为生产主管提供基于实时成本和设备状态的动态排程建议。

为财务总监提供基于精准单件成本的产品定价建议。

通俗理解：这是数据旅程的终点，也是数据价值的体现。清晰的图表（可视化结果）直接告诉管理者"该做什么"。比如，"快去检查3号机床，它今晚多耗电了！""5号刀具快不行了，该换了！""这批产品成本高了，建议涨价X元"。它把数据的洞察直接转化为管理行动，驱动成本降低、效率提升和质量改善。

总结流程：

感知（应用层），传感器在机床上"感知"能耗、振动、刀具磨损。

收集（数据采集层），数据采集模块把原始数据"打包"。

传输（数据传输层），数据通道把包裹"快递"到数据中台。

清洗整理（数据处理），数据中台"清洗""转换""整合"数据，使其干净、统一、相关联。

存储（数据存储），把干净的数据存入"仓库"保存。

挖掘（数据分析），数据分析引擎从"仓库"取数据，"研究"出实时成本、设备故障、刀具寿命等洞察，生成报告。

呈现（数据可视化），数据可视化模块把报告变成"直观图表"。

行动（决策支持），基于图表，系统"提示"或"自动触发"具体行动（报警、工单、定价建议等），实现数据驱动决策。

可见，整个流程环环相扣，最终实现了成本核算从 7 天缩短至实时、设备效率从 70%提升到 82%、3 小时内定位质量问题根源等显著效益。

2.2 成本透视：显微镜下的利润 DNA

成本预警看板是数据中台在管理会计应用中的重要体现，为企业的成本控制提供了直观、实时的决策支持。通过该看板，企业能够实时获取各生产线的边际贡献率。这一指标反映了每增加一单位销量所带来的利润增加额，能够帮助企业清晰地了解各生产线的盈利能力。企业可以根据边际贡献率的高低合理调整生产资源的分配，将更多的资源投入盈利能力强的生产线，提高企业整体的利润水平。如果某条生产线的边际贡献率较高，则说明该生产线在当前的生产和销售情况下能够为企业带来较大的利润增长空间，企业可以考虑扩大该生产线的生产规模，提高产量，以获取更多的利润。反之，如果某条生产线的边际贡献率较低，则企业需要深入分析原因，是成本过高还是售价过低，进而采取相应的措施进行优化，如降低成本、调整产品定价等。

看板还能实时展示前十大能耗设备，使企业聚焦高耗能设备，有针对性地进行能耗管理。通过对这些设备的能耗数据进行实时监测和分析，企业可以深入了解设备的能耗情况，找出能耗过高的原因，如设备老化、运行效率低下、操作不当等。针对不同的原因，企业可以采取相应的节能措施：对于老化的设备，及时进行更新或改造，提高设备的能源利用效率；对于运行效率低下的设备，优化设备的运行参数和操作流程，降低能耗。通过对高耗能设备的有效管理，企业能够降低能源消耗，节约成本，同时也符合可持续发展的要求。

当出现异常成本时，成本预警看板会自动触发预警机制。例如，当某设备的能耗突然增加10%时，系统会立即发出警报，通知相关人员进行处理。这种及时的预警能够让企业迅速发现成本控制中存在的问题，并采取有效的措施进行调整，避免成本的进一步增加。在收到预警信息后，企业可以组织专业人员对设备进行检查和维修，找出能耗增加的原因，并及时进行修复。企业还可以对生产计划进行调整，合理安排设备的使用时间和生产任务，降低设备的能耗。通过成本预警看板的应用，企业仿佛在显微镜下观察成本的基因，让企业实现了对成本的动态监控和实时管理，有效提升了成本控制的效率和效果。

2.3 排程优化：资源调度的智能引擎

动态排程优化模型是 A 公司实现生产效率提升的关键举措之一。该模型以订单优先级、设备状态、交货期等为输入参数，充分考虑了生产过程中的多种实际因素。订单优先级反映了客户需求的紧急程度，对于优先级高的订单，需要优先安排生产，以确保客户满意。设备状态包括设备的运行状况、维护需求等，只有在设备正常运行的情况下，生产才能顺利进行。

交货期则是公司向客户承诺的产品交付时间,合理安排生产排程,确保产品按时交货,是维护公司信誉的重要保障。

为了求解最优排程方案,该模型采用了遗传算法。遗传算法是一种模拟自然界生物进化过程的优化算法,它通过对种群中的个体进行选择、交叉和变异等操作,逐步进化出适应环境的最优解。在排程优化中,遗传算法将不同的排程方案编码为种群个体,通过不断迭代优化,寻找出能够使生产效率最高、成本最低的排程方案。选择操作根据个体的适应度值(如设备利用率、生产周期等指标),选择适应度高的个体进入下一代,淘汰适应度低的个体;交叉操作则是将两个个体的部分基因进行交换,产生新的个体,增加种群的多样性;变异操作是对个体的某些基因进行随机改变,以防止算法陷入局部最优解。

在面对200台设备和3 000个订单所构成的万亿级解空间时,遗传算法能够精准地寻找到最优排程路径。以下是一段Matlab的遗传算法排程伪代码,具体代码说明如表6-2所示。

表6-2 代码说明

步骤	代码	解释
初始化种群	population = initialize_population（200台设备,3 000个订单）;	生成包含200台设备和3 000个订单的初始排程方案种群
适应度评估	fitness = evaluate（设备利用率,交货准时率）;	评估每个排程方案(染色体)在设备利用率和交货准时率方面的适应度
选择操作	parents = tournament_selection（population）;	通过锦标赛选择法筛选优质染色体作为父代
交叉操作	offspring = crossover（parents）;	对父代染色体进行交叉操作生成新一代排程方案
种群更新	population = mutation（offspring）;	对子代染色体进行变异操作,形成新一代种群
最优解输出	optimal_schedule = best_solution;	从多轮迭代后的种群中找到最优排程方案,实现82%的设备利用率

在这段伪代码中，evaluate 函数通过计算设备利用率和交货准时率来评估每个排程方案的适应度。这两个指标对于管理会计人员衡量生产效率和客户满意度具有重要意义。管理会计人员可以根据这两个指标分析不同的排程方案对企业生产效率和客户服务水平的影响，从而为企业选择最优的排程方案提供决策支持。selection 操作筛选优质基因，就如同管理会计人员在众多的排程方案中挑选出具有优势的部分，通过不断优化排程方案，提高设备利用率，降低生产成本。crossover 和 mutation 操作则产生新一代排程方案并引入创新可能性，管理会计人员可以利用这些新的排程方案，结合企业的实际生产情况和市场需求，进行进一步的分析和调整，以实现生产效率的最大化和成本的最小化。A 公司最终找到的设备利用率达 82% 的黄金方案不仅提高了生产效率，还降低了单位产品的生产成本，为企业带来了显著的经济效益。

从数据采集到排程优化的流程如图 6-2 所示。

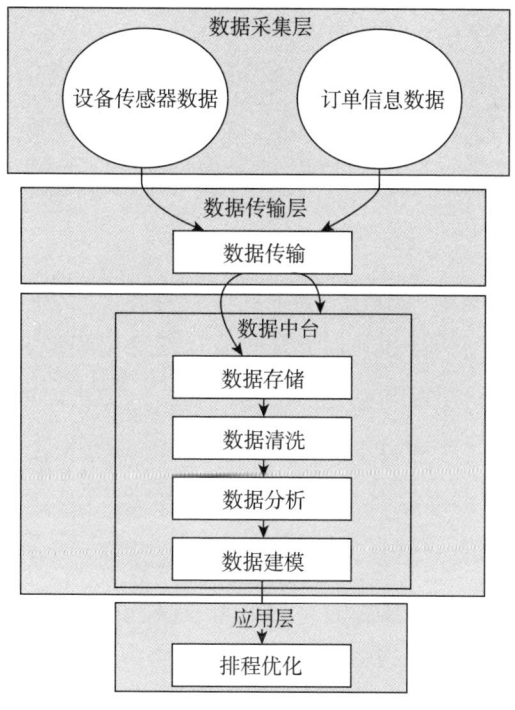

图 6-2　排程优化流程

数据采集层：收集设备传感器数据和订单信息数据两类关键数据。设备传感器数据来源于生产设备上安装的各类传感器，用于监测设备的运行状态，如温度、振动、转速等信息；订单信息数据涵盖客户订单的具体要求，包括产品规格、数量、交货时间等。这些数据是后续分析和决策的基础。

数据传输层：将数据采集层获取的设备传感器数据和订单信息数据通过特定的数据传输通道，安全、稳定且准确地传输到数据中台。此过程需确保数据在传输过程中不丢失、不被篡改，保证数据的完整性和准确性。

数据中台—数据存储：接收从数据传输层传来的数据，并将其存储在数据库或数据仓库中。数据存储为后续的数据处理和分析提供了持久化的基础，方便随时调用和查询历史数据。

数据中台—数据清洗：对存储的数据进行清洗操作，去除其中的噪声数据，对不完整的数据进行补全处理，统一数据格式，以此提高数据质量，为后续的数据分析和建模提供更可靠的数据。

数据中台—数据分析：运用统计分析、机器学习等方法和工具，对清洗后的数据进行深入分析；挖掘设备运行状态与订单需求之间的潜在关系，例如分析设备故障与生产效率之间的关联，或者订单紧急程度对生产资源分配的影响等。

数据中台—数据建模：基于数据分析的结果，构建适用于排程优化的数学模型或算法模型。例如利用遗传算法、线性规划等方法，结合设备的生产能力、订单的优先级和交货时间等因素，建立排程模型，以寻找最优的排程方案。

应用层—排程优化：将数据建模得出的结果应用于实际生产中，生成具体的排程方案。根据排程方案，合理安排设备的生产任务、原材料的供应以及人员的调配等，从而提高生产效率，降低生产成本，确保订单能够按时、高质量地完成交付。

通过遗传算法求解得到的最优排程方案能够有效减少换线次数。换线次数的减少意味着设备调试时间和原材料浪费的减少，从而提高了生产效率，降低了生产成本。实施数据中台驱动的管理会计数智化转型后，A公司设备综合效率从70%提高到82%，这不仅提高了设备利用率，还缩短了生产周期，使公司能够更加灵活地应对市场变化，满足客户的多样化需求。

2.4 质量曙光：缺陷无处遁形

数据追凶：在面对质量问题时，A公司借助数据中台的强大功能，能够在3小时内迅速破解质量谜案，如同拥有了一位神探。例如，当某批次产品出现毛刺缺陷时，管理会计通过数据血缘分析，逆向追踪到3号机床刀具磨损曲线异常，从而快速锁定问题根源。管理会计在此过程中通过对质量成本的分析，能够评估质量问题对公司利润的影响。对于因质量问题而导致的返工成本、废品损失等，管理会计可以进行详细的核算和分析。通过数据血缘分析确定问题根源后，管理会计可以协助制定相应的质量改进措施，并对措施实施后的成本效益进行评估。如果更换3号机床的刀具能够有效解决质量问题，那么管理会计可以计算更换刀具的成本以及因解决质量问题而减少的返工成本和废品损失，从而评估这一措施的可行性和经济效益。通过这种方式，管理会计能够帮助公司在保证产品质量的同时，实现成本的有效控制。

预防魔法：AI预警系统的应用让A公司在质量预防方面取得了显著的成效。它能够比经验丰富的老师傅更早地察觉刀具疲劳迹象，并提前发出预警，有效避免了因刀具问题而导致的质量问题和生产延误。管理会计可以利用AI预警系统提供的数据，对质量预防成本进行分析和管理。为了维持AI预警系统的运行和优化，公司需要投入一定的资金用于技术研发、设备维护和人员培训等。管理会计通过对这些成本的核算和分析，结合因质量预防而减少的质量损失成本，评估AI预警系统的成本效益。如果AI预警系统能够在早期察觉刀具疲劳迹象，避免大量废品的产生，从而节省了大量的返工成本和废品损失，那么即使在系统投入上有一定的成本，从长远来看，也是具有经济效益的。通过这种方式，管理会计能够协助公司合理配置资源，在质量预防方面实现成本与效益的平衡，提高公司的整体竞争力。

第三幕 破茧成蝶——转型的凤凰涅槃

3.1 从成本中心到利润引擎

在数智化转型的推动下，数据中台正助力管理会计实现从传统成本中心向利润引擎的华丽转变。通过精准的成本核算和科学的定价策略调整，企业能够更加有效地挖掘利润潜力，提升市场竞争力。

3.1.1 定价觉醒：10%到1%背后的突围战

A公司在实施管理会计数智化转型之前，由于成本核算误差率大，公司在产品定价时犹如盲人摸象，缺乏准确的成本数据作为支撑。这导致公司在市场竞争中处于被动地位，一些低毛利产品的价格未能充分反映其真实成本，使得公司在这些产品上的利润空间被严重压缩，甚至出现亏损销售的情况。而另一些产品由于定价过高，缺乏市场竞争力，导致销量不佳，影响了公司的整体市场份额。

在实施管理会计数智化转型之后，公司借助智能成本控制模型，实现了单件成本的实时、精准计算，误差率从原来的10%降至1%。这使公司能够清晰地了解每个产品的真实成本构成，包括材料成本、机器工时成本、能源消耗成本、质量成本、人工成本等。基于这些准确的成本数据，A公司对10%的低毛利产品进行了价格调整。通过精准的成本核算，公司能够准确把握产品的真实成本，从而制定出更加合理的定价策略，提升产品的盈利能力。

3.1.2 定价制胜：开启利润飙升的进程

定价策略的调整对公司的利润和市场竞争力产生了显著的提升作用。通过对低毛利产品的定价策略进行调整，公司提高了产品的盈利能力，增加了利润空间。合理的定价策略调整也增强了产品的市场竞争力，吸引了更多的客户购买产品，从而提高了产品的销量和市场份额。

合理的定价策略调整有助于提升公司的品牌形象。当客户发现公司的产品价格合理、性价比高时，他们会对公司产生更高的信任度和忠诚度。这种良好的品牌形象将进一步促进公司的市场拓展，为公司的长期发展奠定坚实的基础。

合理的定价策略调整还使公司在市场竞争中更加灵活。公司能够根据市场变化和成本波动，及时调整产品价格，保持竞争优势。在原材料价格上涨时，公司可以通过精准的成本核算合理调整产品价格，将成本压力传递给消费者，同时保证产品的利润空间。

数智化管理会计驱动的定价策略调整使公司实现了从成本中心到利润引擎的转变。通过精准的成本核算和科学的定价策略，A公司不仅提升了利润水平，还增强了市场竞争力，为公司的可持续发展注入了强大的动力。

3.2 从事后分析到实时控制

在数智化转型的征程中，管理会计实现了从传统的事后分析向实时控制的重大跨越，数字控制塔的出现成为这一跨越的关键支撑。它就像企业运营的智慧大脑，通过实时监控和快速响应，为企业的高效运营提供有力保障。

3.2.1 数字控制塔：企业高效运营的交响乐章

数字控制塔的工作流程犹如一场精密的交响乐，各个环节紧密配合，共同奏响企业高效运营的乐章。以A公司的3号生产线能耗突增事件为例，当能耗传感器捕捉到3号生产线的能耗在短时间内突增10%这一异常数据时，数字控制塔的工作便迅速启动。

在数据采集与传输环节，传感器就像敏锐的触角，第一时间将能耗突增的数据传输至数据中台。数据中台如同一个庞大的数据枢纽，迅速接收并整合来自各个传感器、MES、ERP 系统以及其他数据源的数据，确保信息的全面性和及时性。在这个过程中，数据以毫秒级的速度在系统中流动，为后续的分析和决策提供了实时的数据基础。

在根因定位环节，数字控制塔利用先进的数据分析算法和机器学习模型，对采集到的海量数据进行深度挖掘和分析。通过对设备运行数据、生产工艺数据、环境数据等多维度数据的关联分析，系统快速判断出能耗突增的原因是刀具摩擦系数异常。这一过程就像侦探破案，从纷繁复杂的线索中抽丝剥茧，找出问题的关键所在。

在损失测算环节，数字控制塔根据预设的成本模型和业务规则快速测算出此次能耗突增可能带来的损失。通过对能源消耗成本、生产延误成本、设备损耗成本等多方面成本的综合计算，系统预计月损失高达 38 万元。这一精准的损失测算让公司管理层对问题的严重性有了清晰的认识，为后续的决策提供了重要依据。

处置方案制订与执行环节是数字控制塔工作流程的最后一步，也是最为关键的一步。根据根因定位和损失测算的结果，数字控制塔迅速生成一套详细的处置方案，包括夜间停机检修以更换磨损刀具、向保险公司提出索赔以降低损失等。方案制订完成后，系统会自动将任务分配给相关部门和人员，并实时跟踪执行进度，确保方案得到有效执行。在这个过程中，数字控制塔就像一个指挥中心，协调各方资源，确保问题得到及时解决。

3.2.2 实时赋能：实时控制的高效优势与丰硕成果

实时控制为企业带来了诸多显著的优势和丰硕的成果。在降低损失方面，数字控制塔的快速响应机制使企业能够在问题发生的第一时间采取措施，有效遏制问题的进一步恶化，从而最大限度地减少损失。就像前面提到的 3 号生产线能耗突增事件，如果没有数字控制塔的实时监控和快速响应，则能耗持续增加可能会导致设备故障，进而引发生产中断，造成的损失将远远超过 38 万元。

实时控制极大地提高了生产效率。通过对生产过程的实时监控，企业能够及时发现并解决生产中存在的瓶颈问题，优化生产流程，提高设备利用率。A 公司在应用数字控制塔后，设备综合效率从原来的 70% 提升至 82%，年增产效益达到 4 800 万元。这一提升不仅意味着公司能够生产更多的产品，满足市场需求，还降低了单位产品的生产成本，提高了公司的市场竞争力。

实时控制还有助于保障生产的连续性。在传统的管理模式下，一旦出现生产异常，企业往往需要花费大量的时间排查和解决问题。这可能导致生产中断，影响企业的正常运营。而数字控制塔的实时监控和快速响应机制能够及时发现并解决生产中存在的问题，确保生产的连续性。在 A 公司，数字控制塔成功解决了多次设备故障和生产异常问题，避免了生产中断，保障了公司的正常生产秩序。

实时控制是数智化转型背景下管理会计的重要创新成果。数字控制塔通过高效的工作流程，实现了对生产过程的实时监控和快速响应，为企业带来了降低损失、提高生产效率和保障生产的连续性等多重优势，助力企业在激烈的市场竞争中脱颖而出，实现可持续发展。

3.3 从财务管控到生态赋能

在数智化转型的时代浪潮中，管理会计正逐步实现从传统的财务管控向生态赋能的深刻转变。这种转变不仅拓展了管理会计的职能边界，还为企业构建了一个更加开放、协同的价值生态系统。供应链价值网络的协同优化以及碳成本穿透计算的应用成为这一转变过程中的关键驱动力，为企业的可持续发展注入了新的活力。

3.3.1 价值跃迁：供应链价值网络的协同优化与效能提升

在传统的供应链模式下，企业与供应商之间往往是一种简单的买卖关系，缺乏深度的协同与合作。而在数智化时代，企业可以通过构建供应链价值网络，实现与供应商之间的深度协同，共同优化物流批次，提升全链条的库存周转率。

A 公司在数智化转型的过程中，将动态成本模型开放给前五大供应商。通过数据共享，供应商能够实时了解公司的生产需求和成本结构，从而更好地安排自身的生产和配送计划。A 公司与供应商共同分析物流数据，优化物流批次。通过整合订单、合理规划运输路线，供应商减少了运输次数，降低了运输成本，提高了物流效率。

通过这种协同优化，A 公司的库存周转率得到了显著提高，达到 5—6 次/年。库存周转率的提高意味着 A 公司能够更快地将库存转化为销售收入，减少了库存积压带来的资金占用和成本浪费。A 公司的原材料库存成本降低，供应商的产品滞销风险也相应降低，双方实现了共赢。

供应链价值网络的协同效应还体现在对市场变化的快速响应上。当市场需求发生变化时，企业和供应商能够通过共享数据，迅速调整生产和配送计划，确保产品及时供应市场，满足客户需求。这种协同合作不仅提升了企业的运营效率，还增强了整个供应链的稳定性和竞争力。

3.3.2 碳成本穿透计算：开启企业绿色发展的新纪元

随着全球对环境保护和可持续发展的关注度不断提高，碳成本已成为企业不可忽视的重要成本因素。碳成本穿透计算通过对产品生命周期内碳足迹的追踪和计算，将碳成本纳入企业的成本核算体系，为企业的可持续发展提供有力支持。

在 A 公司，碳成本穿透计算从铁矿开采环节开始，对每个零件的碳足迹进行追溯。在原材料采购环节，A 公司通过与供应商合作，获取原材料的碳排放数据，了解原材料在生产过程中的碳排放量。在生产制造环节，A

公司对设备的能耗、生产工艺的碳排放量等进行实时监测和计算。在产品运输和销售环节，A公司也会考虑运输过程中的碳排放量以及产品使用阶段的能源消耗所产生的碳排放量。

通过碳成本穿透计算，企业能够全面了解产品的碳成本构成，从而采取有针对性的措施降低碳排放量。企业可以优化生产工艺，采用更加节能的设备和技术，降低生产过程中的碳排放量。在原材料采购方面，企业可以选择碳排放量较低的供应商，或者与供应商合作推动其降低碳排放量。

碳成本穿透计算也有助于企业满足监管要求。随着环保法规的日益严格，企业需要准确报告自身的碳排放情况，并采取措施降低碳排放量。碳成本穿透计算为企业提供了准确的碳排放数据，帮助企业遵守相关法规，避免因碳排放量超标而面临罚款和声誉损失。

碳成本穿透计算是企业实现可持续发展的重要手段。它不仅有助于企业降低碳排放量，减少对环境的影响，还能提升企业的社会责任感和品牌形象，为企业在绿色经济时代的发展赢得竞争优势。

第四幕　星火燎原——制造业的启示录

4.1　赢的法则：企业成功经验的提炼与传承

"工欲善其事，必先利其器。"在数据中台的实施进程中，技术选型堪称举足轻重的关键环节。A公司在进行技术选型时，仿若一位睿智的航海家精准地把握航向，充分考量自身的业务需求与数据特点，做出一系列明智的抉择。

4.1.1　数据存储：刚柔并济

在数据存储层面，A公司匠心独运地选择了数据湖与关系型数据库相辅相成的模式。数据湖宛如一片广袤无垠的知识海洋，能够容纳海量的原始数据，无论是结构化数据、半结构化数据还是非结构化数据，皆能兼收并蓄，为公司的数据挖掘与分析提供取之不尽的丰富源泉。关系型数据库则如同严谨规整的图书馆，用于存储核心业务数据以及经处理后的结构化数据，确保数据的一致性与准确性坚如磐石。这般刚柔并济的组合使公司既能满足大数据量存储的需求，又能保障关键业务数据的高效访问与精细管理，恰似鱼与熊掌兼得。

4.1.2 数据处理和分析：双剑合璧

在数据处理和分析技术领域，A 公司巧用分布式计算框架 Spark 与流式计算引擎 Flink，恰似挥舞着两把利剑，纵横驰骋于数据战场。Spark 拥有强大的大数据处理能力，可对大规模数据进行疾风骤雨般的快速计算与深入分析，批处理、交互式查询、机器学习等多种应用场景皆能轻松驾驭，如同一位全能的武林高手。Flink 则专注于实时数据处理，能对实时采集的数据做出毫秒级的迅速响应与精准处理，满足公司对实时性要求严苛的业务场景，诸如实时监控、预警等，宛如战场上的尖兵，冲锋在前。二者相得益彰，让公司得以同时处理批量数据与实时数据，实现对生产过程全方位、无死角的监控与洞察，做到"运筹帷幄之中，决胜千里之外"。

4.1.3 数据集成：珠联璧合

数据集成技术的选择同样至关重要。A 公司采用了 ETL 工具与 CDC 技术珠联璧合的方式。ETL 工具宛如一位勤劳的搬运工，将来自不同数据源的数据进行抽取、转换和加载，实现数据的整合与清洗，让杂乱无章的数据变得井然有序。CDC 技术则如同敏锐的观察者，实时捕获数据源中的数据变更，并将变更数据同步到数据中台，确保数据的及时性与准确性分毫不差。这两种技术协同运作，如同默契的搭档，实现了对多源异构数据的高效集成与妥善管理，为数据中台的稳定运行筑牢根基。

4.1.4 团队协作：众志成城

"单丝不成线，独木不成林。"（《雷锋日记》）数据中台的成功落地离不开高效无间的团队协作。在 A 公司，数据团队、业务团队和技术团队仿若紧密咬合的齿轮，彼此协同，共同推动项目稳步前行。

数据团队在整个项目中扮演着中流砥柱的核心角色。工程师们如同技艺精湛的工匠，精心负责数据的采集、清洗、存储与分析，为业务团队和技术团队提供坚如磐石的数据支撑。在数据采集阶段，数据团队与业务团队紧密携手，深入业务的田间地头，精准把握业务需求，精心确定需要采集的数据指标与数据源。在数据清洗和存储阶段，数据团队运用专业的技术与方法，对采集到的数据进行去粗取精、去伪存真的清洗以及去噪和标准化处理，确保数据质量上乘、一致性绝佳。在数据分析阶段，数据团队借助数据挖掘和分析工具，如同开启智慧宝箱，为业务团队呈上极具价值的业务洞察与决策锦囊。

业务团队在项目中是需求的发起者与成果的使用者，恰似航行中的瞭望者与掌舵人。业务人员将实际业务需求清晰明了地传递给数据团队和技术团队，确保数据中台的构建能够精准契合业务实际需求。在项目实施进程中，业务团队积极投身数据模型的设计与验证，凭借丰富的业务经验，提供切实可行的业务场景和规则，让数据模型与业务实际无缝对接。业务团队还肩负着对数据中台提供的数据分析结果进行应用与反馈的重任，根据分析结果灵活调整业务策略与运营方式，真正实现数据驱动的业务决策，让企业在市场中乘风破浪。

技术团队则如同幕后的能工巧匠，负责数据中台的技术架构设计、系统开发与运维保障。技术人员依据业务需求和数据特点，精心挑选合适的技术方案与工具，搭建起稳固、高效的数据中台架构，如同建造一座坚不可摧的城堡。在系统开发方面，技术团队运用先进的软件开发方法与技术，对系统功能精雕细琢，对系统性能全力优化。在运维保障方面，技术团队建立起完善的监控与运维体系，如同忠诚的卫士，时刻守护系统运行安全，及时发现并解决系统运行中出现的问题，确保数据中台稳定运行，为企业业务运转提供坚实的技术后盾。

为促进团队之间的深度协作，A公司搭建了畅通无阻的沟通桥梁与科学合理的项目管理流程；定期召开项目沟通会议，让各个团队得以及时交流项目进展、问题与需求，仿若一场场智慧的盛宴；建立了项目管理平台，对项目任务进行细致分解、合理分配与精准跟踪，确保项目按时按质交付，如同精密的时钟有条不紊地运转。通过这些举措，A公司成功打破团队之间的壁垒，实现跨部门的协同合作，为数据中台的成功实施提供了有力保障，正所谓"人心齐，泰山移"。

4.1.5　数据治理：保驾护航

数据治理是数据中台实施的坚固护盾，A公司在此方面采取一系列行之有效的措施，全力确保数据的质量、安全性与合规性，为公司数据资产保驾护航。

在数据质量管理方面，A公司精心构建了完备的数据质量监控体系，如同设立了严格的质量检查站。公司通过制定明确的数据质量标准和规则，对数据的准确性、完整性、一致性等进行实时监控与精准评估。一旦发现数据质量问题，系统立即启动数据清洗和修复流程，确保数据的可靠性万无一失。在数据采集过程中，系统对传感器采集的数据进行实时校验，如同给数据加上一把安全锁，确保数据准确无误；在数据存储和处理过程中，系统定期对数据进行质量巡检，对不符合质量标准的数据进行清洗和纠正，让数据始终保持高质量状态。

元数据管理亦是数据治理的重要篇章。A公司建立了元数据管理系统，宛如构建了一座数据的导航灯塔，对数据的定义、来源、存储位置、处理流程等元数据进行统一管理与悉心维护。借助元数据管理，公司能够清晰洞察数据的来龙去脉，极大地提高了数据的可理解性与可管理性。在数据集成过程中，元数据管理系统能够迅速找到数据源和数据接口，实现数据的高效集成，如同在茫茫大海中快速找到正确的航线；在数据分析过程中，元数据管理系统能够为分析师提供数据的详细说明，助力他们更好地理解数据并开展深入的分析，让数据分析工作事半功倍。

数据安全和隐私保护是数据治理的关键要塞。A 公司采取多种严密措施保障数据的安全与隐私。在数据传输过程中，采用加密技术，为数据穿上一层坚固的铠甲，确保数据机密不被泄露；在数据存储过程中，设置严格的访问权限，如同为数据宝库装上了一把精准的锁，只有授权人员才能踏入敏感数据领域；在数据使用过程中，对数据的使用进行审计和记录，防止数据滥用，如同为数据使用过程装上了一双监督的眼睛。公司还制定了数据备份和恢复策略，确保数据在遭遇意外时能够迅速恢复，如同为数据购买了一份可靠的保险。

A 公司严格遵循相关的数据合规性要求，确保数据的收集、使用和存储完全符合法律法规的规范。在数据采集过程中，明确告知数据提供者数据的用途和保护措施，获得他们的认可与同意，做到光明磊落；在数据存储和处理过程中，遵循相关的数据保护法规，对个人敏感数据进行特殊处理和妥善保护，严守法律底线。通过这些措施，A 公司保证了数据中台的合规运营，有效规避了潜在的法律风险，让公司在数据之路上稳健前行。

4.2 制造之道：他山之石，制造业企业的成功借鉴

"他山之石，可以攻玉。"（《诗经·小雅·鹤鸣》）A 公司的成功实践宛如一盏明灯，为其他制造业企业在基于数据中台驱动的管理会计数智化转型征程中，提供了弥足珍贵的参考借鉴。

4.2.1 转型基石：数据中台建设的深度解析

在数据中台建设方面，制造业企业应如同量体裁衣一般，依据自身业务特点与需求，审慎选择合适的技术架构与工具。企业要充分认识到数据的多样性与复杂性，确保数据中台宛如一位全能的收纳师，能够支持多种数据源的接入与处理。对于生产过程中产生的大量结构化数据和非结构化数据，如设备运行数据、工艺文件、质量检测报告等，企业要确保数据中

台具备强大的数据集成与处理能力,能够将这些数据进行有效整合与深入分析,从中挖掘出隐藏的价值宝藏;同时,要注重数据中台的可扩展性与灵活性,以便随着企业业务的蓬勃发展和需求的动态变化,能够便捷地进行功能扩展与性能升级,恰似为企业搭建了一座具有无限可能的舞台。在企业引入新的生产设备或开展新的业务项目时,数据中台应能够迅速适应并提供相应的数据支持,助力企业在市场竞争中始终保持领先地位。

4.2.2 数据治理体系:从数据金矿到企业财富的转化

数据治理是数据中台建设的重要环节,企业应精心构建完善的数据治理体系,确保数据的质量、安全性与合规性,如同为数据资产打造一座坚固的堡垒;制定严格的数据标准和规范,对数据的采集、存储、处理和使用进行统一管理,保证数据的一致性与准确性,让数据成为企业决策的可靠依据;在数据采集过程中,明确数据的来源、格式和采集频率,确保采集到的数据精准契合企业的业务需求和质量要求,如同为数据采集设定精准的航线;加强数据安全管理,采取加密、访问控制、数据备份等多重防护措施,保护企业的核心数据资产,让数据安全无虞;对涉及企业商业机密和客户隐私的数据进行严格的加密处理,并设置合理的访问权限,防止数据泄露,严守企业的信息安全防线。同时,企业还应遵守相关的数据合规法规,如《中华人民共和国网络安全法》《中华人民共和国数据安全法》等,确保数据的合法使用,让企业在法律的框架内稳健前行。

4.2.3 跨部门协作:构建企业价值网络的协同之道

数据中台的建设需要企业内部各部门齐心协力,打破数据孤岛,实现数据的共享与流通,宛如拆除部门之间的高墙,让信息自由流淌。企业应建立跨部门的数据团队,由数据分析师、数据工程师、业务专家等组成,共同肩负起数据中台的建设与运营重任。数据团队要与业务部门保持密切沟通,深入了解业务需求,为业务部门提供量身定制的数据服务和分析报告,如同为业务部门配备一位贴心的智囊团。业务部门也要积极投身数据中台的建设，提供业务数据和业务流程信息，协助数据团队进行数据建模和分析，实现数据与业务的深度融合，让数据真正为业务赋能，充分发挥数据中台的巨大价值，正所谓"上下同欲者胜"。

4.2.4 管理会计转型：开启企业升级新引擎

在管理会计数智化转型方面，企业应借助数据中台提供的实时、准确的数据，构建智能管理会计模型，如同为管理会计装上智慧的翅膀，实现成本控制、预算管理、绩效评估等管理会计职能的智能化与自动化。在成本控制方面，企业应利用数据中台采集的生产数据，建立成本核算模型，实时计算产品成本，及时洞察成本异常情况，并迅速采取相应的措施进行控制；通过对原材料采购数据、生产工艺数据、设备运行数据等的深入分析，精准找出成本控制的关键点，优化生产流程，降低生产成本，如同为企业开启成本控制的智慧之门。在预算管理方面，企业应基于数据中台的历史数据和市场预测，制订科学合理的预算计划，并实时监控预算执行情况，及时调整预算偏差；通过对销售数据、生产数据、财务数据等的综合分析，预测企业的收入和支出情况，为预算编制提供准确的数据支持，让预算管理更加科学精准。在绩效评估方面，企业应利用数据中台提供的多维度数据，建立全面的绩效评估指标体系，客观公正地评价员工和部门的工作绩效，激励员工提高工作效率和工作质量；通过对员工的工作任务完成情况、工作质量、团队协作等方面的数据进行深入分析，评估员工的工作绩效，并给予相应的奖励和激励，激发员工的工作积极性与创造力。

4.2.5 人才赋能：数字基因培育开启战略新局

企业应大力加强管理会计人才的培养与引进，提高管理会计人员的数据素养和分析能力，如同为企业打造一支精锐之师。管理会计人员不仅要精通传统的管理会计知识和技能，还要具备数据分析、数据挖掘、机器学习等方面的能力，能够运用数据中台提供的数据进行深入分析和决策支持。企业可以通过内部培训、外部培训、在线学习等多种方式，提升管理会计人员的数据素养和分析能力，为他们提供不断成长的阶梯；加强与高校、科研机构的合作，引进具有数据科学背景的专业人才，充实管理会计队伍，为管理会计数智化转型提供坚实的人才保障，让企业在数字化时代的浪潮中乘风破浪，勇往直前。

数据中台驱动的管理会计数智化转型是制造业企业提升竞争力、实现可持续发展的必由之路。其他制造业企业应积极借鉴这些成功经验，结合自身实际情况，果敢地推进数据中台建设和管理会计数智化转型，以顺应数字化时代的发展大势，正所谓"长风破浪会有时，直挂云帆济沧海"，在数字化时代的浪潮中驶向辉煌的未来。

第七章
CHAPTER 7

破局四幕：
零售业的精准突围

序幕　航行在冰火之间——寻找零售业的破局罗盘

> 商海沉浮，潮汐难测。今日的港湾，或成明日的浅滩。
>
> ——某零售业者手记

本章中我们即将启程的并非一段风平浪静的旅程，而是要驶入当今零售业这片充满机遇与挑战的"冰火之海"。

炽热的，是前所未有的变革浪潮：消费者的需求如潮水般变幻、线上线下交响融合、数据洪流喷薄而出，仿佛"时来天地皆同力"，为敏锐者铺设黄金航道。

冰冷的，是深藏水下的暗礁：库存如山却动销艰难、数据如沙却散落难聚、促销如箭却屡屡脱靶，又似"运去英雄不自由"，让无数航船搁浅叹息。

零售业正身处这冰火交融的漩涡中心。一面是诱人的增长蓝海，另一面是吞噬利润的险滩。如何穿越迷雾？如何化解困境？如何在看似无解的困局中劈波斩浪，驶向新大陆？

本章将为您拉开一场精心编排的"四幕剧"。我们无意透露剧情的高潮与转折，但可以告诉您，这场突围的核心并非依赖运气或蛮力。我们将深入剖析那些在浪潮中成功转向的航船，探究它们如何借助一种强大的"导航仪"与"破冰利器"——它整合碎片、洞察规律、赋能决策——从而将数据的涓涓细流汇聚成驱动业务增长的澎湃动力。

您将看到，经验主义的补货如何被精准的预测取代，模糊的促销如何被科学的计算点亮，混沌的库存如何被清晰的指标驾驭。这不是一场炫技的表演，而是一系列源于实践、验于数据的生存智慧与转型密钥。

您准备好航海日志了吗？让我们一同扬帆，潜入零售业的冰火深处，探索从"困局"走向"破局"的惊心动魄之旅。前方不仅有触目惊心的暗礁，更有照亮航程的灯塔与指引方向的罗盘。答案就在这四幕剧的演绎之中。

第一幕　时代浪潮——零售业的冰与火之歌

> 时来天地皆同力，运去英雄不自由。
>
> ——罗隐《筹笔驿》

在零售业的发展进程中，这句诗恰如其分地描绘了行业现状。当下，信息技术日新月异，消费者需求不断演变，为零售业带来了前所未有的机遇，恰似"时来天地皆同力"；然而，行业在前行途中也遭遇诸多棘手难题，仿佛陷入"运去英雄不自由"的困境。零售业正处于这冰火交融的复杂局面，亟待破局重生。

1.1　新零售革命：线上线下的交响曲

在当今数字化时代，消费者的需求犹如汹涌的潮水，发生了深刻的变迁。往昔单纯的"货架购物"模式已无法满足消费者的期待，如今他们更钟情于沉浸式的"场景体验"。在这场变革浪潮中，盒马鲜生脱颖而出，以创新的"餐饮+零售"模式重新构建人、货、场的关系。消费者不仅能在店内享受用新鲜食材制成的美食，体验生鲜购物的乐趣，还可以通过盒马APP（应用程序）便捷下单，享受30分钟内送达的高效服务。更为关键的是，盒马鲜生借助大数据技术，对消费者的购买行为、偏好等数据进行深度挖掘与分析，进而实现精准商品推荐。这一举措成效显著，其用户复购率大幅提升了40%，充分展现了新零售模式的强大魅力与优势。沃尔玛同样积极投身数智化转型浪潮，借助数据中台的强大功能预测市场需求。通过对海量销售数据的实时分析，沃尔玛能够精准把握商品需求动态，及时调整库存水平。这使得其库存周转率大幅提高了25%，有效减少了库存积压与缺货现象，降低了运营成本，增强了市场竞争力，在零售业数智化转型的赛道上迈出了坚实有力的步伐。

1.2 暗礁隐现：库存、数据与促销之困

1.2.1 库存双刃剑

库存管理始终是悬在零售业头顶的达摩克利斯之剑。某知名连锁超市在补货决策上过度依赖过往经验，未能精准预判市场需求的变化。这一失误导致畅销商品缺货率高达18%，消费者在购物时常常失望而归，严重影响了顾客的购物体验；与此同时，滞销商品积压比例达15%，大量资金被占用在这些卖不出去的商品上，仓储空间也被严重浪费。经统计，该超市每年因库存问题而造成的损失超过8 000万元。这无疑是沉重的代价，凸显了库存管理不当对零售企业的巨大影响。

1.2.2 数据孤岛

在数字化时代，数据本应是零售企业的宝贵资产，然而现实却不尽如人意。POS（销售终端）系统、电商平台以及会员系统各自为政，数据分

散在不同的系统中,犹如一座座孤立的"数据孤岛"。以某大型零售企业为例,其坐拥 300 万会员的数据,但由于数据缺乏有效整合与治理,格式不统一、数据缺失等问题严重。这些海量数据宛如沉睡的巨人,无法发挥其应有的价值。企业难以将不同来源的数据进行关联分析,无法全面洞察消费者的行为与需求,精准营销也就只能停留在纸面上,难以真正落地实施,严重制约了企业的发展与竞争力提升。

1.2.3 促销陷阱

促销活动本是零售企业吸引消费者、提升销售额的有力武器,但如今却常常陷入困境。相关数据显示,约 30% 的促销活动未能达到预期效果。许多企业在策划促销活动时盲目跟风,缺乏对消费者需求和市场竞争情况的深入研究与精准把握,只是一味地进行折扣促销,结果不仅利润受到严重侵蚀,还因折扣力度过大而给消费者留下产品质量不佳的印象。同时,促销规则设计过于复杂,消费者在理解和参与过程中困难重重,纷纷选择放弃购买,导致促销活动无法达到预期的销售目标,反而成为企业的负担,亟待企业探寻新的促销策略与模式来摆脱这一困境。

第二幕 困局突围——数据中台的破冰之旅

> 不畏浮云遮望眼,自缘身在最高层。
>
> ——王安石《登飞来峰》

在零售业的发展进程中,诸多问题如同层层迷雾,阻碍着企业前行的步伐。然而,数据中台技术的引入恰似那源头的活水,为行业的发展带来了新的生机与活力。它打破了数据孤岛的束缚,通过数据整合与智能预测等关键举措,助力企业突破困局,实现从困境到破局的华丽转身,为企业的持续发展注入强大的动力。

2.1 数据整合：打破数据孤岛的三把钥匙

2.1.1 钥匙一：POS系统交易数据——解码消费行为的"时空密码"

在数字化浪潮席卷零售业的当下，POS系统已然成为企业获取数据的关键枢纽。某连锁超市集团的POS系统每日会生成多达500万条交易记录。这些海量数据宛如一幅精细的画卷，精准捕捉商品热销时段与区域规律，堪称解码消费行为的"时空密码"。

从作用来看，这些海量数据详细记录了消费者购买商品的时间、地点、种类、数量、价格以及付款方式等信息。通过对这些数据的深度挖掘与分析，企业能够洞察消费者的购物习惯和行为模式。例如，某门店在对POS系统交易数据进行深入分析后发现，周末晚上8点生鲜销量激增。这背后有着深层次的原因：周末人们通常会选择在家聚餐或者与朋友聚会，而晚上8点左右正是准备晚餐的高峰期，因此对生鲜食材的需求大幅增加。基于这一发现，该门店采取了有针对性的补货措施。在周末傍晚前，加大对生鲜商品的采购量，并优化商品陈列，将生鲜商品摆放在更显眼、更便于顾客选购的位置。经过一段时间的实践，该门店的商品缺货率显著降低了60%。这一举措不仅满足了消费者的购物需求，提高了顾客的满意度，还为企业带来了实际的经济效益。

从价值来看，POS系统交易数据的有效利用推动企业从传统的"经验补货"模式转向"数据驱动"的科学决策模式。以往，该连锁超市集团在补货时主要依赖店长的个人经验和主观判断，这种方式在复杂多变的市场环境下极易出现偏差，导致畅销商品缺货、滞销商品积压等问题。而如今，通过对POS系统交易数据的分析，企业能够准确了解不同商品在不同时段、不同区域的销售情况，从而制订更加合理的补货计划。以库存周转天数为例，在采用POS系统交易数据进行补货决策之前，该连锁超市集团的库存周转天数平均为58天，而在借助数据中台制定补货策略后，库存周转天数成功缩短至43天。这意味着企业的库存管理效率得到了大幅提升,资金周转更加顺畅,能够更好地适应市场变化,降低运营成本。

2.1.2 钥匙二:天气API数据——预见需求的"气象先知"

天气因素对消费者的购物行为有着不可忽视的影响,不同的天气状况往往会引发消费者对不同商品的需求变化。而天气API数据的接入宛如为企业配备了一位预见需求的"气象先知",实时关联天气与商品需求,助力企业提前布局,抢占市场先机。

从作用来看,通过与专业的气象数据提供商合作,该连锁超市集团能够实时获取各门店所在地区的天气信息,包括温度、降水概率、风力等。当发布高温预警时,系统自动触发冷饮备货机制,企业提前加大冷饮类商品的库存,确保在高温天气下消费者对冷饮的需求得到满足。例如,在某高温周,企业通过天气API数据提前得知气温将持续攀升,于是迅速做出反应,提前备货5万瓶饮料。由于准备充分,该周饮料销售额同比提升35%。这不仅满足了消费者在高温天气下对冷饮的需求,还为企业带来了显著的销售增长。当降水概率增加时,消费者对雨具的需求会相应上升。企业通过及时获取天气API数据,在雨天来临前,提前调整商品陈列和促销策略,将雨伞、雨衣等雨具展示在门店入口或显眼区域,并提供折扣、满减等促销活动,吸引消费者购买,充分利用天气变化带来的销售契机。

从价值来看,天气数据与销售的有效联动对企业的库存管理和销售业绩产生了积极影响。以往,由于缺乏对天气因素与商品需求关联的准确把握,该连锁超市集团在库存管理上常常出现偏差,导致滞销品占比居高不下。而如今,借助天气API数据,企业能够更加精准地预测商品需求,合理调整库存结构。以滞销品占比为例,在引入天气API数据之前,该连锁超市集团的滞销品占比高达15%,而在实现天气数据与销售联动后,滞销品占比成功压至9%。这表明企业能够更好地匹配市场需求,减少库存积压,提高资金使用效率,从而提升企业的整体运营效益。

2.1.3 钥匙三：会员画像数据——精准营销的"千人千面"

在竞争激烈的零售市场中，了解消费者的需求并实现精准营销是企业脱颖而出的关键。该连锁超市集团坐拥 300 万会员，通过对会员多维度数据的深入挖掘与分析，构建起详细的会员画像，为每位会员贴上丰富的标签，成为精准营销的"千人千面"利器。

从作用来看，这些会员标签涵盖年龄、性别、职业、消费习惯、品牌偏好、购买频率、消费金额等关键信息，全面而精准地描绘出会员的特征和需求。通过会员画像，该连锁超市集团能够深入了解每位会员的个性化需求，实现精准营销。例如，对于高频购买母婴用品的会员，企业通过分析会员画像，精准定向推送奶粉折扣券。这一举措切中了该类会员的实际需求，使得复购率显著提升了 23%。这不仅提高了会员的购买转化率，还提高了会员对企业的认同感和忠诚度。

从价值来看，会员画像数据的运用帮助企业从以往"广撒网"的粗放式营销模式转变为"精准触达"的精细化营销模式。以往，该连锁超市集团的促销活动往往缺乏针对性，营销资源浪费严重，促销 ROI 较低。而如今，借助会员画像数据，企业能够根据不同会员的特征和需求，制定个性化的促销策略，提高了营销活动的精准度和效果。以促销 ROI 为例，在运用会员画像数据之前，该连锁超市集团的促销 ROI 仅为 1∶2.5，而在实现精准营销后，促销 ROI 跃至 1∶4.1。这表明企业能够更加有效地利用营销资源，提高投入产出比，实现营销效果的最大化。

通过 POS 系统交易数据解决"经验补货失真"、天气 API 数据解决"需求预测盲区"和会员画像数据解决"促销定位模糊"这三把钥匙，该连锁超市集团成功打破数据孤岛，实现了数据的有效整合与利用。

此外，在数据整合进程中，数据清洗至关重要。原始数据中往往存在各种问题，如数据错误、重复、缺失等，这些问题会严重影响数据的质量和分析结果的准确性。该连锁超市集团运用 SQL 语句剔除退货等无效交易数据，有效提升数据质量。

在零售业数据中，退货交易常以负数量或负金额呈现，严重干扰了数据分析。退货交易可能是消费者对商品不满意、商品存在质量问题或者其他原因导致的，这些数据在分析销售趋势、商品需求等方面会产生误导。通过执行特定的 SQL 语句，从销售数据表中精准删除无效记录，能够有效清除数据中的干扰因素，确保数据的准确性和可靠性。

经此操作，该连锁超市集团的数据准确性误差率显著降低 70%，为后续的数据分析与应用筑牢坚实基础，确保基于数据的决策更具准确性与可靠性。在数据清洗之前，由于无效交易数据的存在，企业在进行销售数据分析时可能会得出错误的结论，导致采购计划不合理、库存管理混乱等问题。而经过数据清洗后，数据的质量得到了大幅提升，企业能够更加准确地了解市场需求和消费者行为，从而制定更加科学合理的决策，提高了企业的运营效率和经济效益。

2.2 智能预测：算法三角的黄金组合

2.2.1 LSTM：捕捉季节性规律，预判羽绒服冬销峰值

LSTM 作为一种特殊的循环神经网络，在处理时间序列数据的长期依赖问题上独具优势。在零售业中，许多商品的销售都具有明显的季节性特征。以羽绒服为例，其销售具有明显的季节性特征：冬季的销量会大幅增加，而在夏季几乎无人问津。LSTM 通过对历年冬季羽绒服销售数据的深度学习，能够精准捕捉这一季节性规律，预判出羽绒服在冬季的销售峰值。

LSTM 通过独特的门控机制，能够有效地处理时间序列数据中的长期依赖关系。它可以选择性地记忆和遗忘历史信息，从而更好地捕捉数据的变化趋势。在学习羽绒服销售数据时，LSTM 能够识别出每年冬季羽绒服销售的起始时间、增长趋势、峰值时间以及下降趋势等信息。这使得企业在冬季来临前可依据预测结果合理安排生产、采购与库存，避免了因缺货而导

致销售机会流失,或因库存积压而占用大量的资金与仓储空间。例如,企业可以根据 LSTM 预测的羽绒服销售峰值时间,提前几个月与供应商签订采购合同,确保在销售旺季有充足的货源供应;同时,可以根据预测的销售趋势,合理安排库存管理,避免库存过多或过少的情况发生。此外,企业还可以结合 LSTM 的预测结果,制定相应的营销策略,如在销售峰值前推出促销活动,吸引消费者购买羽绒服。

2.2.2 XGBoost:量化促销力度影响,洗发水实施特定比例折扣后销量显著提升

XGBoost 是一种高效的梯度提升决策树算法,在分析促销力度对销量的影响方面表现卓越。在零售业中,促销活动是企业吸引消费者、提高销售额的重要手段。然而,不同的促销力度和促销方式对销量的影响各不相同,如何量化这种影响是企业制定促销策略的关键。

以洗发水促销活动为例,XGBoost 通过对历史促销数据的分析,量化了促销力度与销量之间的关系。当洗发水进行 10% 的折扣促销时,XGBoost 预测并在实际中验证了销量将增长 25%。这一量化分析结果为企业制定促销策略提供了有力支持,企业可据此优化促销方案,提高促销活动的投入产出比。

XGBoost 通过构建多个决策树,并将它们的结果进行组合,能够有效地处理复杂的数据关系和非线性问题。在分析洗发水促销数据时,它可以考虑到促销力度、促销时间、促销地点、竞争对手的促销活动等多种因素,从而准确地预测出促销活动对销量的影响。企业可以根据 XGBoost 的预测结果,选择合适的促销力度和促销方式,提高促销活动的效果。例如,在洗发水销售淡季,可以适当加大折扣力度,吸引消费者购买;而在销售旺季,可以采用赠品、满减等促销方式,提高消费者的购买欲望。

2.2.3 ARIMA:识别周末消费潮,动态调整生鲜补货量

ARIMA 作为经典的时间序列预测模型,擅长识别数据的季节性和周期

性变化。在连锁超市的运营中，周末通常会出现消费高峰。这是因为周末人们有更多的时间去超市购物，而且家庭聚餐、外出就餐等活动也会增加人们对生鲜商品的需求。

ARIMA 模型通过对历史数据的差分、自回归和移动平均等操作，能够有效地提取数据中的季节性和周期性特征。在分析生鲜商品的销售数据时，它可以识别出每周周末生鲜商品的销售高峰时间、销量增长幅度等信息。企业可以根据 ARIMA 模型的预测结果，提前安排采购计划，确保在周末有充足的生鲜商品供应；同时，还可以根据预测的销量变化，合理调整商品陈列和促销策略，提高生鲜商品的销售效率。例如，在周末将生鲜商品摆放在显眼的位置，推出一些特价商品或组合套餐，吸引消费者购买。

2.2.4 公式实战：基于实时销量预测与库存动态校准，实战补货模型显著降低缺货风险，保障货品充盈

在实现精准销量预测的基础上，该连锁超市集团利用 Python 编写动态补货建议生成函数。其核心公式为：动态补货建议 = 预测销量 × 1.2 倍安全库存 − 当前库存。这一公式的设计充分考虑了预测销量、安全库存与当前库存情况，旨在生成科学合理的补货建议，确保库存水平合理，避免缺货和积压现象的发生。

安全库存的设置是为了应对市场需求的不确定性和供应链的潜在风险，确保即使在交货期内出现销量波动，也能满足客户的需求。公式中乘以 1.2 的系数是根据该连锁超市集团的历史经验和市场情况确定的，旨在提供一定的缓冲空间，以应对可能出现的突发情况。

当预测未来一周某商品销量为 1 000 件，当前库存为 300 件时，按公式计算安全库存为 1 200 件（1 000 × 1.2），动态补货建议为 900 件（1 000 × 1.2 − 300）。

经实际应用，该连锁超市集团的缺货率从原本的 18% 大幅压至 6%，有效保障了商品供应，降低了库存成本，提高了运营效率与经济效益。以往，

由于缺乏科学的补货策略，企业经常面临缺货和积压问题，缺货导致销售机会流失，而积压占用了大量的资金和仓储空间。而通过使用动态补货建议公式，企业能够根据实时的销售数据和库存情况及时调整补货策略，实现库存的动态管理。这不仅提高了企业的运营效率，还降低了企业的库存成本，为企业带来了显著的经济效益；同时，提高了客户的满意度，增强了企业的市场竞争力。

第三幕　重剑无锋——管理会计的实战利器

> 夫运筹帷幄之中，决胜于千里之外。
>
> ——司马迁《史记·高祖本纪》

此句经典名言生动地展现了于决策层面精心筹谋，便能在实际行动中收获卓越成效的情境。在零售业数智化转型的汹涌浪潮之下，管理会计凭借先进的数据中台技术，匠心打造库存健康度仪表盘与促销 ROI 分析等实用工具。这些工具宛如睿智的军师，助力企业在运营决策中精准布局，进而在激烈的市场竞争中崭露头角，实现从困境到破局的精彩跨越。

3.1　库存健康度仪表盘：从混沌到有序

在数据中台的强大支撑下，该连锁超市集团成功构建起库存健康度仪表盘，仿佛为企业的库存管理配备了一套智能"导航系统"，将原本杂乱无章的库存状况梳理得条理清晰，实现了从经验管理向数据驱动管理的重大飞跃。

3.1.1　ABC 分类

依据帕累托法则，该连锁超市集团对商品展开细致的 ABC 分类。这种分类方式为企业的库存管理构建了清晰的框架，使企业能够针对不同类别的商品制定精准管理策略。

A 类商品：这类商品在数量上仅占总 SKU（库存保有单位）的 20%，却宛如企业利润的"顶梁柱"，贡献高达 80% 的利润，对企业运营起着举足轻重的作用。以某高端护肤品系列为例，其产品种类在整个美妆区占比不高，然而凭借强大的品牌影响力和高利润率深受消费者喜爱，成为拉动利润增长的关键因素。对于 A 类商品，该连锁超市集团采取每日监控策略，密切追踪其销售动态与库存变化。借助实时数据反馈，一旦库存水平接近预设的安全阈值，系统即刻触发补货指令，确保商品及时供应，使缺货风险趋近于零。这种精细化管理方式既保障了消费者的购物体验，避免了因缺货而造成客户流失，又进一步强化了 A 类商品对企业利润的贡献能力。

B 类商品：这类商品处于 A 类商品与 C 类商品之间，其销售额和库存占比均处于中等水平。它们虽不像 A 类商品那样能带来巨额的利润，但也是企业销售体系中不可或缺的部分。以一些知名品牌的日常食品为例，这些商品有着稳定的消费群体和较为规律的销售节奏。对于 B 类商品，该连锁超市集团采取每周补货策略，通过数据中台对其过往销售数据的分析，精准把握其销售趋势，在保证供应的前提下，合理控制库存成本。这样做既不会因库存过多而占用大量的资金与仓储空间，也不会因补货不及时而导致缺货，影响消费者的日常购买。这种适度且精准的管理方式确保了 B 类商品既能满足市场需求，又能为企业平稳地贡献利润，维持企业运营的稳定节奏。

C 类商品：与 A 类商品形成鲜明反差的是 C 类商品，这类商品占总 SKU 的 50%，但在利润贡献方面仅占 5%，恰似企业库存中的"长尾"部分。这类商品多为价格低廉、需求不稳定的日用品，比如普通一次性餐具、日常清洁用品等。针对 C 类商品，该连锁超市集团采取月度清理策略，每月对 C 类商品的库存进行全面盘点，对于库存积压严重且销售迟缓的商品果断采用降价促销、组合销售或与供应商协商退货等方式处理。通过这一策略，企业成功将滞销品占比从原本的 15% 降至 9%，极大地减轻了库存负担，释放了仓储空间与资金，促使企业资源得到更合理的配置。

3.1.2 滞销预警

库存健康度仪表盘还具备强大的滞销预警功能，为企业及时处理滞销商品提供有力支持。当系统监测到某商品的周转天数超过 90 天这一预设的安全阈值，或其销售数据持续低迷时，便自动触发"折价清仓"指令。以某款过时的电子产品为例，由于科技更新换代快，该产品在市场上的竞争力渐失，周转天数超过 90 天。对比系统迅速启动预警机制，依据商品库存数量、成本及当前市场需求等多维度数据，生成详尽的折价清仓方案。该连锁超市集团快速响应，线上线下同步开展大幅折扣促销活动，比如将原价 500 元的产品降至 200 元甩卖；同时，借助社交媒体、会员短信等渠道广泛宣传，吸引大量对价格敏感的消费者关注。经过一段时间的努力，企业成功清理了这批积压库存，避免了商品进一步贬值带来的损失。据统计，通过滞销预警和及时处理机制，该连锁超市集团每年降低损失达 4 800 万元，为企业稳健发展筑牢坚实的根基。

3.2 促销 ROI 分析：告别盲目烧钱

在竞争白热化的零售市场中，促销活动是企业吸引消费者、提升销售额的重要手段。但以往许多促销活动缺乏科学规划，如同在黑暗中盲目摸索，造成严重的资源浪费。该连锁超市集团借助数据中台提供的海量数据及其强大的分析能力，对促销活动展开全面、深入的 ROI 分析，为企业的促销决策提供精准、科学的依据，助力企业告别盲目烧钱的促销模式。

3.2.1 公式揭秘

ROI 的计算公式为：

$$ROI = (促销后毛利 - 促销前毛利 - 促销成本) / 促销成本$$

这一公式看似简洁，实则蕴含深刻的商业逻辑。它犹如精准的"透视镜"，能清晰呈现促销活动的投入产出情况，帮助企业准确评估促销活动是否达到预期盈利目标。企业在计算促销后毛利时,需综合考虑促销期间商品销售额、成本以及因促销而产生的额外费用,如赠品成本、广告宣传费用等。促销前毛利则基于促销活动开展前一段时间内的商品销售数据计算得出。促销成本涵盖举办促销活动投入的全部资源,包括促销折扣费用、场地布置费用、人员加班费用等。通过将这些关键数据代入公式,企业能直观地了解每次促销活动的效益,为后续的促销策略调整提供有力支撑。

3.2.2 案例

以某品牌洗发水促销活动为例,促销前 7 天,该洗发水销量为 1 000 瓶,销售额达 30 000 元,成本为 20 000 元,经计算毛利为 10 000 元。促销活动期间,企业投入促销费用 5 000 元,采用打折、满减等促销方式。促销后 7 天,该洗发水销量增长至 1 500 瓶,销售额提升到 45 000 元,成本相应增加到 30 000 元,此时毛利为 15 000 元。将这些数据代入 ROI 公式可得:ROI =(15 000-10 000-5 000)/5 000=0。这表明此次促销活动的投入与产出基本持平,未实现预期盈利增长,企业在此次促销活动中未获得实质性经济效益。深入分析发现,此次促销活动折扣力度过大是导致毛利未显著提升的主要原因。虽然大幅折扣可以吸引更多的消费者购买,销量有所增加,但是过低的售价严重压缩了利润空间。针对这一问题,企业在后续的促销活动中及时调整策略,采用"满赠+会员专享"方式,即当消费者购买该洗发水达到一定金额时,赠送品牌相关护发素、发膜等产品,增加产品的附加值;同时,为会员提供专属优惠,如会员额外 9 折、积分加倍等,增强会员的忠诚度和购买欲望。通过这一系列策略调整,该品牌洗发水促销 ROI 从最初的 1∶2.5 大幅跃升至 1∶4.1,实现了促销效果和回报率的显著提升。这一案例充分证明,科学的促销 ROI 分析能帮助企业精准洞察促销活动问题,并通过有针对性的策略调整,实现营销资源的优化配置,提升企业的市场竞争力和盈利能力。

第四幕　涅槃重生——转型成果与未来之光

> 长风破浪会有时，直挂云帆济沧海。
>
> ——李白《行路难》

李白这句豪情满怀的诗恰似对零售企业奋力奔赴数智化转型的漫漫征途的生动写照。尽管前行之路布满荆棘，挑战与未知如影随形，但只要秉持坚定的信念，勇于探索创新，零售企业定能冲破重重困境，向着成功的彼岸奋勇前行。正如当下众多零售企业在直面数智化转型的汹涌浪潮时，虽历经艰难险阻，却凭借果敢创新与不懈努力，成功实现华丽转身，尽享转型带来的丰硕成果。

4.1　业绩蝶变：数字背后的战略胜利

在数智化转型的强劲驱动下，零售企业的业绩宛如破茧之蝶，实现了令人惊叹的飞跃。每一组亮眼数据的背后，皆彰显着企业在战略布局上的高瞻远瞩与精准施策。

4.1.1　库存周转：58 天→43 天，释放现金流 1.2 亿元

往昔，在传统运营模式的束缚下，零售企业的库存周转效率极为低下，犹如负重前行的蜗牛。以某连锁超市集团为例，彼时库存周转天数竟高达 58 天，大量资金深陷库存泥潭，仓储空间也被占用得满满当当，企业运营活力受到极大的抑制。然而，随着数据中台技术的引入，企业借助智能预测模型与动态补货机制，对市场需求的洞察变得敏锐而精准。商品从入库到销售的流转进程大幅提速，库存周转天数锐减至 43 天。这一显著转变不仅大幅提升了库存管理效率，更犹如一场甘霖，为企业释放出高达 1.2 亿元的现金流。这笔充裕的资金恰似新鲜血液，为企业注入磅礴的发展动力，

企业得以将其精准投入拓展业务版图、优化供应链体系等关键领域，进一步稳固提升自身在市场中的竞争力。

4.1.2　会员复购：精准推送高端护肤品新品，复购率提升 23%

在竞争激烈的零售市场中，会员无疑是企业最为核心的资产。以某连锁超市集团为例，借助数据中台强大的数据整合与深度分析能力，企业得以深度挖掘会员数据价值，成功开启会员精准营销新篇章。通过对会员消费记录、浏览轨迹、偏好设置等多维度数据的抽丝剥茧式剖析，企业构建起精准且详尽的会员画像。当系统精准地识别出某会员长期钟情于某品牌高端护肤品时，系统便迅速且精准地向其推送该品牌的新品上市资讯、专属折扣优惠券以及个性化护肤建议。这种直击会员内心需求的精准推送策略如同在会员心间悄然种下购买的种子，成功点燃会员的购买热情。数据显示，该连锁超市集团的会员复购率由此提升了 23%，会员对企业的忠诚度与黏性显著增强，为企业源源不断地输送稳定且持续增长的销售额。

4.1.3　门店焕新：关闭 12 家低效店，转投社区生鲜店，单店坪效增 35%

零售企业在发展进程中难免遭遇部分门店运营效率低下的情况，这些低效店成为企业前行的沉重包袱。某连锁超市集团借助数据中台，对各门店的销售数据、成本数据、客流量数据等进行全面且深入的分析后，果断决定关闭 12 家低效门店。这些门店因地理位置欠佳、周边竞争态势激烈等多重因素，销售额持续低迷，毛利率长期处于低位。关闭低效门店后，企业敏锐地捕捉市场趋势，将战略重心毅然转向社区生鲜店模式。社区生鲜店凭借贴近消费者生活圈、商品新鲜度高、购物便捷等显著优势，迅速在市场中崭露头角，赢得了消费者的青睐，单店坪效相较之前的低效门店大幅增长了 35%。这一门店布局的优化举措不仅显著地提升了企业的运营效率，更极大地增强了企业对市场变化的适应能力与竞争力，为企业成功开拓全新的利润增长空间。

4.2 未来图景：技术重构零售基因

伴随科技的迅猛发展，AI、物联网等前沿技术正以前所未有的态势深度融入零售行业，宛如神奇的画笔，精心地勾勒出一幅充满无限可能的全新未来图景，彻底重构零售行业的基因密码。

4.2.1 物联网：货架传感器自动补货，生鲜损耗再降 20%

在未来的零售场景中，物联网技术将释放巨大的能量。以生鲜商品管理为例，货架上安装的传感器宛如智能卫士，能够实时精准监测商品的库存数量、摆放位置以及新鲜度等关键信息。一旦库存水平触及设定的安全阈值，传感器便即刻向系统发送补货信号，自动化补货流程高效启动，有效规避缺货现象发生。传感器还能持续监测生鲜商品存储环境的温度、湿度等数据，当环境条件不利于商品保鲜时，系统便迅速响应，自动调整存储环境参数，全力确保生鲜商品品质。凭借物联网技术的深度应用，某连锁超市集团的生鲜损耗有望再降 20%。这不仅大幅提升了企业运营效益，更为消费者呈上更为新鲜、优质的商品。

4.2.2 AI 客服：24 小时应答投诉，满意度提升至 98%

消费者服务体验的优化是零售行业持续发展的关键所在。未来，AI 客服将成为零售企业的得力助手。AI 客服依托先进的自然语言处理技术，能够精准理解消费者提出的问题，并在短时间内给出准确的回答。无论白昼还是黑夜，AI 客服都始终坚守岗位，24 小时不间断地为消费者答疑解惑、处理投诉。当消费者对所购商品不满意时，AI 客服会迅速剖析问题根源，并提供合理的解决方案，极大地提升了消费者的满意度。预计在 AI 客服的助力下，成功实现数智化转型的企业的消费者的满意度可飙升至 98%，助力企业树立卓越品牌形象，深度提升消费者忠诚度。

4.2.3 无人零售：扫码取货＋无感支付，人力成本削减 40%

无人零售模式在未来将得到更为广泛的应用。消费者在踏入无人零售商店时，只需轻松扫码，即可开启便捷购物之旅。在此过程中，商品借助物联网技术实现自动识别与计价。消费者在完成购物离开商店时，无须排队等待结账，系统自动完成无感支付。这种便捷高效的购物方式不仅极大地提升了消费者的购物效率，更显著地削减了零售企业的人力成本。据估算，采用无人零售模式后，成功实现数智化转型企业的人力成本可削减40%，企业得以将更多的资源投入商品采购、店铺运营优化等核心环节，全面提升企业的综合竞争力。

4.3 启示录：零售业的数智化箴言

在零售业数智化转型的历程中，众多成功案例凝练出宝贵经验。这些经验宛如熠熠生辉的箴言，为行业发展照亮前行方向。

4.3.1 数据中台非可选项，而是必选项——破除孤岛，方见全域价值

在数字化时代，数据已然成为企业最为核心的资产。然而，在传统的零售模式下，数据分散于各个业务系统，形成诸多数据孤岛，致使数据价值难以充分彰显。数据中台的诞生一举打破这一困局。它如同数据枢纽，将POS系统交易数据、会员画像数据、供应链数据等多源数据有机地整合于同一平台。借助数据中台，企业得以全方位、精准洞察自身运营状况与市场动态，深度挖掘数据全域价值。对于零售企业而言，建设数据中台绝非可随意取舍的策略选项，而是在激烈的市场竞争中谋求生存与发展的必由之路。唯有破除数据孤岛，方能充分释放数据潜能，为企业决策提供坚实有力的支持，全方位提升企业的竞争力。

4.3.2 算法不为炫技，而为解决实际问题——预测准一度，库存优一分

智能算法在零售业数智化转型的进程中扮演着关键角色。以销售预测与库存管理领域为例，先进的集成学习算法、机器学习算法等通过对海量

历史数据的深度分析，能够精准预测市场需求走向。这种精准预测能力为企业库存管理提供科学依据，助力企业优化库存结构，有效减少库存积压与缺货现象。每一次预测精准度的提升，都意味着库存管理水平的进阶优化。因此，算法在零售业的应用绝非单纯为展示技术的先进性，而是切实为企业解决实际运营难题，为企业创造实打实的价值。

4.3.3　转型非技术独秀，而是人才与组织共舞——培养"财务+数据"双栖人才，打破部门壁垒

零售业数智化转型绝非单纯的技术革新，而是人才培养与组织架构的深刻变革。这迫切需要既懂数据分析、信息技术，又精通管理会计等多领域知识与技能的复合型人才。例如，企业应着力培养"财务+数据"双栖人才，他们既能从财务专业视角出发，又能熟练运用数据分析工具，精准洞察企业运营中的财务问题，并提出切实可行的解决方案。组织变革同样至关重要，传统部门壁垒严重阻碍信息流通与协同工作效率。在数智化转型的过程中，企业需全力打破部门隔阂，构建以数据为驱动的跨部门协作机制，促使各部门紧密配合，携手推动企业数智化转型进程。唯有人才培养与组织变革协同共进，方能确保数智化转型顺利推进，实现企业可持续发展。

"青山缭绕疑无路，忽见千帆隐映来。"（王安石《江上》）零售业的数智化转型之路固然充满艰难险阻，布满曲折与挑战，但只要紧紧锚定数据中台这一关键核心，持续磨砺管理会计应用能力，热忱拥抱技术创新变革，破局机遇必将如期而至。衷心期望本书所阐述的理念与案例能如暗夜中的璀璨星光，为传统零售企业的转型升级之路照亮前行的方向，助力它们在数智化转型的浪潮中成功实现华丽的蜕变，铸就更为辉煌的未来。

第八章
CHAPTER 8

数智革新：
金融业的风险破局

序幕　当银行遇上"数字风暴"

您是否注意到，银行看似固若金汤的运营常态，正被暗涌的波动重新定义。

表面上看，它们还是拥有气派的大楼，处理着数不清的钱。但风光的背后，麻烦可不少：借钱的人可能还不上（信用风险），市场像过山车一样忽上忽下（市场风险），有时现金突然不够周转（流动性风险），系统还可能出岔子或被黑客盯上（操作风险）。

更头疼的是"内功"跟不上了：数据东一块西一块，像一堆散落的拼图，拼不出完整的客户画像。查个信用风险要等好几天，坏账像野草一样，发现时已经长疯了。老办法、旧模型在面对新骗术、新变化时有点力不从心。这就像一艘大船驶进了陌生的风暴区，老地图和旧罗盘都不太灵了。怎么办？坐等被风浪掀翻吗？

当然不！本章要讲的就是银行如何在这场"数字风暴"中找到破局之道。核心在于两件事：一是唤醒"数据"的力量，把那些散乱、沉睡的数据变成清晰、有用的"金矿"；二是升级"决策"的智慧，让银行管理风险、制定策略不再靠"大概其",而是靠精准的"数字导航"。这不是简单的修修补补,而是一场深刻的数智革新——用数据和智能给金融业换上新引擎。

风暴已至,是随波逐流,还是乘风破浪?在本章中,我们一起看看银行如何用"数智"点亮灯塔,找到穿越迷雾、驶向未来的航线。

第一幕　风起云涌——金融业的危机与挑战

1.1　风起云涌,风险四伏

> 居安思危,思则有备,有备无患。
>
> ——《左传·襄公十一年》

金融业宛如奔腾不息的江河,表面看似波澜不惊,实则内里暗流涌动,汹涌澎湃。在当下数智化转型的浪潮中,银行凭借新兴技术的助力,仿佛扬起了前行的风帆,在金融业的汪洋中破浪前行。然而,这片看似广阔的水域却布满了风险的暗礁,稍有不慎,便可能让银行这艘巨轮触礁搁浅。

信用风险宛如高悬于头顶的达摩克利斯之剑,时刻威胁着银行的安全。借款人一旦违约,就如同推倒了多米诺骨牌,会引发一系列的连锁反应。在经济下行阴霾的笼罩下,企业的利润如同被霜打的茄子迅速缩水,而个人的收入也如同断了线的风筝急剧下降。在这种情况下,债务违约现象频频发生,给银行带来了沉重的打击。以某商业银行为例,其个人贷款余额已超过 3 000 亿元。这本应是辉煌的业绩象征,然而由于严重的风险滞后识别问题,银行年核销损失竟高达 54 亿元,不良贷款率也攀升至 1.8%。这些数字让人如鲠在喉,痛苦不堪。

市场风险恰似变幻莫测的潮汐,难以捉摸。利率的频繁波动使得银行资产与负债之间的平衡被打破,仿佛原本紧密相连的齿轮突然脱钩,陷入混乱。而汇率的起伏不定更是让从事外汇业务的银行如履薄冰,每一步都小心翼翼。一位资深的客户经理满脸无奈地感叹道:"昨天还稳如泰山的利率差,在今天的市场风云变幻中瞬间就化为了泡影,消失得无影无踪。"

流动性风险就像时而干旱时而洪涝的天灾,给银行带来巨大的困扰。中长期贷款与短期借款之间的期限错配使得银行在资金链紧绷的时刻仿佛站在了悬崖边缘,如临深渊,岌岌可危。某商业银行曾遇到一场突如其来的挤兑风波,险些让一家分行陷入瘫痪的绝境。银行大厅里挤满了焦急的储户,他们纷纷要求提取自己的存款,场面一度失控。幸运的是,在中央银行紧急输血般的救援下,这家银行得以化险为夷,最终逃过一劫。

操作风险更是犹如隐藏在暗处的冷箭,防不胜防。系统漏洞如同隐藏在机器中的蛀虫,随时可能侵蚀系统的安全;员工失误则像一颗不稳定的炸弹,在不经意间就可能引发危机;而网络攻击更如同一头凶猛的野兽,随时准备扑向银行,吞噬其资产和声誉。某商业银行曾有一次由于技术故障导致交易延迟。如同蝴蝶效应一般,这一小小的故障引发了巨大的损失,银行直接损失高达数千万元。不仅如此,客户对银行的信任也如大厦崩塌,一夕之间荡然无存。

1.2 困局之痛——某商业银行的生死时速

> 冰冻三尺,非一日之寒。
>
> ——中国谚语

某商业银行曾在个人贷款市场上风光无限,宛如一颗璀璨的明星,闪耀夺目。然而,在业务不断扩张的过程中,银行却不知不觉地陷入了泥潭而难以自拔。

1.2.1 业务荣光下的阴影

个人住房贷款在该行的业务版图中占据着举足轻重的大头地位。然而,楼市调控政策的收紧就像给火热的楼市浇了一盆冷水,市场逐渐冷却下来。

在这一背景下,潜在的坏账如同隐藏在黑暗中的幽灵,给银行带来了巨大的隐患。

汽车消费贷款看起来市场一片红火,热闹非凡。但当经济下行的寒风呼啸而过时,车贷违约率如同火箭般飙升。银行的车库里堆满了因借款人违约而被收回的抵押车辆。这些车辆仿佛无声地诉说着银行面临的困境。

个人经营贷款原本是为了支持小微企业的发展,为经济的"毛细血管"注入生机与活力。然而,由于严重的信息不对称问题,银行就像在黑暗中摸索前行,难以全面了解企业的真实情况,从而埋下了无数颗隐形地雷,随时可能引爆。

1.2.2　数据割裂的代价

在这家银行内部,八大系统各自为政,宛如一个个独立的王国,互不相通。客户征信信息被牢牢锁在 A 系统中,交易流水数据则隐藏在 B 系统的深处,APP 行为埋点数据又存储在 C 系统的角落……审批人员在审核一笔贷款时,仿佛置身于一片浩瀚的大海之中,需要在各个系统之间反复跳转,艰难地寻找所需信息,其耗时之久,犹如大海捞针一般。一位风控主管满脸苦笑地说道:"这些数据就像散落一地的拼图碎片,我们怎么努力都无法拼凑出客户的完整面貌。"

1.2.3　人工低效的致命伤

该行的贷后检查工作竟然需要整整 5 个工作日才能完成。曾经有一次,一笔高风险贷款审核延迟,导致当银行发现问题时,客户早已携款潜逃,消失得无影无踪。银行即使想要追偿,却也如同大海捞针,毫无头绪。员工们纷纷抱怨道:"每天面对堆积如山的纸质文件,眼睛都看花了,可即便如此,风险还是像狡猾的狐狸一样偷偷溜走了。"

1.2.4　关联风险的盲区

某集团客户旗下设有 20 家子公司,这些子公司通过交叉担保、资金拆借等方式，构建起极为复杂的关联网络。当核心企业突发信用危机时，风险迅速扩散，在网络中引发强烈的冲击。此时，银行才意识到担保链上的各个环节均面临资金压力，银行债权回收面临巨大的挑战。

1.3 挑战如山——数智化转型的生死竞速

逆水行舟，不进则退。

——中国谚语

在数字化时代的汹涌浪潮中，传统的风控手段显得愈发力不从心，宛如一位年迈的老人，在快速奔跑的队伍中逐渐掉队。

在面对实时风险时，历史数据模型就像拿着旧地图去寻找新宝藏，根本无法应对。过去的信用评分体系在如今日新月异的欺诈交易手段面前显得苍白无力，根本无法阻挡欺诈行为的发生。

在面对海量的数据时，人工经验判断如同盲人摸象，人脑的算力终究是有限的。无论经验多么丰富的工作人员，在如此庞大的数据面前都难以全面、准确地把握风险的全貌。

分散的系统架构更是如同一条条堵塞的道路，严重拖累了银行的工作效率。数据孤岛的存在使得风险预警成为"马后炮"，总是在风险发生之后才发出警报，为时已晚。

在某次至关重要的会议上，行长猛地一拍桌子，情绪激动地大声说道："我们必须做出改变！如果继续这样下去，下一个被淘汰的，必定就是我们！"

幕间思辨：金融业所面临的危机，归根结底是数据与效率之间的一场激烈的较量。当风险识别的速度慢了半拍，银行的利润就如同流沙一般，从指缝间悄然流逝；当数据被割裂成一座座孤岛，银行的决策就如同无根之木，失去了坚实的基础。那么，在下一幕中，让我们拭目以待，看看数据中台究竟如何施展神奇的魔法，将混沌化为秩序，以数智之光冲破眼前的困局！

第二幕　破局之钥——数据中台的智慧之光

2.1　数据汇聚层——百川归海的"数据引水工程"

九层之台，起于累土。

——老子《道德经》

在数智化转型的征程中，某商业银行的数据中台迈出了关键且坚实的第一步，成功贯通了八大核心系统，宛如一项宏伟的"数据引水工程"，引导着数据的洪流汇聚一处。

核心业务系统作为银行运营的中枢，展现出惊人的数据接入能力，每秒能够接入高达 10 万笔交易流水。这些交易数据如汹涌的江河之水，源源不断地注入数据中台，为后续的分析与决策提供了最原始、最基础的素材。

信贷管理系统也不甘示弱，百万元级别的贷款合同以及还款记录实现实时同步，彻底打破了以往"T+1"延时的魔咒。这意味着银行能够在第一时间掌握信贷业务的最新动态，为风险管理和业务决策提供及时、准确的数据支持。

财务管理系统也深度融入其中，成本分摊数据与业务流水实现了精准关联。这一举措意义非凡，管理会计从此得以清晰洞察"每一分钱的来龙去脉"，能够更深入地进行成本分析和效益评估，为银行的精细化管理提供了有力支撑。

在外部数据融合方面，数据中台同样取得了重大突破。通过高效的 API 接口，工商、司法、社交舆情等关键数据实现了秒级接入，填补了银行风险信息领域 40% 的空白。例如，当某客户申请贷款时，数据中台展现出强大的整合能力，在短短 0.5 秒内便将客户的征信记录、APP 行为数据以及关联企业的司法涉诉数据进行了全面整合。经分析发现，该客户的控股公司存在涉诉情况且未向银行披露。基于此，银行果断做出拒贷决策，成功避免了 3 000 万元的潜在损失。

2.2 数据开发层——从"混沌"到"秩序"的炼金术

> 如切如磋，如琢如磨。
>
> ——《诗经·卫风·淇奥》

原始数据在进入数据中台后宛如未经雕琢的璞玉，充满了混沌与杂质。然而，经过四大"炼金工坊"的精心打磨，它们实现了从"混沌"到"秩序"的华丽蜕变。

在流式清洗车间内，Flink 引擎宛如一位不知疲倦的卫士，实时监控着每一笔交易。当出现"凌晨 3 点跨境转账 100 万元 + 设备指纹异常"这样的可疑交易时，它能够迅速做出反应，及时拦截。这一举措使得反洗钱拦截率大幅提升 60%，有效打击了洗钱等违法犯罪行为。曾经有一个诈骗团伙试图通过伪造 200 个"正常账户"进行洗钱活动，然而他们的 IP（互联网协议地址）聚集特征被 Flink 引擎敏锐捕捉，系统迅速对这些账户进行标记，最终公安机关成功将该诈骗团伙一网打尽。

批量治理工厂则在夜间悄然发力，Spark 集群对长达 10 年的历史数据展开全面清洗。在这个过程中，Spark 集群成功修复了 50 万条"身份证号缺失"记录，使得客户画像的完整度从原本的 65% 跃升至 98%。完善的客户画像为银行深入了解客户需求、精准开展营销活动以及有效防控风险奠定了坚实的基础。

在 AI 质检实验室中，深度学习模型发挥着关键作用。它如同一位火眼金睛的质检员，能够精准地识别"年龄 150 岁""月收入 1 亿元"等荒谬的数据，使得数据错误率下降 90%，极大地提高了数据质量。

数据血缘追踪系统更是为数据的管理与维护提供了有力保障。每一笔数据从诞生之初的来源，到后续的加工路径，再到最终的使用场景，都被全程记录，实现可追溯。例如，当某关键指标出现计算偏差事故时，银行借助血缘追踪系统，溯源时间从以往的 3 天大幅缩短至 10 分钟，大大提高了问题排查和解决的效率。

2.3 数据体系（数据仓库）层——"时空折叠"的智能记忆体

观今宜鉴古，无古不成今。

——《增广贤文·上集》

在数据体系（数据仓库）层，实时数仓与历史数仓宛如两把利剑相互配合，共同构建起银行的数据记忆体系。

实时数仓宛如一位敏锐的观察者，交易流水入库延迟被成功压缩至 5 秒，这使得风险模型能够及时捕捉到"此刻正在发生的异常"。比如，某客户在短时间内连续进行 5 笔"1 元测试交易"后，突然发起 500 万元的大额转账，实时数仓迅速将这一异常交易信息传递给风险模型，系统随即实时阻断该交易并冻结账户，有效防范了潜在风险。

历史数仓则是银行数据的深厚积淀。它整合了 10 年的信贷数据，并结合经济周期标签成功训练出"经济下行期违约预测模型"，准确率超过 85%。这一模型为银行在复杂多变的经济环境中提前预判风险、制定合理的信贷政策提供了重要依据。

此外，湖仓一体架构（Lakehouse Architecture）的引入进一步优化了数据存储策略。冷数据，如 5 年前的交易记录，被存入低成本的对象存储，既节省了存储成本，又不影响数据的长期保存；热数据，如近 3 个月的行为日志，则被置入内存数据库，确保能够被快速调用和分析。通过这种冷热数据分层存储的方式，银行的数据存储成本降低了 40%，同时提升了数据处理效率。

2.4 数据资产管理层——从"数据矿渣"到"数字黄金"

> 物尽其用，人尽其才。
>
> ——马烽《典型事例》

随着数据资产目录的上线，某商业银行的数据资产迎来了价值觉醒的新篇章。

在资产确权方面，银行对"客户风险评分模型"各数据来源的贡献度进行了明确标注：征信数据权重40%，行为数据权重30%，社交数据权重30%。这一举措使得模型迭代过程中的争议减少了70%，各方对数据的作用和价值有了清晰的认知，为模型的优化和持续改进提供了有力支持。

在价值度量方面，反欺诈数据包的调用次数达到日均100万次，按照0.01元/次的内部计价方式，每年能够为银行创造365万元的收入，并被计入无形资产账户。这一量化结果直观地展现了数据资产的经济价值，也让银行更加重视数据资产的管理和运营。

在资产流通方面，零售部门通过付费调用公司客户数据包，深入挖掘小微企业主的个人信贷需求，潜在客户转化率提升了18%。这一创新模式不仅促进了数据在银行内部的流通与共享，还实现了数据资产的价值增值，为银行的业务发展注入了新的活力。

2.5 数据服务层——风险防控的"智能武器库"

> 欲筑室者，先治其基。
>
> ——苏辙《新论》

数据服务层宛如一座为银行业务打造的"智能武器库"，通过三大服务矩阵对银行业务流程进行了全面重构。

实时风控服务依托微服务架构，具备强大的并发处理能力，能够支撑每秒5万次的风险评分查询，且响应时间被压缩至50毫秒。这意味着银行在面对海量的交易数据时，能够迅速对客户风险进行评估，及时做出决策。规则引擎更是为业务人员提供了便捷的工具，支持他们通过简单的拖拽操作即可实现"IF 交易额>10 万 AND 地点突变 THEN 拦截+人工复核"等复杂规则的设置，大大提高了风险防控的灵活性和针对性。

客户画像服务则为银行的精准营销提供了有力支持。它能够输出 2 000 多条客户标签，帮助银行深入了解客户的特征和需求。例如，某支行利用"育儿期女性+跨境消费偏好"标签，精准开展教育金保险营销活动，保险成交率实现翻倍增长。

监管报送服务的自动化则极大地减轻了银行合规部门的工作负担。它能够自动生成 1104 报表（银行业非现场监管报表）、EAST（检查分析系统技术）数据，使得合规人力减少了 50%，同时罚单数量降低了 80%，有效提升了银行的合规管理水平。

2.6 数据安全管理层——隐形战场的"铜墙铁壁"

> 兵者，诡道也。故能而示之不能，用而示之不用。
>
> ——《孙子兵法》

在数据安全领域，某商业银行构建了一套坚如磐石的防御体系，宛如隐形战场上的"铜墙铁壁"，守护着银行的数据资产安全。

动态脱敏技术的应用有效保护了客户敏感信息。当客户经理查看客户信息时，系统会自动隐藏身份证后四位，如将"310113 ********1234"转为化"310113 ************"，这一举措使得银行数据泄露风险降低了 80%。

量子加密技术的引入更是为客户敏感信息加上了一层坚固的防护锁。当系统采用抗量子算法加密后，即使某次黑客攻击成功截获数据，也只能面对一堆无法破解的乱码，这极大地增强了数据的安全性。

攻击诱捕策略则是银行防御体系中的一记妙招。系统通过部署"蜜罐数据库",使之伪装成核心系统诱导黑客攻击。某境外黑客组织在实施攻击时,反而被银行成功溯源定位,为后续的安全防范和打击工作提供了有力线索。

2.7 数据运营层——从"技术项目"到"商业生态"

> 独行快,众行远。
>
> ——阿拉伯谚语

某商业银行的数据中台已不再仅仅是IT(信息技术)部门的一个后台技术项目,它已华丽转身,成为驱动全行发展的战略引擎,构建起一个生机勃勃的商业生态。

联邦学习工场的建立为分行之间的数据合作与共享开辟了新路径。各分行在数据不出域的前提下,携手共建反欺诈模型。例如,某地分行凭借对"边境贸易洗钱模式"特征的贡献,使得反欺诈模型的精准度提升了25%,有效加强了全行的风险防控能力。

数据资产交易所的设立促进了数据资产在银行内部的流通与交易。内部上架的"小微企业现金流预测模型"被公司金融部以100万元/年的价格采购,成功替代了外部咨询公司的服务,既降低了成本,又实现了数据资产的价值变现。

价值可视化作战室则宛如一个指挥中枢,通过大屏实时滚动展示"数据调用量→风险拦截数→损失避免金额"的转化链条。以某月数据为例,调用反洗钱接口500万次,成功拦截可疑交易2万笔,避免损失高达5亿元。这一可视化展示让银行能够直观地看到数据中台在业务运营中的价值创造过程,为决策提供了清晰、准确的依据。

幕间思辨:数据中台的真正魅力并不仅仅体现在先进的技术栈上,更在于它能够让数据流动起来,实现裂变式增长,进而创造出巨大的价值。随着风险防控从传统的"人工围堵"模式升级为智能高效的"智能筛网"

模式，管理会计已从单纯的"记录历史"进化为精准的"预判未来"。这场数智革命已在悄然间重新书写着金融业的生存与发展法则。在即将开启的第三幕中，让我们一同见证刀刃上的利润之舞，领略商业银行在数据中台助力下的精彩蜕变！

第三幕　决胜千里——管理会计的智谋

3.1　风险成本看板——战场上的"北斗星图"

> 羽扇纶巾，谈笑间，樯橹灰飞烟灭。
> ——苏轼《念奴娇·赤壁怀古》

数据中台的实时数据流如江河奔腾般源源不断地汇入管理会计的"指挥舱"。风险成本看板在屏幕上闪耀，仿若一幅精准的北斗星图，为银行在风险弥漫的迷雾中指引破浪前行的方向。

3.1.1　功能亮剑

风险敞口热力图：某银行的全国贷款分布以颜色深浅标注，其中某沿海城市呈现如烙铁般的红色。银行经深入探究后发现，该城市小微企业贷款集中度过高，已超出安全阈值。银行若不及时采取行动，一旦小微企业群体受市场波动冲击，银行就将面临巨大的风险敞口。因此，紧急分散风险刻不容缓，银行需重新规划信贷投放策略，引导资金流向多元化产业与地区。

拨备覆盖率仪表盘：随着拨备覆盖率仪表盘上的指针从150%缓缓攀升至180%，行长原本紧皱的眉头逐渐舒展。这一数值的提升意味着银行计提的贷款损失准备金更加充足。经评估，这笔准备金足以提升银行抵御信贷风险的能力，为银行在动荡的金融市场中筑牢了一道坚实的防线。

核销损失趋势曲线：一条陡峭下降的绿线映入眼帘，显示年核销损失从54亿元成功压至36亿元。对于银行而言,这省下的18亿元资金,犹如一场及时雨。经核算,这笔资金足够新建一座现代化的科技数据中心,为银行进一步提升数据处理与分析能力奠定了坚实的物质基础。

3.1.2 实战案例

某日,银行的风险成本看板突显西部地区个人经营贷款坏账率飙升。管理会计团队迅速响应,第一时间调取相关数据。经深入分析,发现当地旅游业受新冠疫情冲击严重,众多个人经营户收入锐减,无力偿还贷款。团队连夜商讨,建议银行暂停相关贷款发放,避免更多的风险暴露;同时,启动存量客户纾困计划,为受困客户提供贷款展期、降息等帮扶措施。三个月后,该地区坏账率回落5%,客户送来的锦旗上书:"雪中送炭,金融有温度。"这不仅彰显了银行的社会责任,还为银行在当地赢得了良好的口碑,为银行后续业务拓展奠定了良好的基础。

3.2 压力测试——沙盘上的"末日预演"

> 旱则资舟,水则资车,以待乏也。
>
> ——《国语·越语》

在数据中台的有力支持下,管理会计团队仿若化身为神秘的"金融预言家",凭借精准的数据与先进的模型,用数字模拟出一场场极端风暴,以此考验银行在困境中的生存韧性。

3.2.1 场景构建

经济寒冬:模拟GDP（国内生产总值）骤降20%、失业率突破8%、楼市崩盘的极端场景。在这种情况下,企业经营陷入困境,大量企业破产,个人因失业而无力偿还房贷,断供潮汹涌来袭,银行资产质量面临严峻的考验。

利率海啸:假设央行紧急加息300个基点、存贷利差倒挂的场景。银行的存款成本大幅上升,而贷款收益不增反降,利润空间如烈日下的冰块般迅速消融,对银行的盈利能力构成巨大的挑战。

流动性黑洞：构建同业市场冻结、挤兑传闻四起的场景。银行面临巨大的流动性压力，考验其"现金血库"的储备深度。若银行无法及时满足客户的提款需求，则将引发信任危机，甚至导致银行破产。

3.2.2 模型推演

企业贷款：某制造业巨头在模拟中利润暴跌50%，财务状况急剧恶化，触发10亿元贷款违约。其作为核心企业，在产业链中牵一发而动全身，连带担保链上的5家企业连环暴雷，进一步放大了风险，给银行的信贷资产质量带来沉重的打击。

个人房贷：房价下跌30%，市场信心受挫，断供率飙升至8%。抵押物价值大幅缩水，银行在处置资产时需折价30%，导致资产损失严重，对银行的资产负债表造成巨大的冲击。

资本充足率：银行的资本充足率从13.5%暴跌至10.2%。这意味着银行的资本实力减弱，抵御风险的能力下降，若不及时采取措施补充资本，则将面临监管处罚与市场信任危机。

3.3.3 绝地反击

团队连夜制定"压力预案"。

紧急输血：发行200亿元永续债，迅速补足资本缺口，增强银行的资本实力，提升银行抵御风险的能力。

断臂求生：果断抛售非核心资产，回笼150亿元现金，优化资产结构，提高资产的流动性与质量。

精准滴灌：对优质客户提供展期，帮助其渡过难关，维持良好的合作关系；对劣质客户加速清退，降低潜在风险。

首席风险官感叹："压力测试不是算命，而是给银行装上'金融保险杠'！"通过压力测试，银行提前预知风险，做好应对准备，从而在危机来临时能够保持稳健运营。

3.3 定价策略——天平上的"毫厘之争"

贵出如粪土，贱取如珠玉。

——《史记·货殖列传》

在数据中台赋能下，管理会计将定价从"经验玄学"转变为"精密科学"，在风险与收益的钢丝上精准起舞。

3.3.1 策略升级

高风险客户：贷款利率上浮30%，以补偿潜在的高风险损失。同时，附加"动态调整条款"，若社交舆情恶化，则贷款利率自动跳升5%。例如，某餐饮连锁企业被曝欠薪，负面舆情迅速传播。系统实时监测到这一变化，立即调高其贷款利率。该企业负责人感受到资金成本的压力，为避免更高的财务负担，紧急融资还款，银行成功避免了坏账的发生。

低风险客户：贷款利率优惠0.5%，吸引优质客户。同时，绑定"忠诚度协议"，若连续三年信用良好，则优惠幅度逐年递增。某科技企业（首席执行官）因享受累计1.2%的利率优惠而切实感受到了银行的诚意与实惠，为了持续获得优惠利率，同时基于对银行服务的认可，将企业结算账户、员工薪资代发全数迁移至该行，为银行带来了稳定的业务与资金流。

3.3.2 智能博弈

市场竞争雷达：实时监测同业定价。例如，某竞争对手突然下调消费贷利率，针对这种情况，系统迅速分析市场形势，建议"跟进0.2%，但收紧客户筛选条件"。银行在保持市场竞争力的同时，确保贷款质量不受影响，同时避免盲目跟风导致风险上升。

客户弹性模型：数据分析显示，小微企业对利率的敏感度低于对审批速度的敏感度。银行据此将资源倾斜至流程优化，通过简化审批手续、运用智能审批系统等措施，将审批时长从3天压至1小时。这一举措极大地提高了小微企业的贷款体验，银行的市占率飙升 8%，在小微企业市场中赢得了竞争优势。例如，在某次定价委员会上，数据大屏突弹提示："某区域房贷客户对利率敏感度超预期，建议差异化定价！"对此银行迅速响应，三天后，该区域推出"公积金客户专属 9 折利率"。这一定价策略精准命中客户需求，银行当月贷款量翻倍，为银行带来了显著的业务增长与收益提升。

3.4 利润与风险的"太极之道"

> 人生得意须尽欢，莫使金樽空对月。
>
> ——李白《将进酒》

管理会计以数据为媒，在利润与风险间画出优雅的平衡曲线。

成本控制：通过风险看板锁定高耗能业务，发现部分业务长期处于亏损状态，成为银行的负担。银行经过评估，果断砍掉年亏损 2 亿元的"僵尸客户"服务，优化资源配置，降低运营成本。

资源再分配：将节省的资金投入科技、绿色金融等政策扶持领域。这些领域不仅符合国家政策导向，还具有良好的发展前景。银行在支持实体经济发展的同时，年获税收优惠 1.5 亿元，实现了经济效益与社会效益的双赢。

战略校准：压力测试揭示经济周期规律，银行敏锐地捕捉到机遇，逆周期布局基建贷款。次年政策宽松时，基建项目蓬勃发展，银行的净息差扩宽 0.3%，盈利能力显著提升。

财务总监向董事会汇报："过去我们像蒙眼赛跑，现在数据中台是导航仪，管理会计是方向盘——银行这艘巨轮，终于能绕过冰山，驶向蓝海！"管理会计借助数据中台的力量，为银行的决策提供了精准的支持，引领银行在复杂多变的金融市场中稳健前行。

幕间思辨：管理会计的数智化转型绝非取代人类判断，而是将直觉升维为"超级直觉"。当风险成本化作跃动的数字,当压力测试预演未来危机,当定价策略精准如手术刀,金融业的决策终从"经验迷雾"踏入"光明坦途"。下一幕,且看这场变革如何重塑行业格局!

第四幕　涅槃重生——转型成果与未来蓝图

4.1　战果辉煌——数字背后的"金融革命"

> 宝剑锋从磨砺出,梅花香自苦寒来。
> ——《警世贤文·勤奋篇》

历经漫长的探索与不懈的努力,数据中台与管理会计携手共进,终于助力某商业银行实现了华丽转身,银行宛如凤凰涅槃般焕发出全新的生机与活力。在成果展示的荣誉墙上,一组组耀眼的数据宛如璀璨星辰,它们是商业银行在这场金融变革中浴火重生的有力见证。

不良贷款率从1.8%成功压低至1.2%,这一显著的变化意义非凡。通过计算可知,银行年核销损失锐减18亿元,这节省下来的巨额资金足以购置一座设施完备、功能先进的"五星级"数据中心,为银行未来的数据处理与存储需求提供坚实保障。

曾经,风险识别时效犹如一场漫长的人工"马拉松",需要耗费整整5个工作日的时间;如今,在先进系统的加持下,其已蜕变成为一场令人惊叹的200毫秒系统"闪电战"。高效的风险识别能力成功拦截了2 000笔高风险贷款,经估算,避免的损失金额超过30亿元,极大地降低了银行的潜在风险。

拨备覆盖率也实现了大幅跃升,达到180%,资本充足率提升了0.5%。这些关键指标的优化直接促使银行的监管评级从"B-"一路跃升至"A+"。评级的显著提升犹如一颗定心丸,极大地增强了投资者的信心,使得银行在资本市场上更具吸引力。

值得一提的是,"数据贷"这一创新产品横空出世后,迅速在市场上引起强烈的反响。银行利率降低了 0.5%,审批时间更是大幅缩短至 1 小时,这一高效便捷的服务模式深受小微企业的青睐。数据显示,小微企业客户数量增长了 120%,该产品也凭借其独特优势成为行业内竞相效仿的标杆。

某分行行长在看到业绩报表时难掩内心的喜悦,指着报表笑道:"过去,我们整天忙于应对各种风险,如同在火场中救火,焦头烂额;如今,在科技的赋能下,我们能够轻松地实现业务增长。这才是真正的科技力量!"

4.2 战略突围——合规与创新的双螺旋

> 明者因时而变,知者随事而制。
>
> ——桓宽《盐铁论》

4.2.1 监管合规:从被动应付到主动防御

在监管合规方面,该商业银行实现了从被动接受监管到主动防御风险的重大转变。

在央行压力测试中,数据中台充分发挥其强大的整合能力,成功整合了全行 90% 的核心数据。不仅如此,仅需短短 5 分钟,数据中台就能生成一份精准详细的测试报告,其中不良贷款预测误差率仅为 0.3%。如此高效准确的测试结果让监管部门对银行的风险管理能力刮目相看。

在反洗钱工作中,该商业银行引入 AI 模型实时筛查可疑交易,取得了显著成效。误报率相较于以往下降了 60%,有效避免了因误报而带来的资源浪费和对客户的干扰。更为重要的是,监管罚单下降了 80%,充分证明了银行在反洗钱工作上的卓越成效。

此外,区块链技术的应用带来了审计溯源的革命性变化。通过区块链技术固化数据指纹,无论何时,系统只需 10 秒就能还原 3 年内任意一笔贷款的审批全流程。这种高度的透明性和可追溯性为银行的合规运营提供了坚实的保障。

4.2.2 产品创新：从跟随者到规则制定者

在产品创新领域，该商业银行成功实现了从市场跟随者到规则制定者的华丽转身。

以"数据贷"为例，它展现出了强大的市场竞争力，对传统金融产品形成了降维打击。例如，某煎饼连锁店凭借3年的微信流水顺利获得了100万元的贷款，且利率比传统抵押贷还低1%。该店老板感慨万分："以前银行只看重房产等抵押物，如今却能通过数据看懂我们这些小本生意的经营状况，真正贴近了我们的需求。"

智能投顾"阿尔法管家"基于客户交易数据，能够精准地为客户推荐理财产品。上线仅半年，其资产管理规模（AUM）就突破了500亿元，为客户提供了更加个性化、智能化的投资服务。

绿色金融积分体系的推出也颇具创新性。企业的碳减排数据直接与数据中台相连，对于达到标准的企业，银行给予利率折扣优惠。这一举措吸引了300家环保企业入驻，不仅推动了绿色金融的发展，还为银行树立了良好的社会形象。

风险总监对此总结道："合规是银行运营的底线，它确保我们的业务在合法合规的轨道上运行；创新则是银行发展的天花板，它决定了我们能够达到的高度。我们既要坚守底线，踩实地板，又要勇于突破，捅破天花板！"

4.3　跨行业启示——数据的"格物致知"

> 天下同归而殊途，一致而百虑。
>
> ——《周易·系辞下》

4.3.1 数据颗粒度：小数字里的大乾坤

不同行业对数据颗粒度的精细程度有着不同的要求，而这往往能带来意想不到的巨大价值。

在制造业，某车企通过追踪每台发动机的 5 000 个传感器数据，实现了故障预测准确率提升 90% 的惊人效果。这使得企业能够提前对发动机进行维修保养，有效降低了保修成本，幅度高达 50%。

在零售业，便利店巨头将数据细化至"每瓶水的货架停留时间"。借助这一精细化的数据，动态调价系统得以发挥作用，让滞销品周清仓率提高了 70%，大大优化了商品库存管理。

与此相比，某银行曾因交易数据颗粒度粗放而在处理跨境汇款业务时，误将正常的跨境汇款标记为洗钱行为，导致大量客户流失，遭受了惨重的损失。痛定思痛后，如今该银行将数据细化到"每笔交易的 GPS（全球定位系统）坐标+设备指纹"，成功实现误判率归零，有效提升了客户服务质量和风险防控能力。

4.3.2 敏捷响应：从"大象转身"到"猎豹突击"

在传统模式下，银行对信用卡盗刷投诉的处理效率极低，需要长达 3 天的时间进行调查核实。在此期间，客户往往已经对银行的服务失去信心，愤然销户。

而如今，随着实时革命的到来，AI 识别盗刷仅需 0.1 秒。一旦检测到异常交易，系统会自动冻结账户，并通过短信及时向客户确认："您刚才在巴黎消费 10 万元？回复 1 确认，回复 2 否认。"客户对此惊叹不已："银行对盗刷的反应速度比我老婆查岗还快！"

某科技公司 CEO 在参访该商业银行后感慨地说："金融业的数智化转型成果显著，它已不再是某些行业的专属，而是逐渐成为各行各业实现创新发展的必修课。"

4.4 未来已来——星辰大海的远征

> 会当凌绝顶，一览众山小。
>
> ——杜甫《望岳》

4.4.1 技术融合：三剑客重塑金融基因

未来，AI、区块链、量子计算等先进技术将深度融合，如同三位勇猛的剑客，重塑金融行业的基因。

AI 将如同一位先知，通过深度学习客户行为模式，能够提前 30 天预测企业破产概率，且误差率低于 1%。这将为银行的信贷决策提供极为精准的参考，有效降低信贷风险。

区块链将构建起一道坚不可摧的铁幕，使跨境支付实现"链上秒结"，彻底改变传统跨境支付流程烦琐、耗时较长的局面。这一变革让传统的 SWIFT（环球同业银行金融电讯协会）系统感受到巨大的竞争压力，惊呼"狼来了"。

量子计算则如同一场核爆，具有强大的计算能力。它能够在 1 秒内破解传统加密技术需万年才能攻克的难题，引领银行密押系统进入"后量子时代"，极大地提升金融数据的安全性。

4.4.2 管理进化：从经验主义到数字先知

在管理方面，金融业也将迎来重大进化，从传统的经验主义向数字先知转变。

信用风险、市场风险、操作风险等各类风险数据将被打通，进而构建起"风险熵值模型"。通过这一模型，银行能够在一屏之上全面掌控全局风险，实现风险的统一管理和协同应对。

客户管理也将从单次交易转向全生命周期管理。数据中台能够根据客户不同阶段的需求，自动推送"孕产期理财方案""银发养老套餐"等个性化服务，客户黏性将会大幅提升。

行业终局猜想：关于金融行业的未来发展，有诸多令人向往的猜想。银行隐形化趋势日益明显，APP 将逐渐取代传统的银行网点。VR 客户经理能够实现 24 小时在线服务，为客户提供便捷的金融咨询。对于"95 后"用户来说，去银行网点更可能是为了拍照打卡，而不是办理业务。金融民主化也将成为现实。农民凭借种植大数据轻松获得贷款，艺术家用作品NFT（Non-Fungible Token，非同质化代币）估值进行融资。普惠金融将真正实现"普照众生"，让金融服务覆盖到社会的每一个角落。

银行首席战略官在年度论坛上发表宣言："未来银行不再仅仅是传统意义上的'金融机构'，而将转型成为'数据算法公司'。在这个数字化时代，谁掌握了数据主权，谁就掌握了金融领域的王权！"

幕终思辨：这场金融数智化转型并非旅程的终点，而是一个全新世界的起点。在这个时代，数据已成为一种强大的新能源，算法则成为新的资本力量。随着它们的崛起，金融业原有的边界正在不断崩塌与重构。终章即将来临，让我们拭目以待，看这场数智革命将如何深刻地重塑人类与财富之间的契约！

章末金句：当银行比我们更懂我们自己，我们是更自由，还是更易被操控？

第九章
CHAPTER 9

数智突围：
酒店业的智慧蝶变

序幕　数字浪潮下的酒店业变局

> 大江东去，浪淘尽，千古风流人物。
>
> ——苏轼《念奴娇·赤壁怀古》

全球经济如江水奔涌，酒店业在数智化转型与消费升级的双重激荡中，既迎来黄金时代，亦深陷暗流漩涡。从入住率巅峰的辉煌岁月到疫情寒冬的至暗时刻，传统经验主义的管理模式已如"刻舟求剑"，难抵时代洪流。本章将带您走进一场酒店业的"数智突围战"，看基于数据中台驱动管理会计数智化转型如何化身"智慧舵手"，引领行业穿越迷雾，驶向新蓝海。

第一幕　风暴前的宁静——酒店业的黄金时代与暗流涌动

1.1　繁荣背后的隐忧

"满眼生机转化钧，天工人巧日争新。"（赵翼《论诗五首》）2014—

2024年，全球酒店市场规模稳步上扬，年均增长率达3%。高端酒店品牌星罗棋布，奢华套房与智能客房成为行业标配，看似一片繁荣昌盛之景。然而，繁荣表象下危机四伏：旺季时客房供不应求，人满为患；淡季时则门可罗雀，冷冷清清，呈现极端的"冰火两重天"态势。在线旅游（OTA）平台发起的价格战如火如荼，硝烟弥漫。能耗浪费现象更是触目惊心，一间空置套房每年消耗的电费近万元，资源浪费严重。

1.2 客户——难以捉摸的"千面之神"

商务客户追求高效便捷，度假客户钟情诗意浪漫，Z世代（1995—2009年出生的一代人）热衷前沿科技，银发一族注重安全舒适……客户需求复杂多样，"众口难调"，让传统服务模式如同"盲人摸象"，难以精准满足。曾经有一家高端酒店，因忽视商务客户对Wi-Fi的高要求而致使客户流失率陡然飙升30%。这凸显出精准洞察客户需求的重要性与紧迫性。

1.3 黑天鹅的致命一击

"屋漏偏逢连夜雨"，新冠疫情突如其来，酒店业的订单取消率瞬间高达80%，大量客房闲置，空置成本如同一座大山，重重地压在酒店业的肩头。有时，台风等自然灾害来袭，海滨酒店在旺季时本应宾客盈门，却因台风的袭击而瞬间沦为"空城"。依赖历史数据构建的预测模型误差率超过30%，传统的静态定价策略在瞬息万变的动态市场中节节败退，尽显弊端。

1.4 AB酒店集团案例

AB酒店集团在全球高端酒店市场地位举足轻重。目前，集团在全球运营超200家高端酒店，分布在各大洲主要城市及热门旅游地，构建起广泛密集的全球布局。

这200多家酒店各具特色，严守集团高品质的标准与独特的品牌理念。

从纽约、伦敦等国际大都市，到马尔代夫、巴厘岛等旅游胜地，都有其身影。像纽约的酒店地处曼哈顿核心，方便商务与旅游；马尔代夫的酒店则依傍海滩，打造梦幻度假地。

集团聚焦高端奢华，以卓越的服务、奢华的设施和独特的文化体验为核心竞争力，瞄准高端商务客户与高品质旅游客户。针对高端商务客户，酒店配备多规格会议室、多功能厅，具备高清投影、视频会议、智能音响等先进设备，还设有商务中心，提供一站式商务服务。针对高端旅游客户，酒店依据当地文化特色，设计特色活动，如日本酒店的茶道和花道体验、意大利酒店的艺术展和酒庄参观等，并根据客户需求定制专属服务，如定制菜单、推荐景点。酒店装修豪华，使用顶级材料与精致家具，营造高贵舒适的氛围。房间配备智能门锁、智能灯光及窗帘控制系统等先进设备。餐饮方面，酒店有多个高端餐厅，由国际名厨主理，汇聚全球美食。

全球布局时，集团充分考量各地市场需求与文化特色。在亚洲地区，尤其在中国、日本、韩国等经济与旅游活跃国家，酒店凭借优质的服务与文化融合，收获认可。在欧美地区，酒店凭借卓越的品质与国际化服务，在当地高端市场站稳脚跟，分布于英、法、德、意等欧洲主要国家城市，以及美、加等美洲国家大城市与旅游胜地，服务当地及国际客户。

AB酒店集团凭借庞大的规模、明确的品牌定位与广泛的全球布局，在高端酒店市场树立卓越形象，成为高端客户住宿首选之一。

1.4.1 需求波动——季节的"诅咒"与数据的"谎言"

> 人有悲欢离合，月有阴晴圆缺，此事古难全。
>
> ——苏轼《水调歌头》

在旅游旺季，如每年的暑假期间，AB酒店集团位于海滨城市的酒店的入住率常常达到100%，甚至出现一房难求的情况。这是因为暑假是家庭出游的高峰期，许多家庭选择前往海滨城市享受阳光沙滩和海洋风光，对酒店的需求极为旺盛。而在冬季，由于气候寒冷，旅游活动减少，一些北方地区的酒店的入住率可能低至40%，尤其是在东北地区，冬季的寒冷天气使得游客数量大幅减少，许多酒店的房间大量闲置。

依赖历史经验进行需求预测的误差率较高，这是传统酒店业面临的一大难题。历史数据虽然能够反映过去的市场情况，但市场环境是复杂多变的，受到多种因素（如经济形势、政策法规、社会事件等）的影响。单纯依靠历史经验来预测未来的需求，往往无法准确地捕捉到这些变化，导致预测的误差率常常超过30%。在2020年新冠疫情暴发期间，由于疫情的突然性和不确定性，许多酒店依据历史数据进行预订预测，结果出现了严重的偏差。原本预计在旅游旺季会有大量游客入住，但疫情的暴发使得旅游活动被全面限制，酒店的入住率急剧下降，许多酒店不得不面临大量客房空置的困境。

突发事件对酒店业的冲击也不容小觑。疫情、天气灾害等突发事件具有不可预测性，会导致订单取消率突增，从而给酒店带来高昂的空置成本。在新冠疫情期间，各国纷纷采取旅行限制措施，人们的出行意愿大幅降低，酒店的订单被大量取消。据统计，AB酒店集团在新冠疫情期间的订单取消率高达80%，许多酒店不得不关闭部分客房，以减少运营成本，但即便如此，空置成本仍然给酒店带来了巨大的经济压力。此外，在暴雨天气下，游客可能会取消行程，导致酒店的入住率下降。

1.4.2　定价困局——OTA的"绞杀"与客户的"背叛"

> 我本将心向明月，奈何明月照沟渠。
>
> ——高明《琵琶记》

在当今竞争激烈的酒店市场中，静态定价策略已难以适应快速变化的市场环境，成为制约酒店收益提升的重要因素。随着OTA的迅速崛起，价格战成为市场竞争的常见手段。当OTA平台上的竞争对手推出低价促销活动时，采用静态定价策略的酒店若不能及时做出价格调整，就会在竞争中处于劣势。在旅游旺季，一些OTA平台会针对特定酒店推出限时折扣活动，价格比酒店官网定价低 10%—20%。如果该酒店仍维持静态定价，不参与价格竞争，大量客源就会被竞争对手抢走。许多注重性价比的游客在预订酒店时会通过 OTA 平台进行价格比较，选择价格更为优惠的酒店。这使得采用静态定价策略的酒店的订单量大幅减少，潜在收益严重流失。

缺乏差异化定价能力也是酒店业面临的一大难题。不同类型的客户对酒店的价值认知和支付意愿存在显著差异，高端客户更注重酒店的品质、服务和独特体验，对价格相对不敏感；而价格敏感客户更关注价格因素，对酒店的品质和服务要求相对较低。传统的定价方式未能充分考虑这些差异，将高端客户与价格敏感客户混为一谈，采用统一的定价标准。这导致高端客户可能觉得酒店的价格未能体现其价值，而价格敏感客户又因价格过高而选择其他更具性价比的酒店。一家五星级酒店曾对所有客户采用相同的定价策略，没有针对高端商务客户和普通游客进行差异化定价。这导致高端商务客户在入住时可能会觉得酒店的价格与其他同档次酒店相比缺乏竞争力，无法满足其对高品质服务的价值认知；而普通游客可能因价格过高而望而却步，选择价格更为亲民的经济型酒店。这种定价方式不仅无法满足不同客户群体的需求，还降低了酒店的整体收益。

1.4.3　资源割裂——部门"割据"与能耗"黑洞"

> 本是同根生，相煎何太急。
>
> ——曹植《七步诗》

在传统的酒店运营模式下，客房、餐饮、会议设施等各个业务板块往往独立运营，缺乏有效的协同机制，严重影响了酒店的综合收益。由于各个业务板块之间缺乏信息共享和协同合作，导致套餐组合缺乏智能推荐，酒店无法根据客户的历史消费和偏好，为其提供个性化的客房、餐饮、会议设施套餐组合。商务客户在预订酒店时，通常会有住宿、餐饮和会议设施的综合需求。但由于酒店的客房、餐饮和会议设施板块独立运营，无法为其提供一站式的套餐服务，客户需要分别预订客房、餐饮和会议场地。

这不仅增加了客户的预订成本和时间成本，还降低了客户的满意度。相比之下，行业标杆酒店通过建立有效的资源协同机制，能够根据客户的需求，为其推荐个性化的套餐组合，如包含商务客房、商务套餐和会议室使用的综合套餐，从而提高了客户的入住意愿和综合客单价。但 AB 酒店集团由于资源协同低效，综合客单价低于行业标杆 15%。

能耗管理粗放也是酒店业面临的一个突出问题。在许多酒店中，空置客房的空调与照明设备持续运行。这不仅造成了能源的大量浪费，还增加了酒店的运营成本。据统计，AB 酒店集团每年能源浪费损失超 800 万元。集团缺乏智能化的能耗管理系统，无法实时监测客房的入住状态并自动调节能耗设备。在客房无人入住时，空调和照明设备依然保持运行状态，导致能源的不必要消耗。而一些先进的酒店通过引入物联网技术，实现了对客房能耗的智能化管理。例如，在客房内安装传感器，实时监测客房的入住状态、温度、湿度等信息，当客房无人入住时，系统自动关闭空调和照明设备，从而有效降低了能耗成本。这些酒店通过优化能耗管理，不仅降低了运营成本，还提升了自身的环保形象。

幕间思辨：旧地图，能探新途否？旺季爆满淡季冷，OTA 抢客定价难；部门隔墙能耗飞，数据碎片预测偏。经验、老办法为何处处碰壁？"刻舟求剑终迷惘，抽刀断水水更流。"当历史经验成了"刻舟之痕"，我们如何挣脱困境？下一幕，且看散落的数据拼图如何汇聚成指引破局的智慧星图！

第二幕　破局之钥——数据中台：酒店业的智慧大脑

2.1　数据珍珠链——从碎片到全景

　　海到无边天作岸，山登绝顶我为先。

　　　　　　　　　　　　——林则徐《出老》

在数字化时代，数据已成为酒店业实现高效运营和精准决策的核心资产。对于 AB 酒店集团而言，构建数据中台的首要任务便是实现多源数据的整合与治理，打破数据孤岛，为后续的智能收益管理和管理会计深度应用奠定坚实的基础。

2.1.1 数据接入层

数据接入层是数据中台获取数据的关键入口，它广泛收集酒店内部系统数据、外部数据以及非结构化数据，为酒店运营提供全方位的数据支持。

内部系统数据是酒店运营的基础数据，涵盖物业管理（PMS）系统、客户关系管理系统（CRM）以及物联网（IoT）设备等多个方面。其中，PMS 系统实时记录着房态信息，包括房间的入住、空置、预订、维修等状态，使酒店能够实时掌握客房资源的使用情况。预订记录详细记录了客户的预订时间、入住时长、退房时间等信息，通过对这些数据的分析，酒店可以了解客户的预订习惯和提前预订周期，为预测市场需求提供重要依据。客户历史消费数据则反映了客户在酒店的消费偏好和消费水平，例如客户对房型的选择、餐饮消费的金额和类型等，有助于酒店为客户提供个性化的服务和营销推荐。CRM 系统将客户划分为不同的层级，如普通会员、银卡会员、金卡会员、铂金会员等，不同等级的会员享受不同的权益和服务，有助于酒店实施差异化的营销策略。偏好标签则进一步细化了客户的特征，如商务客户偏好行政楼层，他们通常对房间的安静程度、网络速度以及商务设施的配备有较高要求；而旅游客户可能更倾向于海景房或靠近游泳池的房间，希望酒店提供丰富的休闲娱乐设施。这些偏好标签为酒店提供个性化服务提供了有力支持，酒店可以根据客户的偏好，提前为其安排合适的房间和服务，从而提升客户的满意度和忠诚度。IoT 设备在酒店中的应用越来越广泛，客房传感器能够实时监测入住状态，通过监测房间内的人体活动、灯光使用、电器设备运行等情况，准确判断房间是否有人入住，避免了传统人工查房的误差和不及时。空调使用时长数据则有助于酒店进行能耗管理，通过分析不同时间段、不同房型的空调使用时长，酒店可以优化空调运行策略，在保证客户舒适度的前提下降低能源消耗。

外部数据的引入为酒店提供了更广阔的市场视角和竞争情报。OTA 平台对竞争对手的价格数据每 15 分钟爬取一次，使酒店能够实时了解竞争对手的价格动态。当 OTA 平台上的竞争对手推出低价促销活动时，酒店可以及时调整自己的定价策略，保持市场竞争力。如果发现某竞争对手在特定时间段内对某房型进行大幅降价，则酒店可以根据自身的成本和市场定位决定是否跟进降价或采取其他促销措施，如提供增值服务、赠送礼品等。

航空客流数据对于预测商务客户的需求具有重要意义。商务客户的出行往往与航空运输密切相关，通过分析航空客流数据，酒店可以了解不同地区的商务出行趋势，提前做好客房预订和服务准备。如果某地区的航空客流量在特定时间段内大幅增加，则酒店可以推测该地区的商务活动可能较为频繁，从而加大对该地区商务客户的营销力度，提供符合其需求的商务服务套餐。

本地事件日历数据包含当地的演唱会、会展活动的时间及规模等信息。演唱会和会展活动通常会吸引大量的观众与参展商，这些人群对酒店的需求旺盛。酒店可以根据本地事件日历，提前了解活动的时间和规模，合理调整房价和库存。在演唱会期间，酒店可以适当提高房价，并推出与演唱会相关的套餐（如住宿+演唱会门票套餐），吸引更多的客户入住。

非结构化数据中的社交媒体舆情分析为酒店提供了客户对酒店服务的真实反馈。通过对 Tripadvisor（猫途鹰）、大众点评等平台上的酒店点评进行情感评分，酒店可以了解客户对酒店的满意度和不满之处。如果在社交媒体上发现大量客户对酒店的餐饮服务提出负面评价，则酒店可以及时调查原因，改进餐饮质量和服务水平，提升客户的满意度。对社交媒体舆情的分析还可以帮助酒店发现潜在的市场需求和客户偏好，为酒店的产品创新和服务优化提供参考。

2.1.2 数据治理关键措施

数据治理是确保数据质量和数据有效利用的关键环节，主数据标准化和质量监控等措施能够提高数据的准确性、一致性和可用性。

主数据标准化是实现数据统一管理的基础。AB 酒店集团通过统一全球酒店编码，为每一家酒店赋予唯一的标识。该编码由区域码、物业类型和序列号组成。其中，区域码代表酒店所在的地理位置，如亚洲区、欧洲区、美洲区等，有助于酒店进行区域化管理和数据分析；物业类型区分了酒店的档次和特色，如豪华型酒店、商务型酒店、度假型酒店等，便于酒店根据不同的物业类型制定差异化的运营策略；序列号则是每一家酒店的唯一编号，确保了酒店编码的唯一性和准确性。通过统一酒店编码，AB 酒店集团能够实现对全球酒店数据的统一管理和分析，提高了数据的一致性和可比性。

质量监控是保障数据质量的重要手段。实时校验预订数据完整性是质量监控的关键措施之一。在预订数据录入过程中，系统会自动检查必填字段是否缺失，如客户姓名、联系方式、入住日期、退房日期等。如果发现必填字段缺失，则系统会自动拦截并提示操作人员补充完整，确保预订数据的完整性和准确性。通过实时校验预订数据完整性，酒店可以避免因数据缺失而导致的预订错误和客户服务问题，提高了酒店的运营效率和客户满意度。

多源数据整合与治理是数据中台的核心功能之一，通过构建全面的数据接入层和实施有效的数据治理关键措施，AB 酒店集团实现了数据的高效整合和治理，为后续的智能收益管理和管理会计深度应用提供了坚实的数据基础。

2.2 AI 军师团——预测与定价的玄机

穷则变，变则通，通则久。

——《周易·系辞下》

当传统预测模型在市场需求波动前束手无策，当静态定价策略被 OTA

价格战逼入死角，AI 军师团以《周易》的变革哲学破局：

Transformer 模型如"卦象推演师"，从历史数据中窥见未来趋势，预测误差率从 30% 压缩至 10%，宛若"从占卜到科学"的质变。

动态定价算法则似"阴阳平衡术"，在基础成本与客户价值间游走，为铂金会员上浮 12% 房价，却让其心甘情愿——"变"的是价格策略，"通"的是价值认同。

2.2.1 需求预测模型

基于 Transformer 的多因素预测模型是智能收益管理的关键，它通过综合多种复杂因素精准预测酒店市场需求。在酒店市场需求预测中，该模型综合考虑了多个关键因素。历史入住率是反映酒店过去市场需求的重要指标，通过对历史入住率数据的分析，模型可以挖掘出需求的季节性、周期性变化规律。在每年的春节、国庆等长假期间，酒店的入住率通常会达到高峰，而在一些淡季，酒店的入住率则相对较低。模型能够学习到这些历史规律，并将其作为预测未来市场需求的重要依据。提前预订窗口数据则反映了客户预订行为的时间特征。不同类型的客户提前预订的时间窗口存在差异，商务客户可能由于行程安排较为灵活，提前预订的时间较短；而度假客户可能会提前较长时间预订酒店。通过分析提前预订窗口数据，模型可以更好地理解客户的预订行为模式，提高需求预测的准确性。

事件热度对酒店需求的影响也不容忽视。当地举办的演唱会、会展活动等大型事件往往会吸引大量的游客和商务人士，从而显著增加对酒店的需求。以某知名歌手在当地举办演唱会为例，演唱会期间周边酒店的入住率可能会比平时提高 50%—100%。模型通过分析事件的参与人数、活动规模等指标来衡量事件热度，并将其纳入需求预测的考量范围。竞争对手价格指数反映了竞争对手的定价策略对酒店需求的影响。当竞争对手降低价格时，酒店的市场份额可能会受到一定程度的挤压，需求也会相应下降。模型通过计算竞争对手价格与酒店历史基础价格的比值，得到竞争对手价格指数，以此来评估竞争对手定价策略对酒店需求的影响程度。

该模型每 6 小时重新训练一次，是保证其预测准确性和适应性的关键机制。市场环境是动态变化的，新的数据不断产生，突发的天气变化、政策调整等因素都可能对酒店需求产生影响。通过定期重新训练，模型能够及时学习到新的数据特征和市场变化趋势，动态调整预测权重，从而提高预测的准确性和及时性。在遇到突发的恶劣天气时，原本计划出行的游客可能会取消行程，导致对酒店的需求下降。模型在重新训练时能够捕捉到这一变化，并相应调整对未来市场需求的预测。

基于 Transformer 的多因素预测模型在 AB 酒店集团的实际应用中取得了显著成效。在实施该模型之前，集团依赖历史经验进行市场需求预测，误差率常常超过 30%。而在实施该模型之后，预测误差率大幅降低至 10% 以内，为集团的运营决策提供了更为准确的依据。集团可以根据精准的市场需求预测，合理安排客房资源、调配人员，避免了因市场需求预测不准确而导致的资源浪费和收益损失。在预测到某地区将举办大型会展活动时，集团提前增加了该地区酒店的客房供应量，并调配了更多的服务人员，确保能够满足客户的需求，从而提高了客户的满意度和酒店的收益。

2.2.2 动态定价算法

动态定价算法是智能收益管理的核心部分之一，它根据实时的市场需求、客户价值和成本等因素，灵活调整酒店的房价，以实现收益最大化。最优房价的计算综合考虑了多个关键因素，包括基础成本、弹性系数、供需缺口溢价和客户价值加成。

基础成本是酒店定价的基础，它涵盖酒店运营的各项成本，如客房的建筑成本分摊、设备设施的折旧、员工工资、水电费等。这些成本是酒店提供服务的必要支出，直接影响着房价的下限。一家五星级酒店，由于其豪华的装修、高端的设施配备以及优质的服务，基础成本相对较高，因此其房价也会高于普通酒店。

弹性系数是反映价格敏感度和预订提前期对房价影响的重要参数。其中，价格敏感度通过 CRM 标签来体现，酒店根据客户的历史消费行为和偏好，将客户划分为不同的价格敏感度类别。对于价格敏感型客户，弹性系数中价格敏感度因子的权重相对较高；而对于价格不敏感型客户，如高端商务客户和高品质旅游客户，预订提前期因子的权重相对较高。预订提前期因子则根据客户预订时间与入住时间的间隔来确定，若提前预订时间较长，则通常可以给予一定的价格优惠，以鼓励客户提前预订，提高酒店的预订率和收益稳定性。

供需缺口溢价是根据实时可售房量与市场需求预测的比值来确定的。当市场需求旺盛、可售房量相对较少时，供需缺口较大，酒店可以适当提高房价，以获取更高的收益。在旅游旺季或当地举办大型活动期间，酒店的可售房量紧张，此时提高房价可以有效平衡供需关系，同时实现收益最大化。相反，当市场需求低迷、可售房量较多时，供需缺口较小，酒店可以降低房价，吸引更多的客户入住，减少客房空置，提高客房的利用率。

客户价值加成考虑了历史消费额和忠诚度等级。消费额高表示客户价值大，加成也高。忠诚度等级通过 CRM 系统中的会员等级体现，不同等级享受不同的加成。高端忠诚客户如铂金会员享受更高的加成，预订时可享受更多的优惠和增值服务，提高了其满意度和忠诚度。

以某商务客户提前 7 天预订为例，该客户的忠诚度为铂金级。根据动态定价算法，首先计算弹性系数，假设该商务客户的价格敏感度较低，预订提前期因子的权重为 0.7，则弹性系数为 0.3 × 较低的价格敏感度 + 0.7 × 根据提前 7 天预订确定的预订提前期因子。然后计算供需缺口溢价，假设根据市场需求预测和实时可售房量，供需缺口处于一定水平，确定相应的供需缺口溢价。接着根据该商务客户的历史消费额和铂金级忠诚度等级，计算客户价值加成。最后将基础成本、弹性系数、供需缺口溢价和客户价值加成代入最优房价计算公式，得到系统推荐的价格上浮 12%。通过这种动态定价算法，酒店能够根据不同客户的特征和市场情况实现差异化定价，提高收益水平。

2.3 资源交响乐——从割裂到协同

> 一花独放不是春，百花齐放春满园。
>
> ——《古今贤文》

智能套餐推荐系统通过一句 SQL 代码为商务客户定制"客房＋会议室＋早餐"组合。智能套餐推荐基于客户的历史消费数据和偏好，为客户提供个性化的客房、餐饮、会议设施套餐组合。这样的智能套餐推荐能够提高客户的入住意愿和综合客单价，增加酒店的收益。对于经常入住酒店的商务客户，系统根据其历史消费记录，发现其经常使用酒店的餐厅和会议室，于是为其推荐包含商务客房、商务套餐和会议室使用的综合套餐，客户对该套餐的接受度较高，从而提高了酒店的综合收益。

能耗动态调控是实现酒店节能减排和成本降低的重要手段。通过与 IoT 设备的联动，酒店能够实时监测客房的入住状态，并根据入住情况自动调整能耗设备的运行。当客房处于空置状态时，系统会自动关闭空调、照明等能耗设备。这不仅减少了能源的浪费，降低了酒店的能耗成本，还体现了酒店的环保理念，提升了酒店的社会形象。

智能套餐推荐和能耗动态调控等资源协同优化措施在 AB 酒店集团的实际应用中取得了显著成效：套餐销售占比从实施前的 15% 提升至 28%，综合客单价提升了 20%，有效提高了酒店的收益水平。能耗成本占比从 12% 下降至 9.5%，年节省电费 500 万元，实现了节能减排和成本降低的双重目标。

2.4 管理会计的"数字罗盘"——从粗放经营到精益航海

> 从静中观物动，向闲处看人忙。
>
> ——《菜根谭》

2.4.1 边际贡献实时看板：利润的"显微镜"

边际贡献实时看板是酒店管理会计数智化转型的重要成果之一，它以直观、实时的方式呈现酒店各房型的关键经营数据，为酒店管理者提供了精准的决策依据。

分房型显示功能是边际贡献实时看板的核心内容之一。看板详细展示了不同房型的房价、清洁成本、能耗成本以及边际利润等关键指标。通过这种分房型的详细展示，酒店管理者能够一目了然地了解不同房型的盈利能力和成本结构，从而为资源配置和定价策略调整提供数据支持。

异常预警功能是边际贡献实时看板的另一大亮点。当某房型的边际利润低于10%时，看板会立即触发预警机制，提醒酒店管理者关注该房型的经营状况。若某经济房型的边际利润降至8%，则看板会以醒目的颜色标识该房型，并弹出预警信息，提示管理者该房型可能存在成本过高或定价不合理等问题。管理者在收到预警后，可以进一步深入分析原因。如果是清洁流程不合理或清洁用品浪费导致的清洁成本过高，则酒店可以通过优化清洁流程、加强员工培训等方式来降低成本；如果是定价不合理，则酒店可以参考市场行情和竞争对手的价格，结合自身成本和市场需求，及时调整该房型的定价策略，如推出促销活动、提供增值服务等，以提高该房型的边际利润。

边际贡献实时看板的应用使酒店管理者能够实时掌握各房型的经营状况，及时发现问题并采取相应的措施，有效提升了酒店的经营管理水平和盈利能力。

2.4.2 预算动态调整：市场的"自适应引擎"

预算动态调整是AB酒店集团在管理会计数智化转型过程中实现精准预算管理的关键举措。它打破了传统预算管理的静态模式，根据市场需求的动态变化，实现了季度预算的滚动更新，有效提高了预算的准确性和灵活性。

根据需求预测滚动更新季度预算是预算动态调整的核心方法。AB 酒店集团利用基于 Transformer 的多因素需求预测模型，对市场需求进行精准预测。在预测到下一季度某地区的旅游市场将迎来旺季、预计该地区酒店的入住率将比上一季度提高 20% 时，集团会根据这一预测结果，结合历史数据和成本分析，对该地区酒店的季度预算进行动态调整。在收入预算方面，根据预计的入住率提升幅度，相应增加客房收入预算，同时考虑到餐饮、会议设施等配套服务需求也会增加，合理调整餐饮收入和会议收入预算。在成本预算方面，根据预计的入住率提高幅度，相应增加能耗成本、清洁成本等变动成本；同时，对于固定成本，如员工工资、设备折旧等，根据实际情况进行适当调整。

这种根据需求预测滚动更新季度预算的方法使预算能够紧密贴合市场实际情况，有效降低了预算偏差率。在实施预算动态调整之前，AB 酒店集团的预算偏差率常常超过 15%，导致预算与实际经营情况脱节，无法为经营决策提供有效的指导。而在实施该方法后，预算偏差率成功控制在 5% 以内，大大提高了预算的准确性和可靠性。通过精准的预算管理，酒店能够合理安排客房资源，优化运营策略，提高资金使用效率。在预算准确的情况下，酒店可以提前合理安排员工排班，避免因人员不足或过剩而导致的服务质量下降或成本增加；根据预算准确采购物资，避免库存积压或缺货现象的发生，从而降低运营成本，提升酒店的经济效益。

幕间思辨：数据中台是工具，还是新物种？当 PMS 系统、CRM 系统、IoT 设备等在数据中台的指挥下共舞，酒店业就悄然进化出了"数字神经中枢"。它不仅是工具，更是重构人、货、场的生态级存在——正如蒸汽机之于工业革命，数据中台正在重写酒店业的基因代码。

第三幕　涅槃重生——转型成果的经济账与人文账

3.1　数字炼金术——从成本到收益的"魔法公式"

> 遥爱云木秀，初疑路不同。安知清流转，偶与前山通。
>
> ——王维《蓝田山石门精舍》

AB 酒店集团实施数据中台驱动的管理会计数智化转型，显著提升了关键指标，证明了转型策略的有效性和价值。

在收益提升方面，平均每日房价（ADR）从实施前的 220 美元提升至 258 美元，增长幅度达 17%。这一提升不仅反映了酒店在定价策略上的优化，更体现了酒店通过精准把握市场需求和客户价值，实现了房价与客户需求的更好匹配。在旅游旺季，酒店通过动态定价算法，根据市场需求和客户预订情况合理提高房价，在不影响入住率的前提下实现了收益的最大化；而在旅游淡季，酒店通过灵活调整价格，吸引了更多的价格敏感型客户，提高了客房利用率，从而提升了整体收益。

每间可售房收益（RevPAR）从实施前的 145 美元大幅提升至 192 美元，年增收达到 1.8 亿美元。RevPAR 是衡量酒店经营业绩的关键指标，它综合考虑了入住率和平均房价两个因素。通过智能收益管理模型的应用，酒店能够更准确地预测市场需求，合理安排客房资源，在提高入住率的同时优化房价，从而实现了 RevPAR 的显著提升。在某热门旅游城市，酒店通过精准的市场需求预测，提前储备了足够的客房资源，并根据市场需求动态调整房价，在旅游旺季期间，酒店的 RevPAR 同比增长 30%，远超行业平均水平。

客户满意度从 68% 增至 81%，显示酒店服务质量与客户体验的明显提升。通过深入分析客户数据，酒店能够提供个性化服务，如根据偏好布置房间、选择餐饮,增强了客户关怀。智能化设施配备与服务流程优化提高了服务效率和质量,智能客房控制系统通过移动端控制设备,改善了住宿体验。客户满意度的提高使复购率上升了25%,为酒店长期发展打下了坚实的基础。

能耗成本从能耗动态调控实施前的12%降至9.5%,年节省电费500万美元。酒店利用物联网技术,实时监测客房状态,空置时自动关闭能耗设备,有效降低能源消耗。酒店通过此措施不仅降低了运营成本,还展示了环保理念和社会形象。

实施智能套餐推荐后,套餐销售占比从15%升至28%,客单价提升了20%。系统依据客户历史消费数据和偏好提供个性化套餐,如商务客户常使用餐厅和会议室,推荐包含商务客房、套餐商务和会议室使用的综合方案,客户接受度高,增加了酒店收益。优化套餐组合提升了客户入住意愿和消费金额,进而提高了客单价。

3.2 忠诚度的温度计——当数据读懂"人心的褶皱"

> 身无彩凤双飞翼,心有灵犀一点通。
>
> ——李商隐《无题二首·其一》

AB酒店集团利用数据中台深入分析客户数据,提供个性化服务,有效提升了客户忠诚度。通过CRM系统记录客户偏好和历史消费数据,系统能自动匹配房型和会议设施,推荐个性化餐饮套餐,满足不同客户的特殊需求。

这种个性化服务让客户感受到酒店对他们的重视和关怀,从而极大地提升了客户的满意度和忠诚度。以铂金会员为例,在实施个性化服务之前,铂金会员续费率为60%。而在实施基于偏好的个性化服务后,铂金会员续费率大幅升至78%。这是因为个性化服务满足了客户的特殊需求,使客户在酒店的体验更加舒适和便捷,增强了客户与酒店之间的情感联系。客户在享受了优质的个性化服务后,更愿意继续选择该酒店集团旗下的酒店,并且会将酒店推荐给身边的朋友和同事,从而为酒店带来了更多的潜在客户。

3.3 抗风险能力的进化——动态策略的"生存法则"

疾风知劲草,板荡识诚臣。

——李世民《赐萧瑀》

在面对突发的新冠疫情冲击时,AB 酒店集团通过数据中台驱动的动态定价策略,成功提升了酒店的抗风险能力。疫情期间,旅游行业遭受重创,人们的出行意愿大幅降低,酒店市场需求急剧萎缩。然而,该酒店集团利用数据中台实时监测市场动态和客户需求变化,通过智能收益管理模型迅速做出反应,采取动态定价策略吸引本地旅游客户。

通过对市场数据的分析,该酒店集团发现虽然外地游客数量大幅减少,但本地居民对短途度假的需求仍然存在。于是,酒店针对本地旅游客户推出了一系列优惠套餐,如"家庭度假套餐""周末休闲套餐"等。这些套餐不仅价格相对较低,还包含丰富的服务内容,如免费的早餐、下午茶、游泳池和健身房的使用等。同时,酒店利用动态定价算法,根据市场需求和客房库存情况,实时调整房价,确保价格具有竞争力:在周末和节假日,根据本地旅游客户的预订情况,适当提高房价;而在工作日,为了吸引更多的客人入住,适当降低房价。

这种动态定价策略取得了显著的成效,酒店的入住率高出同行 22%。在新冠疫情期间,许多同行酒店由于缺乏有效的市场应对策略,入住率大幅下降,甚至部分酒店不得不暂停营业。而该酒店集团通过精准的市场定位和灵活的定价策略,成功吸引了本地旅游客户,维持了一定的入住率和营业收入,有效缓解了疫情对酒店经营的冲击。这不仅体现了数据中台驱动的动态定价策略在应对突发事件时的有效性,还展示了该酒店集团在复杂市场环境下的抗风险能力和应变能力。

3.4 资源协同的奇迹——从"单兵作战"到"集团军"

> 众人拾柴火焰高。
>
> ——中国谚语

在数据中台的支持下，AB酒店集团实现了资源利用的优化，会议设施使用率和餐饮收入得到了显著提升。通过智能收益管理模型中的资源协同优化功能，酒店能够根据客户需求和市场情况，合理调配会议设施和餐饮资源。

在会议设施方面，酒店通过对客户历史消费数据和市场需求的分析，精准预测会议市场的需求。在预测到某一时间段内会议需求将增加时，酒店提前做好会议设施的准备工作，如布置会议室、调试会议设备等，并根据不同会议的规模和需求提供个性化的会议服务方案。对于大型国际会议，酒店提供专业的同声传译设备、高清视频会议系统等；对于小型商务会议，酒店则提供更加灵活的会议场地布置和便捷的商务服务。通过这些措施，酒店的会议设施使用率从资源协同实施前的45%大幅提升至70%。

在餐饮方面，酒店根据客户的偏好和预订情况，优化餐饮菜单和服务。对于商务客户，提供快捷、高效的商务套餐；对于旅游客户，提供丰富多样的特色美食和休闲餐饮体验。酒店还通过餐饮与会议业务的协同，推出会议餐饮套餐，将会议服务与餐饮服务有机结合，提高了客户的满意度和消费意愿。在举办大型会议时，酒店为参会人员提供定制化的自助餐或宴会服务，满足不同客户的口味需求。这些措施使得酒店的餐饮收入同步增长18%。

优化资源利用提升了酒店的经济效益和服务质量，提高了客户满意度。合理调配资源使酒店能够更好地满足客户需求，提供优质高效的服务，增强了酒店的市场竞争力。

幕间思辨：数智化的终极目标是什么？当边际贡献看板让成本纤毫毕现，当动态预算打破"年年画饼"的魔咒，管理会计从"事后诸葛亮"进化为"先知舵手"。数字化不是冰冷的算法,而是让每一分钱、每一度电、每一间房都在数据之光下找到最优归宿——正如《周易·系辞下》所言:"穷则变,变则通,通则久。"

第四幕 他山之石——跨行业数智化转型启示录

在当下数字化浪潮席卷各行各业的时代,数智化转型已成为企业谋求发展与突破的关键路径。酒店业在探索转型的过程中,不妨将目光投向其他行业,从它们的数智化转型实践中汲取宝贵经验。

4.1 制造业——设备数据驱动的成本革命

> 庖丁解牛,轮扁斫轮,皆以技进乎道。
>
> ——苏轼《文与可画筼筜谷偃竹记》

在制造业领域,数智化正重塑着生产运营模式。以某大型汽车制造企业为例,其发动机生产线上密密麻麻部署了5 000个传感器。这些传感器如同敏锐的"触角",实时采集设备的转速、温度、磨损等关键数据。一旦设备出现异常震动,系统就能在短短10秒内精准预警。维修团队依据详细的数据反馈迅速锁定故障点,实施"精准手术",成功避免了因设备故障而导致的生产线停滞,挽回了潜在的百万级损失。

在成本控制方面,作业成本法借助数字化技术发挥巨大的威力。某机械制造企业通过深入分析成本动因,发现一款看似高利润的产品因频繁换模,实际成本被严重低估30%。企业果断调整产品策略,砍掉该产品后,整体利润率提升了15%。同时,一些先进制造企业利用数字化技术实现了单件成本透明化,从原材料采购到产品装配,每一个环节的成本都清晰可查。例如,某家电企业通过追踪每颗螺丝的耗电量,将单品能耗成本压缩至行业最低，在价格战中凭借"低价高质"的优势脱颖而出。

酒店业可以通过部署智能设备，实时监测客房设施的运行状态，提前预判设备故障，降低维护成本；在成本管理上，深入分析各项业务的成本动因，实现精细化成本控制。

4.2 零售业——SKU 数据引领的效率变革

> 兵贵胜，不贵久。
>
> ——《孙子兵法·作战篇》

零售业的数智化转型围绕 SKU 数据展开了一场效率革命。某连锁超市通过对 SKU 级销售数据的实时监控，发现 A 品牌洗发水在华东地区的销量短期内暴增 50%，而库存仅能维持 3 天。系统自动触发"紧急补货+地推促销"策略，短短 7 天内超市销售额突破百万元，成功避免了爆款商品断货的风险。

在销量预测与库存优化方面，零售业数智化转型成果显著。例如，某电商平台运用机器学习算法，对网红零食的销量预测误差率仅为 5%，备货计划精准如同"导弹制导"。再如，某便利店通过动态库存模型，根据商品的保质期和销售趋势，将酸奶在保质期前 3 天的货架位扩增 50%，酸奶损耗率从 12% 降至 4%。

酒店业可以借鉴这种对关键数据的实时监测与精准分析，例如实时关注不同房型的预订数据，提前做好客房分配与资源调配；在餐饮服务上，依据菜品销售数据优化菜单，合理控制食材库存，提高运营效率。

4.3 金融业——风险数据构建的安全防线

> 明足以察秋毫之末，而不见舆薪。
>
> ——《孟子·梁惠王上》

金融业借助数字化技术构建起强大的风险防控体系。某银行运用 AI 技术扫描客户社交数据，发现一位原本被视为优质客户的人频繁点赞 P2P（个人对个人）爆雷新闻，系统迅速将其风险等级从 A 调至 C，使银行成功规避了潜在的千万元坏账。

关联图谱技术在金融风险防控中发挥着重要作用。某金融机构通过构建关联图谱，发现 20 家表面看似无关的企业的实际控制人为同一人，于是及时冻结授信，避免了连锁暴雷的风险。同时，一些金融机构在风险与收益的平衡上，通过数字化技术实现了精准定价。例如，某保险公司对高风险客户加价 30%，但同时提供免费体检券。这样既保障了利润，又提升了客户满意度，公司续保率逆势增长 10%。

酒店业可以在信用管理和风险防控方面从中获得启示，通过分析客户的消费行为、预订记录等数据，评估客户的信用风险，制定相应的服务策略；同时，在应对市场波动时，利用数据模型合理调整价格，平衡收益与风险。

幕终思辨：数智化的"共性密码"——从最小单元到跨界共生。正如《道德经》所言："天下大事，必作于细。"纵观各行业的数智化转型实践，我们发现成功的数智化转型往往具备两个关键要素。其一，数据颗粒度细化至"原子级"。无论是酒店业对单客房能耗的精确监测，还是制造业对单颗螺丝成本的全链路追踪，精细化的数据管理是数智化转型成功的基础。其二，组织适配的"破壁行动"至关重要。例如，某酒店集团成立收益管理委员会，打破市场部与财务部的数据壁垒，实现数据共享与协同，决策效率提升 70%。

对于酒店业而言，优先落地"动态定价"和"资源协同优化"这两大举措具有重要意义。动态定价能够使酒店价格如同灵动的水，随市场需求实时变化，精准匹配消费者的购买意愿。资源协同优化则是将客房、餐饮、会议设施等资源巧妙整合，打造个性化的"体验网络"，有效提升客单价。

章末金句：奢华的本质不是水晶吊灯与金箔装饰，而是用数据读懂人心，用算法熨平波动——这才是现代酒店业的"真贵族精神"。

数智化转型并非某个行业的独角戏，而是一场全行业的协同交响。当酒店能够读懂航班的起降数据，工厂能够感知零售货架的动态，银行能够洞察信用的微妙变化，我们会发现，所有行业正在通过数据共同谱写未来发展的宏伟篇章。酒店业应积极借鉴其他行业的数智化转型经验，在转型之路上砥砺前行。

第十章

CHAPTER 10

数字化时代的管理会计：未来已来
——从数据到智慧的跃迁

序幕　账本的"数智惊蛰"

算盘声渐远，账本在数字洪流中泛起微黄。曾几何时，"账房先生"的月度关账是金科玉律，如今却追不上市场的瞬息万变——成本如暗流难测，风险似迷雾突袭，决策在滞后中错失良机。

这是管理会计的"惊蛰时刻"。当经验公式撞上 AI 算法，当静态报表难承动态洪流，当高墙内的账房望向产业链的星辰大海——旧角色如何蜕变？新能力如何锻造？未来战场又在何方？

本章将解码这场静默而汹涌的进化。我们无意描绘终局蓝图，但可揭示其跃迁本质：这远非工具的叠加，而是从"数据记录者"到"智慧导航者"的重生。核心在于驾驭三股重塑之力——化滞后为瞬息，转模糊为洞见，破孤岛为生态。

前路是荆棘密布，还是星辰璀璨？是困守围城，还是破茧成蝶？序幕已启，且看管理会计如何在这场"数智惊蛰"中淬炼数据为金，为决策点亮智慧灯塔！

第一幕　技术浪潮——重塑管理会计的三大引擎

1.1　AI 增强分析：数据炼金术的觉醒

"工欲善其事，必先利其器。"数字化时代，AI 增强分析如同神奇的"数据炼金师"，将海量数据转化为黄金决策。传统管理会计依赖人工整理报表，效率低且易出错。而 AI 凭借机器学习与自然语言处理，构建"数据→洞察→行动"的高效闭环。

智能报告生成：在华北某工厂，能耗指标突然超标，AI 系统迅速捕捉到异常，精准建议"检查设备负荷，优化工艺"。正如《孙子兵法·谋攻篇》所言："知己知彼，百战不殆。"AI 让企业瞬间洞察成本异常并及时应对。

预测性决策：在复杂的商业环境中，供应链中断风险暗藏。AI 增强分析如同经验丰富的航海家，凭借强大的计算能力与智能算法，模拟复杂场景，为企业推荐最优应对策略，助力企业在风雨中从容前行。

案例启示：某集团在引入 AI 增强分析工具前，预算编制耗时 30 天，且准确率难保障。在引入 AI 增强分析工具后，AI 系统自动收集多源数据，构建精准的预算预测模型，预算编制周期缩短至 7 天，效率提升 76.7%。荀子说："君子生非异也，善假于物也。"企业应借助 AI 打破效率困局。

1.2　边缘计算：实时决策的"烽火台"

在数字化天地中，边缘计算宛如古老而神奇的"烽火台"，于数据源头点亮智慧。工厂设备实时采集数据，边缘节点秒级响应，让成本核算从"月结"迈向"秒级更新"。

实时成本核算：生产线传感器密切监测原材料消耗，成本异常即刻预警。以往企业核算成本需漫长等待，正如白居易诗中所云"试玉要烧三日满，辨材须待七年期"；如今边缘计算使企业瞬间洞察成本真相，及时解决问题，无须久等。

即时风险拦截：以银行 ATM（自动取款机）为例，边缘计算设备实时采集分析交易数据，利用预设风险模型评估交易行为，一旦检测到异常，5 秒内触发风控拦截，冻结账户，防止资金损失，为企业资金安全保驾护航。

案例启示：传统云计算数据需远程传输，受多种因素影响，响应延迟约 500 毫秒。边缘计算在数据源头就近处理，响应延迟低至 50 毫秒。快人一步，方能制胜千里，边缘计算助力企业在瞬息万变的商业竞争中迅速决策，抢占先机。

1.3 区块链存证：信任的"金石之盟"

区块链以不可篡改与全程追溯特性，为企业的商业活动重建信任桥梁。在供应链管理和审计领域，其应用让一切变得透明。

供应链成本溯源：企业的供应链中，从原材料采购到终端销售，数据精准地记录在区块链上，形成清晰的"数字脉络"，虚假成本无处遁形。老子说："信言不美，美言不信。"区块链以真实数据立信，助力企业把控成本。

审计自动化：传统审计如大海捞针，效率低且易出错。区块链存证技术使审计人员可直接获取原始数据，实时监控交易记录，自动验证交易的真实性、合法性与合规性。一旦发现异常，系统立即警报，还能自动收集整理审计证据，审计效率提升 70% 以上，企业得以"明察秋毫"，防范风险。

案例启示：某车企在引入区块链技术前，应付账款管理混乱，发票问题频发，纠纷不断。在引入区块链技术后，车企建立了供应商发票追溯平台，发票信息上链，不可篡改且全程可追溯，可快速查询发票真伪，自动比对数据，应付账款争议减少90%，正如《易经》所说："同声相应，同气相求。"区块链技术促进企业与供应商紧密合作，提升整体竞争力。

幕间思辨：数字化时代，管理会计需"以器载道"——技术为舟，人性为舵。

第二幕　角色进化——从"账房先生"到"数据军师"

2.1　内部协同——业财融合的"双人舞"

在企业运营的大舞台上，管理会计不再是传统意义上仅负责记账、算账的"账房先生"，如今已化身成为业财融合"双人舞"中关键的领舞者，积极推动着企业内部的深度协同。

2.1.1　角色一：业务翻译官

市场部通过精心调研与分析，发现客户复购率提升了15%。这一数据以业务语言呈现，对财务部门而言，需进一步转化为财务视角的信息。管理会计此时便如同一位技艺精湛的翻译大师，巧妙地将其转化为"客户生命周期价值增加200元"。客户生命周期价值综合考量了客户在与企业长期关系中的购买行为、消费金额及为企业创造的利润等要素。郑板桥曾以"删繁就简三秋树，领异标新二月花"描绘化繁为简之美，管理会计的数据转化工作与之相似：将繁杂的业务数据去粗取精，精准地提炼出核心价值，直抵业务本质，让企业管理层能从财务层面直观洞察客户复购率提升所带来的积极影响，为企业在商品采购、库存管理以及市场营销策略制定等方面的关键决策提供有力的财务支撑，促进业务与财务的深度融合，如同舞者间默契配合，携手推动企业前行。

2.1.2　角色二：数据产品经理

随着企业数智化转型的不断深入，管理会计又担当起数据产品经理的重任，开发出诸多助力企业发展的"神兵利器"。**动态预算模拟器**便是其中之一，传统预算编制常基于静态假设与历史数据，在市场环境快速变化时难以适应。而动态预算模拟器借助大数据与 AI 技术，宛如拥有神奇的魔力，能够实时模拟不同市场情景下企业的财务状况，为企业提供灵活多变的动态预算方案。当市场需求波动、原材料价格变动或竞争对手推出新策略时，它能迅速调整预算数据，清晰展示这些变化对企业收入、成本、利润等关键指标的影响，助力企业管理层及时决策，优化资源配置。**成本健康度评分工具**同样强大，其通过深入剖析企业成本结构、成本变动趋势以及成本与业务绩效间的关系，对企业成本状况进行量化评分。在制造企业中，成本涉及原材料采购、生产加工、设备维护、人员薪酬等众多环节，管理会计运用该工具，为每个成本环节设定指标与权重，经数据分析计算出企业成本健康度得分。若得分偏低，管理会计便精准揭示企业在某些成本环节存在的问题，如原材料采购成本过高、生产加工过程浪费严重等，企业据此可有针对性地进行成本控制与优化，提升成本管理水平。正如《三国志》中诸葛亮在隆中对局势的精准分析与规划，让刘备集团明确发展方向，管理会计开发的这些工具也使企业"运筹帷幄之中，决胜千里之外"，在复杂的市场竞争中占据优势。

2.2 外部拓展——产业链的"智慧合纵"

在企业外部，管理会计积极投身于产业链数据联盟，推动产业链上下游企业紧密合作，实现"智慧合纵"。以某零售企业为例，其联合百家供应商建立产业链数据联盟。在这个联盟中，库存数据实时共享成为关键纽带。《连环记》有云："三人同心，其利断金。"众多企业通过共享库存数据，达成了高度协同。对供应商而言，可实时知晓零售企业的库存水平，依此及时调整生产计划与配送计划，实现准时制（JIT）生产与配送，避免了生产过剩或不足，降低了生产成本。对零售企业而言，这一模式成效显著，有效减少了库存积压，降低了库存成本，因为供应商能依据实时库存数据，在库存不足时及时补货，同时避免了库存过多产生的仓储成本、资金占用成本及商品贬值风险。经统计，该零售企业通过此模式，库存成本降低了18%，同时供应链协同效率提升，商品缺货率大幅下降，客户满意度提高，进一步促进销售额增长。管理会计通过参与产业链数据联盟，在更广阔的范围内整合数据资源，为企业提供全面的成本控制与风险管理策略，提升了企业在整个产业链中的竞争力，如同古代合纵策略，联合各方力量，实现互利共赢。

2.3 技能跃迁——新四艺的"文武之道"

随着管理会计角色的转变，其所需技能也实现重大跃迁，掌握新四艺成为管理会计在数字化时代发挥关键作用的必备能力，新四艺蕴含着"文武之道"。

Tableau/Power BI 讲故事：传统报表编制仅是数据罗列，难以让非财务人员快速理解数据价值。而借助 Tableau 或 Power BI 等数据可视化工具，管理会计如同手握"丹青妙笔"，将枯燥的财务报表转化为生动的史诗。数据不再沉默，而是开口"讲述"企业运营故事。以某企业为例，过去财务汇报采用传统报表，管理层理解数据耗时费力，难以把握关键。在引入数据可视化工具后，管理会计制作动态销售业绩分析图表，用不同颜色的柱状图展示各地区、各产品线销售额变化，并添加趋势线与数据标签，汇报时围绕图表讲述销售业务故事，让管理层直观地了解财务与业务状况，快速抓住决策要点，大幅提升了数据沟通效果与管理会计在企业决策中的影响力。

Python 实时推演成本：传统成本核算存在滞后性，无法适应市场的快速变化。Python 流式计算框架的运用使管理会计能实时获取企业生产中的原材料采购、设备运行、人工工时等数据，经预设算法与模型快速分析计算，实现成本实时推演。在制造企业中，以往月末成本核算常因市场原材料价格波动、生产状况变化而导致成本问题发现不及时，从而造成经济损失。引入基于 Python 流式计算框架的实时成本推演系统后，系统与企业多系统数据对接，实时采集数据。当原材料采购价格波动时，系统能立即捕捉并依成本计算模型调整产品成本预测值，还能实时监测成本异常并预警。例如，某生产线单位产品能耗升高，系统自动警报并分析原因，为企业及时采取措施降低成本提供依据，使成本控制"如臂使指"，精准高效，如同庖丁解牛般游刃有余。

蒙特卡罗算法模拟预算：传统预算控制在面对市场不确定性时存在局限，难以适应变化。蒙特卡罗算法用于动态情景模拟，让预算管理实现质的飞跃。在金融机构预算编制中，传统方法参考历史数据与市场趋势设定固定的预算目标，难以应对金融市场的频繁波动。在引入蒙特卡罗算法后，金融机构先分析影响业务的不确定性因素并确定其概率分布，如市场利率变化概率。然后利用算法进行数千次模拟计算，每次随机生成符合概率分布的不确定性因素值代入财务模型，计算业务收入、成本与利润等财务指标，得到不同情景下的财务指标分布。基于模拟结果，金融机构制订灵活的预算方案，设定基本目标，同时确定上下限范围，并针对不同情景制定应对策略。当市场变化时，金融机构能及时参考模拟结果调整业务与预算执行方式，确保财务状况稳定，使预算从"刻舟求剑"式的僵化模式转变为"随机应变"的灵活策略，以古人《九章算术》般的智慧应对未来复杂多变的预算难题。

机器学习拦截风险：传统风险识别依赖人工经验与历史数据，对新兴复杂风险识别能力不足且缺乏预测性。管理会计基于机器学习算法构建起强大的风险预测模型，利用该模型综合分析企业内外部财务、市场、行业、客户等数据，挖掘数据潜在关系，预测风险发生概率与影响程度。互联网企业在业务运营中面临多种风险，以往依靠人工经验与简单数据分析识别风险，难以应对业务快速发展与市场复杂变化带来的新型风险，导致损失。

在构建基于机器学习算法的风险预测模型后，企业能够收集并清洗大量历史数据，选择合适的算法构建模型并优化训练。模型运行效果显著，在网络安全风险预测方面，实时监测网络流量与用户行为，提前预测网络攻击并报警，安全团队据此制订防范计划；在市场竞争风险预测方面，分析市场与竞争对手动态，预测竞争对手策略及对企业的影响，管理层提前制定应对策略；在用户流失风险预测方面，分析用户行为、消费习惯与满意度数据，预测流失概率，运营团队针对高流失风险用户采取个性化措施。该模型使企业"未雨绸缪"，在风险萌芽前便将其化解，恰似范仲淹"先天下之忧而忧"，主动防范风险，保障企业稳定发展。机器学习算法构建的风险预测模型成为管理会计在风险管理领域的核心竞争力之一。

幕间思辨：数据生态应效仿"大禹治水"——疏堵结合，以规则导流。

第三幕　未来之战——核心竞争力的三重境界

3.1　实时响应力——分钟级决策

在传统管理会计模式下，"月度关账"流程烦琐且耗时长久，财务数据更新严重滞后。企业在面对市场突发变化时，常因缺乏及时准确的财务信息支持而错失调整策略的最佳时机。王维在《终南别业》中所写的"行到水穷处，坐看云起时"，生动地描绘了一种绝境中寻求转机的状态。如今，数据中台的出现彻底打破了这一困境。它如同企业数据治理的强大中枢，高效整合内外部各类数据资源，构建起顺畅的数据采集、传输、存储与处理体系，实现财务数据的实时更新与分析。以电商企业"双十一"促销活动为例，市场需求可谓瞬息万变，竞争对手的策略调整也在分秒之间。借助数据中台，企业管理会计团队能够实时获取销售、成本、库存以及市场竞争情报等关键数据，并运用专业的分析工具迅速评估不同的决策方案。当发现某类商品销量火爆但库存告急时，系统可在分钟级时间内完成补货成本与潜在利润的计算,为管理层提供是否增加采购量、如何调整销售价格等精准的决策建议。管理层能依据这些实时信息快速做出响应,及时调整采购策略与销售策略,在激烈的市场竞争中抢占先机,恰似在绝境中寻得生机,化危机为转机。

3.2 预测精准度——误差率小于5%

在复杂多变的市场环境中,精准的预测能力对企业的战略规划、资源配置及风险管控起着决定性作用。传统预测方法受限于简单的统计模型与经验判断,难以应对海量的数据与复杂的市场因素。机器学习算法的应用则带来了质的飞跃。它如同诸葛亮在隆中对中对天下局势的精准洞察与谋划,能够深度融合企业内外部多源数据,包括财务、业务、市场、宏观经济等各类信息。以销售预测为例,通过对多年不同地区、产品、客户群体的销售数据以及相关市场动态、宏观经济指标、竞争对手情况等数据的深入挖掘,机器学习算法能够自动识别数据中的复杂模式、规律和趋势,全面考量多种因素对销售的综合影响。企业管理会计通过精心构建算法模型,对未来销售情况进行精准预测,将预测误差率有效控制在5%以内。企业凭借如此精准的预测结果能够提前布局,合理安排生产、采购与销售计划,真正做到"见微知著,睹始知终",为企业发展筑牢坚实的基础。

3.3 生态影响力——产业链"经络贯通"

在数字化时代,产业链竞争已成为企业竞争的关键战场。生态影响力的构建对企业可持续发展意义非凡。以汽车制造产业链为例,产业链涉及众多零部件供应商、整车制造商和物流企业等,传统模式下各环节信息流通不畅,数据分散形成诸多"孤岛"。正如《黄帝内经》中所讲"通则不痛,痛则不通",产业链各环节间缺乏有效协同,严重制约了产业链整体效率与竞争力。如今,借助数据中台搭建的数据网络,整车制造商能够与产业链上下游企业实现数据共享与深度协同。在零部件需求预测方面，整车制造商实时共享生产计划、车型研发进度、销售数据等信息给零部件供应商，零部件供应商也将自身的生产能力、库存水平、原材料供应状况反馈给整车制造商。通过运用大数据分析与机器学习算法对这些共享数据进行深度剖析，整车制造商能够精准预测零部件需求。基于精准预测，上下游企业可协同优化运营。零部件供应商依据预测结果提前调整生产计划，合理安排原材料采购与生产进度；整车制造商根据零部件供应情况优化生产计划与库存管理；物流企业按照运输需求规划路线与配送时间。这种数据驱动的协同模式使整个汽车制造产业链的运营效率大幅提升，总成本显著降低。例如，某整车制造商通过与零部件供应商共享零部件需求预测数据，实现供应链总成本降低15%。数据网络如同打通产业链的"经络"，促进各环节紧密协作，实现互利共赢，推动整个产业链蓬勃发展。

数字化时代的咏叹正如朱熹所言："问渠那得清如许？为有源头活水来。"管理会计在数字化时代的持续进化，根源在于"数据活水"的不断注入与奔涌。从传统的"成本中心"逐渐转变为驱动企业盈利增长的"利润引擎"，从单纯记账、算账的"账房先生"蜕变成为企业战略决策提供关键支持的"数据军师"，这一系列变革彰显了管理会计在新时代的强大生命力与重要价值。未来已然来临，唯一不变的便是变化本身。企业若能将先进技术作为前行之舟，把数据当作奋进之桨，充分发挥管理会计在实时响应、精准预测和生态协同等方面的核心竞争力，则必能在数智化转型浪潮中乘风破浪，"直挂云帆济沧海"，铸就新时代的商业辉煌篇章。

章终金句：管理会计的终极使命非"算尽分毫"，而是"以数启智，以智养德"。

后　记

合上本书的最后一页，我们仿佛亲历了一场穿越企业数智化转型的奇妙之旅。作为来自投资、会计实务与管理学术领域的三位作者，我们在不同的维度见证着管理会计数智化转型的浪潮，也正是这些视角的碰撞，让本书最终呈现在读者面前。在投资一线，我们见过太多因错失数智化机遇而折戟沉沙的企业，也见证过凭借数据中台实现弯道超车的黑马。那些在成本控制、风险预判上先人一步的企业，往往能在资本市场获得更高的估值。这让我们深刻地意识到，数智化转型不仅是业务升级，更是企业价值重塑的关键。

而在会计师事务所深耕多年，我们目睹了无数企业在成本核算、预算管理中的困境。传统的管理会计方法在面对海量数据时力不从心，而数据中台与智能工具的应用让财务工作从"事后算账"转向"事前预测、事中管控"。书中分享的实战案例正是我们帮助企业突破财务瓶颈的真实写照。

站在北大的讲台上，我们与来自全国各地的企业家和企业高管探讨转型难题。有人焦虑于技术投入的成本与回报，有人困惑于组织与人才的适配。这让我们明白，数智化转型不是简单的技术升级，而是一场涉及战略、组织、文化的系统变革。书中从蓝图规划到落地实施的全流程指南，正是为解决这些"卡脖子"问题而生。在此，由衷感谢北京大学信息科学技术学院的吴丹萍老师、刘凤伟老师、刘洪胜老师、牛美慧老师，北京大学经济学院的崔建华老师、庞慧老师、闻春梅老师和郭曼曼老师，北京大学新闻与传播学院的栾雪老师，他们以深耕不辍的育人情怀，为企业高管培训注入硬核力量。他们严选授课师资，以"学术功底深厚、实战经验丰富"为标尺，杜绝照本宣科，力促思想交锋。这份对"真学问"的执着，让培训跳出了"镀金"窠臼，每一堂课都是理论与实践的共振。当企业家和高管们带着新视野重返商海时，北大的讲台早已为他们播下创新变革的火种——这不仅是知识的传递，更是用严谨治学之光照亮商业文明的未来。

写作这本书的过程，是我们将资本视角、实践经验与学术洞察和深度融合的过程。我们深知，每个行业、每家企业的转型路径都独一无二，但其中蕴含的底层逻辑相通——以数据为纽带，将技术、业务与管理有机融合。无论是制造业穿透成本迷雾的决心、零售业精准预测的智慧，还是金融业防控风险的严谨、酒店业的智慧蝶变，都在印证一个真理：数智化转型没有捷径，但有方法论可循。

此刻，我们将本书交到您手中。它或许无法替您完成转型，但希望能成为照亮您前路的火把，让您在决策时有更清晰的方向，在实践中有更坚实的底气。未来的商业世界属于那些敢于拥抱变革、善于运用数据的探索者。在数智化浪潮中，愿本书能陪伴您找到属于企业的增长密码，书写属于自己的商业传奇。

最后，衷心感谢北京大学出版社徐冰、任京雪两位编辑的倾力付出。从稿件审校时逐字逐句的严谨雕琢，到排版设计中对细节的反复打磨，再到出版流程里各环节的高效协调，她们以专业素养与敬业精神，让书稿从雏形蜕变为完整的著作。每一次耐心的沟通、每一处精心的修改，都凝结着她们对学术的尊重与对品质的追求。感恩她们一路相伴，以专业和匠心雕琢书稿，让我们的研究成果得以更好地呈现在读者面前。

李灵璐　李文智　邢周凌

2025 年春于北京